Minerva Shobo Librairie

減災復興学

阪神・淡路大震災から30年を迎えて

兵庫県立大学大学院減災復興政策研究科 [編]

ミネルヴァ書房

は し が き

減災復興学を学ぶ

この度，兵庫県立大学大学院減災復興政策研究科の教員が執筆する「減災復興学を学ぶ」を出版する運びとなった。本書では，阪神・淡路大震災編として，2025年1月17日で大震災から30年を迎えるにあたり，あらためてこの30年間を振り返ることとした。

減災復興学とは，「減災の総合化」という視点から減災と復興を一体的に捉えて，安全で安心できる社会の持続的発展を目指すための学問体系をいう。また，この減災復興学に基づき「政策の現場化」において，現場から現場への政策的コミュニケーションを大切にし，研究や教育の社会的還流を目指す。減災復興政策研究科において，これら「減災の総合化」とあらゆる人々に届く「政策の現場化」を大切にするという考え方を科学的な視点から実践している。

減災復興学は，3領域「災害科学」「減災復興ガバナンス」「減災コミュニケーション」をゆるやかに融合して構築する学問領域としている。

本書は，減災復興学を学ぶ学生の教科書としてまとめているが，一般の方にも役立つ内容となっている。

阪神・淡路大震災から30年

あらためて阪神・淡路大震災の被害について振り返る（第1章）。

まず，兵庫県南部地震の発生メカニズムと地震動（第2章）および建築物の耐震性と建物被害（第3章）についてまとめる。地震による複合災害（火災）と気象・気候（第4章）についても触れておく。これらは災害科学領域の視点からまとめている。

次に，自治体・企業の応急対応体制の進歩と課題（第5章），復興とまちづ

くり（6章），災害復興公営住宅における共助の仕組みづくり（第7章），被災自治体による復興ガバナンス（兵庫県の事例から）（第8章）を，減災復興ガバナンス領域の視点からまとめている。

その上で，被災地での犯罪とその予防（第9章），阪神・淡路大震災と学校教育継続（第10章），早期復興へ向けた被災者支援のための被災者台帳構築（第11章）を，減災コミュニケーション領域の視点からまとめている。

下図に減災復興学を構成する3領域を示す。

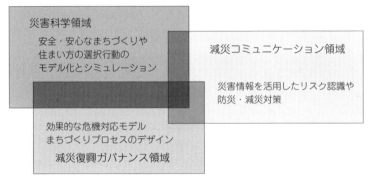

図　減災復興学を構成する3領域

これからの災害対策に向けて

日本付近で発生した主な被害地震のうち気象庁が名称を定めた地震として，令和6年能登半島地震，平成30年北海道胆振東部地震，平成28年熊本地震がある（平成23年東北地方太平洋沖地震より後）。それぞれの地震にはその特徴があり，地域性，時代，そこに暮らす人々，インフラ，建築物の耐震性等，震災に影響を及ぼす因子は多様である。

また，地球温暖化に起因する異常気象，特に豪雨や台風の巨大化，その結果生じる様々な災害の激甚化は，年々顕著となってきている。

これらに備え，減災を実現するためには我々は何をすべきか。いかに災害を最小化できたとしても，復旧・復興を迅速にするためにはどうすれば良いか。

はしがき

多くの解決しておくべき問題が存在する。その唯一の解を求めるのではなく，より良い社会を作りあげるために，減災復興学についての本書での学びが，読者の知識と解決方法の一助となれば幸いである。

2024年12月
兵庫県立大学大学院
減災復興政策研究科

研究科長　永野　康行

減災復興学　目　次

はしがき

第1章　阪神・淡路大震災の被害概要 ………………………………………… 1

　1　地震の概要 …………………………………………………………………… 1

　2　兵庫県内の被害状況等（平成18年5月19日確定）………………………… 1

　3　ライフラインの被害と復旧 ………………………………………………… 2

　4　鉄道の被害と復旧 …………………………………………………………… 3

　5　道路の復旧状況 ……………………………………………………………… 5

　6　被害総額 ……………………………………………………………………… 5

第2章　兵庫県南部地震の発生メカニズムと地震動 ………………………… 8

　1　地震災害を知るための基礎 ………………………………………………… 8

　2　なぜ地震が起こるのか──その地学的背景 ………………………………10

　3　地震発生のメカニズム──震源過程 ………………………………………17

　4　地震動のメカニズム …………………………………………………………21

　5　阪神・淡路大震災以降の地震学と地震防災技術の発展 …………………29

第3章　建築物の耐震性と建物被害 ……………………………………………32

　1　地震時の揺れに耐える建築物 ………………………………………………32

　2　兵庫県南部地震による各地の地震動の特徴 ………………………………32

　3　建物の耐震性を確保する手法 ………………………………………………35

　4　建物の耐震性確認の手法 ……………………………………………………42

　5　都市規模での地震応答解析に基づく建物被害予測 ………………………44

　6　安全な都市に向けた建築物の耐震性 ………………………………………47

第4章　地震による複合災害（火災）と気象・気候 …………………………49

　1　地震による広域火災の概要 …………………………………………………49

2　火災の時系列 ……………………………………………………………… 55

　3　火災延焼と気象 ……………………………………………………………… 58

第5章　自治体・企業の災害対応体制の進展と課題 ……………… 74

　1　求められる災害対応への備え ………………………………………………… 74

　2　自治体の災害対応体制の進展 ………………………………………………… 75

　3　企業の災害対応体制の進展 …………………………………………………… 83

　4　未来に向けた災害対応の課題 ………………………………………………… 91

　5　未知の事象に備える …………………………………………………………… 94

第6章　被災経験をふまえた減災まちづくり ……………………………… 97

　1　地域主体の減災まちづくり …………………………………………………… 97

　2　港島地区の概要 ………………………………………………………………100

　3　各世帯の災害時安全確保の実態把握 ………………………………………103

　4　在宅避難を実現するための方策の検討 ……………………………………116

　5　震災の経験をよりよい減災まちづくりへとつなぐ ………………………121

第7章　災害復興公営住宅における共助の仕組みづくり …………124

　1　災害復興公営住宅のこれまでとこれから …………………………………124

　2　阪神・淡路大震災後の災害復興公営住宅整備と支援策 …………………125

　3　災害復興公営住宅の現状 ……………………………………………………130

　4　災害復興公営住宅における住民支援のための課題 ………………………135

　5　新たな地域コミュニティ形成の場・主体とつながりの仕組み ………139

　6　これからの地域コミュニティの共助についての一考 ……………………146

第8章　被災自治体による復興ガバナンス——兵庫県の事例から……149

　1　ローカル・ガバナンス ………………………………………………………149

　2　阪神・淡路大震災復興基金 …………………………………………………152

　3　被災者復興支援会議 …………………………………………………………159

　4　阪神・淡路大震災と復興ガバナンス ………………………………………168

第**9**章　被災地での犯罪とその予防 ………………………………172

 1　災害と犯罪 ………………………………………………………172

 2　刑事司法手続と犯罪データ ……………………………………174

 3　被災地での犯罪発生を説明する犯罪学理論……………………176

 4　日本における被災地での犯罪研究と類型モデル ……………177

 5　被災地での犯罪予防を考えるための環境犯罪学理論とその活用………184

第**10**章　阪神・淡路大震災と学校の教育継続 ……………………194

 1　地域の災害対応の拠点としての学校 …………………………194

 2　兵庫県教育委員会による災害対応 ……………………………195

 3　学校による災害対応 ……………………………………………196

 4　避難所対応と学校再開 …………………………………………198

 5　被災した児童生徒への支援 ……………………………………202

 6　被災経験をふまえた学校安全のための取り組み ……………203

 7　被災経験をふまえた防災教育の展開 …………………………205

 8　災害対応のための学校組織マネジメント ……………………208

第**11**章　早期復興へ向けた被災者支援のための被災者台帳構築……210

 1　被災者支援の礎と阪神・淡路大震災 …………………………210

 2　阪神・淡路大震災における住家被害認定調査及び罹災証明書の発行…214

 3　被災者台帳構築・運用のための情報システム及び情報処理 …………228

あとがき

索　引

第1章

阪神・淡路大震災の被害概要

　本章では，阪神・淡路大震災を理解する上で必要な被害・復旧概要を示す。より詳細な被害・復旧情報については，章末に示す文献リストで調べられたい。

1　地震の概要

地震の名称　兵庫県南部地震

地震の発生　平成7年1月17日午前5時46分

震源地　淡路島北部（北緯34度36分，東経135度02分）

震源の深さ　16km

規模　マグニチュード7.3

各地の震度　7　神戸，芦屋，西宮，宝塚，北淡，一宮，津名の一部

　　　　　　6　神戸，洲本

　　　　　　5　豊岡

　　　　　　4　姫路など　　　　　　　　　　　　　（出典：兵庫県，2024）

2　兵庫県内の被害状況等（平成18年5月19日確定）

(1) 災害救助法の適用　旧10市10町

　（神戸・尼崎・明石・西宮・洲本・芦屋・伊丹・宝塚・三木・川西の10市，津名・淡路・北淡・一宮・五色・東浦・緑・西淡・三原・南淡の10町）

(2) 死者数　6,402人［6,434人］

　　※H7.1〜6月の死者に係る死因では窒息・圧死が77.0％，年齢別では65

歳以上が43.7％を占める。（厚生省調べ）

(3) 行方不明 3人〔3人〕

(4) 負傷者数 40,092人〔43,792人〕

(5) 住家被害 538,767棟〔639,686棟〕

　（うち，全壊 104,004棟（182,751世帯），半壊 136,952棟（256,857世帯））

(6) 焼損棟数 7,534棟〔7,574棟〕

　（うち，全焼 7,035棟，半焼 89棟）

(7) 避難者数（ピーク時：H7.1.23）316,678人　1,153箇所

　　　〔　〕内の数値は他府県を含む阪神・淡路大震災全体の数値を表す。

（出典：兵庫県，2024）

兵庫県内の市町ごとの統計は表1-1に示す。

3　ライフラインの被害と復旧

区分	主な被害	復旧年月日	
電　気	約260万戸が停電（大阪府北部含）	H7.1.23	倒壊家屋等除き復旧
電　気	約260万戸が停電（大阪府北部含）	H7.1.23	倒壊家屋等除き復旧
ガ　ス	約84万5千戸が供給停止	H7.4.11	倒壊家屋等除き復旧
水　道	約127万戸が断水	H7.2.28 H7.4.17	仮復旧完了 全戸通水完了
下水道	被災施設：22処理場，50ポンプ場 管渠延長約164km	H7.4.20	仮復旧完了
電　話	交換機系：約28万5千回線が不通 加入者系：約19万3千回線が不通	H7.1.18 H7.1.31	交換設備復旧完了 倒壊家屋等除き復旧

（出典：兵庫県，2024）

4　鉄道の被害と復旧

（1）鉄道の被害

JR

事業者名等	構造物等の主な被害状況	復旧に要する費用（億円）
JR東海（東海道新幹線）	高架橋，柱部損傷，橋梁桁ずれ	40
JR西日本（山陽新幹線，在来線（東海道線，山陽線，福知山線）	高架橋破壊，損傷，橋梁桁ずれ，擁壁破壊・損傷，トンネル内壁損傷，駅舎破壊・損傷，ホーム損傷，車両損壊・損傷	350 670
JR貨物（東海道線）	橋桁損傷，橋台・橋脚損傷，擁壁損傷，車両損壊・損傷	20
JR合計		1,080

民鉄ほか

事業者名等	構造物等の主な被害状況	復旧に要する費用（億円）
阪神電鉄（神戸線，伊丹線，宝塚線，今津線，甲陽線）	高架橋破壊・損傷，擁壁破壊・損傷，駅舎損傷，ホーム破壊・損傷，こ線橋落下，駅舎破壊，車両損壊・損傷	440
阪神電気鉄道（阪神本線）	高架橋破壊・損傷，桁落下，擁壁破壊・損傷，盛土崩壊，駅舎破壊・損傷，ホーム破壊・損傷，車両損壊・損傷	570
神戸電鉄（有馬線）	切取法面崩壊，トンネル損傷，ホーム損傷	80
神戸市交通局（山手線）	トンネル，駅部中間柱損傷	60
神戸高速鉄道（東西線）	桁落下，高架橋損傷，トンネル中間柱・擁壁損傷，駅破壊	200
神戸新交通（ポートアイランド線，六甲アイランド線）	桁落下，橋脚損傷，駅舎破壊，車両損壊・損傷	40
山陽電気鉄道（本線）	橋梁損傷，擁壁破壊・損傷，トンネル中間柱損傷，駅舎損傷，ホーム損傷，車両損壊・損傷	50

大阪市交通局（1号線，難航ポートタウン線）	高架橋損傷，桁ずれ，橋脚損傷，車両損壊・損傷	20
北大阪急行，北神急行電鉄	高架橋損傷，トンネル損傷，車両損壊・損傷	10
民鉄合計		1,470

（出典：平成7年度運輸白書）

（2）鉄道の復旧

事業者名等	震災直後普通区間（km）	復旧
JR新幹線 JR（東海道・山陽本線） （福知山線） （和田岬線）	京都～姫路（130.7） 尼崎～西明石（48.2） 塚口～広野（37.2） 全線（2.7）	平成7年4月8日 平成7年4月1日 平成7年1月21日 平成7年2月15日
阪神（本線） （武庫川線）	甲子園～元町（18.0） 全線（1.7）	平成7年6月26日 平成7年1月26日
阪急（神戸線） （甲陽線） （伊丹線） （今津線）	西宮北口～三宮（16.7） 全線（2.2） 全線（3.1） 全線（9.3）	平成7年6月12日 平成7年3月1日 平成7年3月11日 平成7年2月5日
神鉄（有馬線） （三田線） （粟生線）	全線（22.5） 全線（12.0） 全線（29.2）	平成7年6月22日 平成7年1月19日 平成7年1月19日
山陽	西代～明石（15.7）	平成7年6月18日
神戸高速（東西線） （南北線）	全線（7.2） 全線（0.4）	平成7年8月13日 平成7年6月22日
神戸新交通 （ポートライナー） （六甲ライナー）	全線（6.4） 全線（4.5）	平成7年7月31日 平成7年8月23日

（出典：兵庫県『阪神・淡路大震災の支援・復旧状況』）

第1章 阪神・淡路大震災の被害概要

5 道路の復旧状況

区分	震災直後不通区間	復旧
阪神高速道路 （神戸線） （湾岸線） （北神戸線）	全線 （うち京橋～摩耶） （うち若宮～京橋） （うち摩耶～深江） 全線 全線	平成8年9月30日 平成8年2月19日 平成8年8月31日 平成8年8月31日 平成7年9月1日 平成7年2月25日
名神高速道路 第二神明道路 中国自動車道	西宮～府県境 伊川谷～須磨 西宮北～府県境	平成7年7月29日 平成7年2月25日 平成7年7月21日

（出典：兵庫県『阪神・淡路大震災の支援・復旧状況』）

6 被害総額

9兆9,268億円（平成7年4月5日推計）

項目別被害額

① 建築物　約5兆8,000億円

② 鉄道　約3,439億円

③ 高速道路　約5,500億円

④ 公共土木施設（高速道路を除く）約2,961億円

⑤ 港湾　約1兆円

⑥ 埋立地　約64億円

⑦ 文教施設　約3,352億円

⑧ 農林水産関係　約1,181億円

⑨ 保健医療・福祉関係施設　約1,733億円

⑩ 廃棄物処理，し尿処理施設　約44億円

⑪ 水道施設　約541億円

⑫ ガス・電気　約4,200億円

⑬ 通信・放送施設　約1,202億円

⑭ 商工関係　約6,300億円

⑮ その他の公共施設等　約751億円

合計　約9兆9,268億円

(出典：兵庫県，2024)

引用・参考文献

国土交通省（1995）「平成7年度運輸白書」

兵庫県（2024）『阪神・淡路大震災の復旧・復興の状況について』

兵庫県『阪神・淡路大震災の市町被害数値（平成18年5月19日消防庁確定）』
　　　https://web.pref.hyogo.lg.jp/kk42/pa20_000000006.html（2024年5月10日）

兵庫県「阪神・淡路大震災の支援・復旧状況」『被害状況・復興の歩み』
　　　https://web.pref.hyogo.lg.jp/kk41/pa17_000000002.html（2024年5月10日）

兵庫県「阪神・淡路大震災の市町被害数値」『被害状況・復興の歩み』
　　　https://web.pref.hyogo.lg.jp/kk42/pa20_000000006.html（2024年5月10日）

日本建築学会「阪神・淡路大震災調査報告　共通編，建築編」1～10（10巻），1998，
　　　1999，2000

土木学会「阪神・淡路大震災調査報告」1～12（12巻），1996，1997，1998，1999，
　　　2000

日本機械学会「阪神・淡路大震災調査報告　機械編」1998

日本建築学会，土木学会，地盤工学会，日本地震学会，日本機械学会「阪神・淡路大
　　　震災調査報告　共通編」1・2，2000，1998

第1章　阪神・淡路大震災の被害概要

表1-1　阪神・淡路大震災の市町被害数値（平成18年5月19日消防庁確定）

| 市町名 | 死者 | 行方不明者 | 負傷者 | | | 全壊 | | 半壊 | | 一部損壊 |
			重傷	軽傷	計	棟	世帯	棟	世帯	棟
神戸市	4,564	2	6,300	8,378	14,678	61,800	113,571	51,125	119,631	126,197
尼崎市	49		1,009	6,136	7,145	5,688	11,034	36,002	51,540	35,855
西宮市	1,126	1	1,643	4,743	6,386	20,667	34,042	14,597	27,072	38,042
芦屋市	443		551	2,624	3,175	3,915	7,739	3,571	9,927	3,959
伊丹市	22		226	2,490	2,716	1,395	2,434	7,499	14,373	19,851
宝塚市	117		393	1,808	2,201	3,559	5,541	9,313	14,819	14,305
川西市	4		75	476	551	554	659	2,728	3,057	6,041
三田市				23	23					1,958
猪名川町				3	3					1,334
明石市	11		139	1,745	1,884	2,941	4,239	6,673	10,957	21,370
加古川市	2		4	11	15			13	13	3,109
高砂市	1		4	4	8			1	1	1,325
稲美町				11	11					409
播磨町			1		1			11	16	469
西脇市					0					364
三木市	1		2	17	19	25	26	94	113	5,033
小野市				3	3					584
加西市				1	1					237
加東市				2	2					99
多可町					0					55
姫路市				2	2			1	1	83
市川町					0					
福崎町					0					3
神河町					0					
相生市					0					35
赤穂市					0					
宍粟市					0					
たつの市					0					97
太子町					0					48
上郡町					0					
佐用町					0					
豊岡市				1	1					3
養父市					0					
朝来市					0					
香美町					0					
新温泉町					0					
篠山市					0					25
丹波市				1	1			1	1	300
洲本市	4		9	52	61	203	203	932	932	4,989
南あわじ市			13	15	28	181	181	415	420	1,600
淡路市	58		125	1,052	1,177	3,076	3,082	3,976	3,984	10,032
合計	6,402	3	10,494	29,598	40,092	104,004	182,751	136,952	256,857	297,811

（出典：兵庫県「阪神・淡路大震災の市町被害数値」）

第2章

兵庫県南部地震の
発生メカニズムと地震動

1 地震災害を知るための基礎

（1）地震と震災

　本章では，阪神・淡路大震災のきっかけとなった兵庫県南部地震について，自然現象としての観点から振り返る。まず，地球の成り立ちやプレートテクトニクスについて理解したうえで，兵庫県南部地震が発生するに至った地学的背景を日本列島周辺のプレートの動きや近畿地方を取り巻く活断層に注目しながら概観する。次に，兵庫県南部地震の震源過程（メカニズム）について，これまでになされてきた研究の成果により明らかになったことを解説する。続いて，「震災の帯」に象徴されている大きな被害をもたらした特徴的な地震動について，その要因を震源過程と関連づけながらひもといてゆく。さらに，阪神・淡路大震災以降の地震学と地震防災技術の発展についても紹介することとする。

　はじめに，地震と震災という2つの言葉について，その意味と違いを確認しておく。本書全体で大きなテーマとなっている阪神・淡路大震災は，1995年1月17日に発生した兵庫県南部地震により引き起こされた災害であると説明される。同様に，関東大震災は1923年9月1日の関東地震により引き起こされた災害，東日本大震災は2011年3月11日の東北地方太平洋沖地震により引き起こされた災害である。つまり，「震災」とは「災害」の一種であり，地震そのもののことではない。ときどき，地震のうちで規模の大きなものを震災と呼ぶのだとか，兵庫県南部地震は阪神・淡路大震災の別名であるなどと考えている人があるが，これらはいずれも誤りである。

　そもそも，地震は大地が震動する現象であり（地震学的にはこの説明も不正

確である。第2項にて詳述する），自然現象のひとつである。それに対して災
害は人間や社会にとって不都合なできごとであり，社会現象のひとつである。
地震，津波，火山噴火，台風，豪雨などの自然現象は，それだけでは災害たり
えない。そこに脆弱な都市や無防備な人が存在してはじめて災害が引き起こさ
れる。すなわち，災害の大きさはハザード（災害のきっかけとなる自然現象）・
暴露量（そこにある人や建物などの数）・脆弱性の3要素によって決まる。例
えば，誰も住んでいないところで大地震が発生しても災害にはならない（もち
ろん，例えばそこに道路があり，これが損傷して通行不能になるなどの場合は
別である）。また，そこに都市が存在し，人が住んでいたとしても，十分な地
震対策がなされていれば大きな被害は発生せずに済む。

　地震は災害のきっかけとなりうるが，被害の大きさは暴露量と脆弱性によっ
て大きく左右される。そのため，地震の大きさがそのまま災害の大きさとはな
らない。例えば，阪神・淡路大震災を引き起こした兵庫県南部地震のモーメン
トマグニチュード（詳しくは第3節を参照）は6.9であり，東日本大震災を引
き起こした東北地方太平洋沖地震のそれは9.0であった。これは，東北地方太
平洋沖地震のエネルギーは兵庫県南部地震の1000倍以上の大きさであったこと
を意味している。それでは，東日本大震災の被害量は阪神・淡路大震災の1000
倍以上であっただろうか。そうではない。阪神・淡路大震災の死者数は6434人，
全壊家屋は10万棟強であったのに対し，東日本大震災ではそれぞれ約2万人，
12万棟強である。きっかけとなった地震のエネルギーの倍率はまさに「桁外
れ」に大きかったのであるが，被害量はたしかに大きいものの桁外れというほ
どの倍率ではない。これは，暴露量にさほど大きな差がないことによる。阪
神・淡路大震災で大きな被害を生じた範囲を，きわめて大雑把ではあるが兵庫
県1県と考えると，当時の人口は約540万人であった。対して，同様に東日本
大震災で大きな被害を生じた範囲を福島県・宮城県・岩手県の3県とすると，
この範囲の総人口は約562万人であり，兵庫県の人口とほぼ同じとなる。この
ことからも，地震と震災は決して同じではなく，また震災の被害の大きさには
地震そのものの規模以上に暴露量や脆弱性が大きく影響することがわかる。

（2）地震と地震動，マグニチュードと震度

　これまで特にことわりなく「地震」という用語を用いてきたが，そもそも地震とは何だろうか。地震災害を知るために重要なことであるので，ここで地震と地震動，マグニチュードと震度といった基本的な用語について整理しておく。

　日常的に用いられる「地震」という用語には，ふたつの意味合いがある。ひとつは地面が震動する現象を指すもので，「地震を感じた」などというときのものである。もうひとつは揺れの原因となる地下の岩盤の破壊現象，つまり断層運動を指していう場合である。地震学をはじめ学術研究の場においてはこれらを区別して，地下の岩盤の破壊現象（断層運動）を地震といい，大地が震動する現象を地震動と呼ぶ。このふたつは原因と結果の関係にある。すなわち，まず断層運動（地震）が発生し，放出されたエネルギーが地震波の形で地中を伝播して，最終的に地表面が震動する（地震動の発生）に至る。

　ここで，あわせてマグニチュードと震度についても整理しておく。この両者は地震発生直後のニュース等でほぼ同時に報道されるためか，しばしば混同している人がいるようである。しかし，先に述べた地震と地震動の違いを明確に意識すれば，マグニチュードと震度の違いを理解することはさほど難しくない。すなわち，地震（断層運動）の大きさを表す指標がマグニチュードであり，地震動（地面の揺れ）の強さを表す指標が震度である。一度の地震に対してマグニチュードはひとつの値が定まるが，震度は地震動を観測した地点すべてに対してそれぞれ値が定まる。おおむね，震源断層に近い地点ほど震度は高く，遠ざかるほど低くなる。

2　なぜ地震が起こるのか──その地学的背景

（1）地球の成り立ちとプレートテクトニクス

　自然災害のもととなる地震，津波，火山噴火，豪雨，台風などは，いずれも地球の営みの一環としての自然現象である。それゆえ，これらの現象について理解するためにはまず地球の成り立ちについて知る必要がある。ここでは，地球が生まれてから現在までのおおまかな経緯を振り返ってみたい。

第 2 章　兵庫県南部地震の発生メカニズムと地震動

　宇宙の開闢は約138億年前と考えられている。その後，宇宙空間に漂うガスや塵が集まり，約46億年前に太陽系と地球が誕生した。原始の地球では，他の天体の衝突が頻繁に繰り返されていたようである。月もこうした天体衝突によって飛び散った物質が集まって形成されたものである。やがて海が形成され，約38億年前に生命が誕生するに至った。26億年前頃からマントル対流（詳しくは後述）が始まり，地球表面では大陸の移動と分裂が繰り返され，2.5億年前頃に超大陸パンゲアが出現した。その後，超大陸パンゲアは分裂してゆっくりと移動していき，現在の大陸の配置となった。

　現在の地球の内部構造は，化学組成，すなわち構成物質の種類で分類すると，地表から順に地殻・上部マントル・下部マントル・外核・内核となっている。一方，物理的性質，具体的には流動性に着目した場合には地表から順にリソスフェア，アセノスフェア，メソスフェア，外核，内核となる。このうち外核のみが液体で他は固体であるが，固体部分も数億年単位の長い時間スケールで見たときの振る舞いが異なっており，リソスフェアは剛体的（固くてもろい），アセノスフェアは流動的（液体のように流動する），メソスフェアは弾性的（あまり流動性がない）である。この流動性の違いは，深さとともに温度が上昇し，岩石の性質が変化するために生じる。地球の中心部は約5500℃という高温である。地殻と上部マントルの一部で構成されるリソスフェアをプレートともいい（厳密に同じ概念ではないが，ここでは同じものと考えて差し支えない），これが流動性のあるアセノスフェアの上を水平に移動するというのがプレートテクトニクスの考え方である。プレートは十数枚に分かれて地球表面を覆っており，これらが相対的に移動することで大陸の移動と分裂を引き起こす。

　地球表面の動きはプレートテクトニクスによって説明されるが，その原動力となるのはマントル対流である。これを含めて地球全体の動きを説明する理論はプルームテクトニクスと呼ばれる。プルームとは，まっすぐに立ち上る熱い煙のようなものを意味しており，地球深部から浅部へ向かって立ち上るマントルの上昇流に対して名付けられたものである。地震波トモグラフィーと呼ばれる探査手法によりマントル内の温度分布が明らかになり，マントル中を上昇するホットプルームと下降するコールドプルームが発見された。プルームの上昇

11

と下降がマントルの水平方向の対流をも引き起こし，その上に載っているプレートが引きずられて移動していくのである。

（2）プレート運動が誘発する地震

　プレート間の境界部分にはひずみや応力が集中し，地震や火山噴火など，特にダイナミックな地学現象が発生しやすい。プレート境界には，発散型境界，収束型境界，すれ違い型境界がある。発散型境界の代表例は大西洋中央海嶺や東太平洋海膨であり，ここで海洋プレートが生み出される。こうした海嶺にはプレートの断裂部分が大きくずれているところがあり，これにともなってすれ違い型のプレート境界が存在している。陸上にすれ違い型境界が存在する場合もあり，その代表例は北米大陸西海岸のサンアンドレアス断層である。収束型境界は，陸のプレート同士であれば衝突境界となって山脈を形成する。代表例はヒマラヤ山脈である。一方，陸のプレートと海のプレートが収束するところでは，相対的に密度の大きい海のプレートが陸のプレートの下へ沈み込む。こうした地域ではひずみの蓄積と解放が繰り返されるため，地震が多発する。日本列島はユーラシアプレート・北米プレート・太平洋プレート・フィリピン海プレートの４枚が収束する位置にあり，世界でもまれな地震多発地帯である。日本の陸地面積は世界の陸地のわずか400分の１程度にすぎないが，世界中で発生する地震のおよそ２割が日本列島付近で発生している。

　図２-１に，日本列島周辺のプレートの様子を模式的に示す。東側から年間８cmほどの速さで移動してきた太平洋プレートは千島海溝・日本海溝から北米プレートの下へ，伊豆・小笠原海溝からフィリピン海プレートの下へ沈み込んでいる。一方，南側から年間３～５cmほどの速さで移動してきたフィリピン海プレートは相模トラフから北米プレートの下へ，南海トラフ・南西諸島海溝からユーラシアプレートの下へ沈み込んでいる。海溝とトラフはともに海底の溝状の地形を指す用語である。

　海のプレートが沈み込むとき，陸のプレートを引きずり込むように変形させる。すると，地殻にひずみが生じ，プレートの境界面を滑らせようとする力（剪断応力）が蓄積していく。プレート境界面の摩擦力が剪断応力に耐え切れ

第2章　兵庫県南部地震の発生メカニズムと地震動

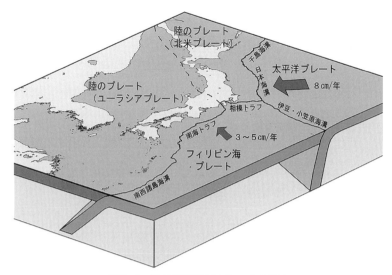

図2-1　日本列島周辺のプレートの様子
出典：気象庁ホームページ「日本付近のプレートの模式図」
https://www.data.jma.go.jp/eqev/data/jishin/about_eq.htm

なくなったとき，プレート境界面が急激に滑りを起こして地殻にたまっていたひずみが解放される。これがプレート境界地震と呼ばれる現象で，2011年3月11日の東北地方太平洋沖地震はその一例である。また，近い将来の発生が危惧されている南海トラフ地震もプレート境界地震である。プレート境界地震は数十年から数百年の周期で発生するマグニチュード7～8級のものが多い。

　沈み込むプレートの内部には多くの場合引張力が作用しており，沈み込んだ海洋プレートの内部で発生する地震，プレートの屈曲にともないプレート上面に亀裂が発生して起こる地震，海溝よりも外側（陸地から見て）で発生する地震がある。沈み込んだ海洋プレートの内部で発生する地震は特にスラブ内地震と呼ばれる。

　一方，海洋プレートの沈み込みにともなって陸のプレート内部でも地震が発生する。プレート内部には無数の亀裂があり，そのうち数十万年前以降に繰り返し地震を起こし，将来も地震を起こすと考えられているものを特に活断層という。日本列島はおおむね東西方向の圧縮力にさらされており，これが活断層

13

を滑らせようとする剪断応力となって，地震を発生させる。これは内陸地震あるいは陸域の浅い地震と呼ばれ，千年から数万年の周期で発生するマグニチュード 7 級のものが多い。1995年 1 月17日の兵庫県南部地震は典型的な内陸地震である。

（3）近畿地方・兵庫県を取り巻く活断層

　これまで，地球の成り立ちやプレートテクトニクスの観点から，地震が発生するメカニズムについて説明してきた。次に，兵庫県南部地震が発生するに至った背景について，より詳細に地域的な要因をみていこう。

　日本列島は 4 枚のプレートが収束するところに位置しており，プレート境界地震，沈み込むプレート内の地震，そして内陸の活断層の地震が頻発する環境にあることは先に述べたとおりである。実際，わが国の歴史記録には，『日本書紀』允恭天皇五年（西暦416年）の記事を最古として，数多くの被害地震の記録が残されている。それらを地域別にみると，近畿地方が最多である。歴史資料における地震の記録は，厳密にいえば地震ではなく地震動の記録であって，近畿地方に地震動をもたらした地震の震源が近畿地方にあるとは限らない。とはいえ，内陸の活断層の地震では，被害をもたらすほどの強さの地震動は多くの場合震源から数十キロメートルの範囲にとどまるので，やはり近畿地方を震源として発生した地震が多く記録されているといえる。近畿地方に被害地震の記録が多いのは，古くから栄えた文化の中心地であり，文書記録の数自体が多いためである。しかし，おそらく理由はそれだけではない。実際のところ，近畿地方は日本列島の中でもっとも内陸の活断層が集中している地域でもある。

　図 2 - 2 に，近畿地方を取り巻く活断層の分布を示す。淡路島・大阪湾周辺から若狭湾東岸にかけて活断層が密集していることがわかる。この活断層密集域は「新潟 - 神戸ひずみ集中帯」という地震発生数の多い領域の西端部に属しており，かつ南側は中央構造線断層帯の一部に重なっている。この活断層の多さが，近畿地方における被害地震の記録の多さにつながっている。兵庫県南部地震も，図 2 - 2 に示されている六甲・淡路島断層帯の活動によるものである。

　ところで，阪神・淡路大震災が発生する以前，近畿地方では地震が少ないと

14

図2-2 近畿地方の活断層
出典：KG-NET（関西圏地盤情報ネットワーク）ホームページ「関西の活断層分布図」
https://www.kg-net2005.jp/study/kansai.html

いう考えがある程度浸透していたようである。実際のところ，テレビのニュース等で地震の速報がなされるとき，近畿地方よりも関東地方や東北地方で揺れが観測された場合が多い。このことと，歴史的にみて近畿地方で活断層による地震が多いことは，一見矛盾しているように思われるかもしれない。しかし，これはそれぞれの地域での地震の発生メカニズムを考えれば理解できる。すなわち，関東地方や東北地方に揺れをもたらす地震の多くは，日本海溝から太平

洋プレートが北米プレートの下へ沈み込むことにともなって発生するプレート境界地震である。太平洋プレートの移動は年間8cmと速いためプレート境界面でのひずみの蓄積も急激で，プレート境界面の各部分が地震を起こす周期はそれぞれ数十年程度と短い。一方，近畿地方に密集している活断層が地震を起こす周期はそれぞれ千年から数万年程度と長い。ひとつひとつの活断層による地震の頻度が低くても，活断層の数が多いため歴史的な時間スケールではかなりの数の地震が記録されているが，それでも人の一生の間に一度も活断層の地震を経験しないということが珍しくない。こうした地震の起こり方の特徴から，近畿地方では地震が少ないという考えが出てきたのではないだろうか。

（4）六甲・淡路島断層帯と兵庫県南部地震

　兵庫県南部地震を起こしたのは六甲・淡路島断層帯の一部である。ここでは，この断層帯について詳細にみていくこととする。この断層帯に限らないが，政府の地震調査研究推進本部がこれまでの調査結果を詳細にまとめてウェブ上で公開しているので，ぜひ参考にされたい。

　六甲・淡路島断層帯は，大阪府箕面市から兵庫県西宮市，神戸市などを経て淡路島北部に至る六甲・淡路島断層帯主部と淡路島中部の洲本市から南あわじ市に至る先山断層帯からなっている。北端は有馬－高槻断層帯に接し，南端は中央構造線断層帯にほぼ接している。また，断層の分布や過去の活動時期の違いなどから，長さ約71kmの六甲山地南縁－淡路島東岸区間と長さ約23kmの淡路島西岸区間のふたつに区分される。六甲山地南縁－淡路島東岸区間では右横ずれを主体とし，北西側が相対的に隆起する逆断層成分を伴う。一方，淡路島西岸区間では右横ずれを主体とし，南東側が相対的に隆起する逆断層成分を伴う。ここで，「右横ずれ」と「逆断層」は断層ずれの方向を示す用語で，右横ずれとはほぼ垂直の断層が互いに右横向きにずれる運動であり，逆断層とは斜め方向の断層が圧縮力により上下にずれる形の運動である。

　ところで，固有地震（あるいは固有規模の地震）という考え方がある。これは，断層の大きさにより定まる最大規模の地震が一定の周期で繰り返されるというものである。活断層の固有地震の発生履歴は様々な調査により推定されて

おり，最新活動時期が古ければ近い将来の地震発生が危惧され，逆に新しければ固有地震の再来はしばらくないということになる。兵庫県南部地震は六甲・淡路島断層帯の固有地震だったといえるだろうか。

　兵庫県南部地震では，淡路島西岸区間と六甲山地南縁－淡路島東岸区間のうち，西宮市から明石海峡にかけての全長約30 kmの範囲が活動したと推定されている。また，淡路島西岸区間では断層活動が地表まで達して大きな亀裂が生じた。ところが，六甲山地南縁区間の断層すべり量は淡路島西岸区間と比べて小さく，断層の規模から推定される最大規模の地震であったとはいえない。このため，地震調査研究推進本部では，兵庫県南部地震は淡路島西岸区間においては固有地震であったといえるが，六甲山地南縁－淡路島東岸区間においては固有規模よりひとまわり小さい地震であったと評価している。この場合，六甲山地南縁－淡路島東岸区間の最新の固有地震は，地形・地質上の痕跡から，16世紀頃に発生したと考えられる。1596年の慶長伏見地震（マグニチュード7.5前後と推定されている）がひとつの候補とされるが，たしかではない。なお，六甲山地南縁－淡路島東岸区間の固有地震の規模はマグニチュード7.9程度とされ，これは兵庫県南部地震（マグニチュード7.3）よりもひとまわり大きい。

　なお，活断層の地震の確率評価は，基本的に固有地震を対象として行われている。しかし，兵庫県南部地震のように固有地震よりもひとまわり小さな地震であっても，都市直下で発生すれば甚大な被害をもたらす可能性がある。また，「兵庫県南部地震が発生したので，この地域ではしばらく地震が起こらないだろう」という考えも妥当とはいえない。

3　地震発生のメカニズム──震源過程

（1）断層モデル

　地震の本質は断層運動である。ここでは，断層でのすべりを物理的に表現するための断層モデルについて述べる。

　断層とは地下の岩盤の亀裂であるが，それが実際にはどんな形になっているか，必ずしもはっきりとはわからない。掘削調査などで断片的に断層の姿を見

ることはできるが，それでも断層の全体を見た人はいない。断層面は平面的な模式図で示されることが多いが，実際には曲面であったり，単一の亀裂ではなく複数の亀裂が雁行していたりするのかもしれない。しかし，観測された地震動から震源断層の破壊過程を推定する場合など，複雑な形状の断層面をそのまま扱うことは困難であるので，矩形断層モデルがよく用いられる。これは，地下の断層面を長方形の平面に近似して考えるものである。ただし，大きな地震の場合には，震源断層全体をひとつの矩形平面で表現するのではなく，複数の矩形断層が連動して破壊したとしてモデル化することもある。

　断層モデルを定義することによって，地震の規模を表すマグニチュードについても物理的に明確な定義が与えられることになる。破壊した断層の面積が大きいほど，またすべり量が大きいほど，規模の大きな地震であったということができるだろう。さらに，断層の面積やすべり量が同じでも，断層運動が起こった位置の岩盤が硬いほど，放出されるエネルギーの量は多いだろう。そこで，断層面積，すべり量，岩盤の硬さの３つの積として地震モーメントという量を定義する。ここで，岩盤の硬さを表す指標には，剛性率または剪断弾性係数と呼ばれるものを用いる。地震モーメントは広い範囲で大きさが変化するため，常用対数をとる形でモーメントマグニチュードM_wを定義する。

　なお，ここで述べたモーメントマグニチュードは，地震の直後にニュース等で速報されるマグニチュードとは異なるものである。地震のマグニチュードには多くの相異なる定義があり，それぞれに長短がある。わが国では主に気象庁マグニチュードとモーメントマグニチュードの２種類が用いられている。気象庁マグニチュードは地震動記録の最大振幅から短時間で推定することができるため，地震の速報や津波警報の用途に向いている一方，マグニチュード8.4程度以上の大きな地震に対しては値が飽和してしまって正確な地震規模を表現できない欠点がある。一方，モーメントマグニチュードは巨大地震の規模を正確に表現できるが，地震動記録の全体を詳細に分析する必要があるため算出に時間がかかり，速報用途には向かない。気象庁マグニチュードは約100年間にわたって一貫した方法で推定されており，過去の地震との比較が容易であることもあって気象庁では原則として気象庁マグニチュードを用いているが，東北地

方太平洋沖地震のように極端に大きな地震に対してはモーメントマグニチュードを代表値としている。そこまで大きな地震でなければ，気象庁マグニチュードとモーメントマグニチュードは近い値になる。具体例として，兵庫県南部地震は気象庁マグニチュード7.3，モーメントマグニチュード6.9であり，東北地方太平洋沖地震は気象庁マグニチュード8.4，モーメントマグニチュード9.0である。

　このほか，断層運動を特徴づける量として応力降下量がある。これは，地震発生直前に蓄積されていた断層面を滑らせようとする力（剪断応力）が断層運動によって解放された量である。応力降下量が大きければ，より高速での断層すべりが発生し，周期の短い地震動を伴うようになる。

　また，断層のすべりは断層面全体で一斉に起こるのではなく，ある一点で始まり断層面上をほぼ同心円状に伝播していく。断層すべりが始まった位置を破壊開始点または震源といい，その直上の地表の点を震央という。断層すべりが伝わる速さを破壊伝播速度といい，おおむね2〜3km/sほどである。

（2）断層破壊の不均質性

　過去に発生した地震の詳細な解析結果から，地震が発生する際の震源断層面でのすべりや応力降下量は一様ではなく，不均質性があることがわかっている。これが地震動の特徴に反映されるため，これまでに多くの研究がなされてきた。

　図2-3に兵庫県南部地震の震源過程の解析結果を示す。観測された地震動記録から震源断層のすべり分布を推定する研究は数多く行われており，兵庫県南部地震についてもこれが唯一のものではないが，ひとつの例として紹介する。図2-3は，とくに震源断層近傍の強震動（構造物の被害に直結するような強い揺れ）を再現できるように推定されたモデルである。震源断層全体は，淡路島西岸から西宮市にかけてを4枚の平面で表現した部分と，途中で分岐した断層とで表現されている。図中の「サブイベント」と記載されている4か所の網掛けの部分は，特に強い地震波を発生した領域であり，強震動生成域と呼ばれる。破壊開始点は星印で示される明石海峡の直下の位置であり，ここから両側へ断層すべりが伝播したとする。このとき，阪神間の市街地から見ると，サブ

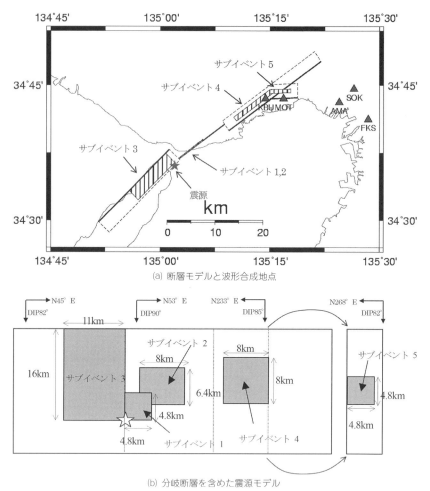

(a) 断層モデルと波形合成地点

(b) 分岐断層を含めた震源モデル

図2-3 兵庫県南部地震の震源過程

出典：平井ほか（2006）の図3，4。

イベント1，2，4で表される強震動生成域を順次破壊しながら，断層すべりの前線（破壊フロントという）が迫ってくるような位置関係になる。このことが「震災の帯」に代表される甚大な被害の原因となったのであるが，詳しくは第4節で解説する。

第 2 章　兵庫県南部地震の発生メカニズムと地震動

4　地震動のメカニズム

（1）地震波の伝播と地震動

　地下で断層運動が起こると，解放されたエネルギーが周囲の地盤を変形させ
ながら四方八方へ伝わっていき，やがて地表面を震動させる。このとき，地盤
の変形が地中を伝わっていく現象を地震波，地表面が震動する現象を地震動と
いう。地盤の変形には，地盤の体積変化を伴う伸縮変形と，体積変化を伴わな
い剪断変形（長方形が平行四辺形になるような変形）がある。この 2 種類の変
形に対応して地震波も 2 種類存在し，それぞれ P 波，S 波と呼ぶ。地震波の進
行方向に対して P 波は平行に，S 波は垂直に振動するため，それぞれ縦波，横
波ともいう。P は Primary，S は Secondary の意味で，震源からある程度離れ
た位置においては P 波が先に到着し，少し遅れて S 波が到着することから名づ
けられた。これは P 波と S 波の伝播速度が異なるためであり，硬質の岩盤では
それぞれ 7 km/s，4 km/s 前後である。軟らかい地盤ではこれよりも遅くなる。
　ほとんどの場所において，地盤は層状に堆積しており，深さとともに硬くな
る。逆に，地下深くで発生した地震波が地表に近づくにつれ伝播速度が遅くな
る。このとき，地震波の進行方向が徐々に鉛直に近づいていき，地表ではほぼ
真下から地震波が入射するようになる。そのため地表での地震動は，まず P 波
による上下動が生じ，次に S 波による水平動が生じる。前者を初期微動，後者
を主要動という。一般に構造物は，常に自重を支えているため縦揺れには比較
的強く，横揺れには弱い。そのため，地震動による被害は主要動によって生じ
ることが多い。
　なお，P 波と S 波の速度差により，震源からの距離とともに初期微動継続時
間が長くなる。このことを利用すると，地震動の初期微動継続時間から震源ま
での距離を見積もることができる。さらに複数地点（原理的には 3 か所）で地
震動を観測すれば，震源の位置を推定することができる。
　このほか，地震波にはレイリー波とラブ波と呼ばれるものも存在する。P 波
と S 波は地中を伝わるもので実体波と総称されるが，レイリー波とラブ波は地

21

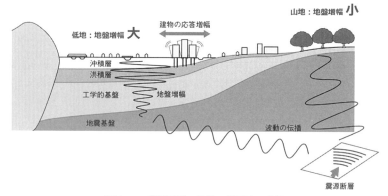

図2-4 堆積平野の構造と地震波の増幅
出典:福和・飛田・平井 (2019) の図4.11 (84ページ) に追記。

表面近くを伝わるもので表面波という。表面波の伝播速度はS波よりやや遅く，地震動記録においては主要動の少し後にその影響が表れる。レイリー波による振動は水面を伝わる波のそれとよく似ており，波動の進行方向に対して逆向きに車輪が回転するような動きとなる。一方，ラブ波は波動の進行方向に垂直な横方向の振動をもたらす。表面波は実体波と比べて減衰しにくいという特徴があり，震源から遠く離れた地点では実体波による揺れがほとんどなくても，表面波による揺れが観測されることがある。

(2) 地下構造による地震波の増幅

震源断層で発生した地震波が伝播するにつれ，大局的には振幅が減少する。これは，震源で解放されたエネルギーが四方八方へ拡散していくためである。地震速報のニュースなどで震度分布を見ると，震源付近で揺れが強く，遠ざかるにつれて揺れが弱くなっていることがわかる。しかし，地点ごとに注目すれば，地震波が地下深くから地表へ近づくにつれ増幅される効果も存在する。

図2-4は一般的な堆積平野の地下構造と地震波の増幅の様子を模式的に示したものである。堆積平野あるいは堆積盆地とは，地下深くの硬い岩盤の上に河川が運んできた比較的軟らかい層が積もって形成された平野である。山地との境界部には，図の左端に示すように断層が存在することも多い。わが国の大

都市の多くは，堆積平野に位置している。

　地下深く，地震波の伝播を考えるうえでこれより下は一様であるとみなせるような基盤を地震基盤といい，おおむねS波速度3000 m/s以上の層の上面がこれにあたる。関東平野，濃尾平野，大阪平野などの大規模な堆積平野では，地震基盤の深さが1 km以上となる場所もある。これよりも浅い地下で，大きな構造物の重さを支えることができる程度の硬さの基盤を工学的基盤といい，S波速度400 m/s程度以上の層がこれに相当する。実用的には，建設現場でよく行われる標準貫入試験においてN値50以上となる層を工学的基盤とみなす。わが国の主要な都市において，工学的基盤の深さは数十m程度であることが多い。工学的基盤の上に洪積層（約1万1700年前以前の更新世に形成された層）と沖積層（更新世のあと現在まで，完新世に形成された層）が堆積し，平野が成り立っている。これらの層は，浅いところほど軟らかく，地震波の伝播速度が遅くなっている。

　地震波が硬い層から軟らかい層へ入ると，振幅が大きくなる。これは，軟らかい層では伝播が遅いため単位時間に進める距離が短くなる，すなわち地震波のエネルギー密度が高まることにより必然的に起こる現象である。この効果により，軟らかい層が堆積している地点では，地震波が地表へ到達するまでに大きく増幅される。そのため，震源からの距離が同程度であっても，硬い岩盤が地表近くに達している山地と比べ，堆積平野上の場所では地震動が強くなる。その増幅倍率はおおむねS波速度の比に等しく（厳密には波動インピーダンス比と呼ばれるものである），例えば山地の地表でS波速度400 m/s，平野上の地点でS波速度100 m/sであれば，平野での揺れは山地の4倍ほどの強さになる。

　ところで，形のある物体はすべて自身が振動しやすい固有の周期を持っている。これを固有周期という。傾向として，大きなものほど，また軟らかいものほど，固有周期が長い。地盤も固有周期を持っており，堆積層が厚く軟らかいほど，地表では長い周期の揺れが卓越するようになる。近似的には，堆積層の厚さHと堆積層内での平均的なS波速度V_Sを用いて，卓越周期は$4H/V_S$と表される。実際の地盤では，地下に存在する複数の反射面の影響により，卓越周期も複数みられる。都市部においては，地震基盤に起因する卓越周期は数秒程

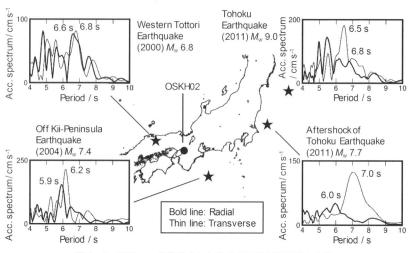

図2-5　KiK-net此花地点における地震動卓越周期の変動
出典：Fukuwa et al. (2016) の図2。

度，工学的基盤に起因する卓越周期はそれより1桁小さい程度であることが多い。

　ここまでの説明によれば，地震動が卓越する周期は地点直下の地盤構造により定まる固有の値であり，地震によらないことになる。これはおおむね正しいが，筆者らの研究によれば，特に長周期の帯域において地震時の卓越周期が一定でないことがある。図2-5にその実例を示す。これは防災科学技術研究所による強震観測網KiK-netの此花観測点（大阪市此花区）で得られた4つの地震における揺れの記録についてフーリエスペクトル（詳細は第3項を参照）を示したものである。フーリエスペクトルとは，揺れの記録に含まれる様々な周期の成分の振幅を表すものであり，これがピークとなる周期の揺れが卓越していることを示している。これによると，同地点の揺れの卓越周期は6.0〜7.0sの範囲で変動していることがわかる。地下構造をモデル化してコンピュータシミュレーションにより地震波の伝播の様子を観察したところ，同地点の揺れの卓越周期は真下から入射する地震波のみによって定まるのではなく，大阪平野と周辺の山地が織りなす複雑な形状の地下構造により地震波の屈折，反射，干渉が起こることで，震源の方位によって変動することがわかった。高層建物の

設計においては建物の固有周期（第3章を参照）と地盤の揺れやすい周期を一致させないことが非常に重要であるが，長周期帯域において地震動の卓越周期の変動の可能性に注意する必要がある。なお，これは堆積平野規模の大きさの地形により影響を受けるほど長い波長，つまり周期数秒以上の地震波についていえることであり，それより短い周期の成分についてはこうした卓越周期の変動は顕著ではない。

（3）地震動の強さ

　地震波が地表に到達すると，地表面が震動する。これが地震動であり，我々が揺れを感じるのも，建物等が損傷するのも，直接的な原因は地震動である。ここでは，地震動の性質や強さについて考えよう。

　地震動を定量的に把握するには直交する3つの座標軸方向（多くの場合，東西・南北・上下とする）の運動を観測すればよい。地震動をもっとも正確に表すのは，経過時間に対する大地の動きを示した波形記録である。波形には大地の動きそのものである変位，揺れの速さを表す速度，速度の変化率を表す加速度がある。これらは互いに換算が可能であり，変位を時間微分すれば速度，さらに速度を時間微分すれば加速度となる。逆に，加速度を時間積分すれば速度，さらに速度を時間積分すれば変位となる。変位・速度・加速度は表現方法が異なるだけですべて同じ大地の動きを表している。

　日常の経験でもわかる通り，地震動は地震によって，また同じ地震でも地点によって異なる。このように千差万別の地震動であるが，その特徴は大きく3つの要素，振幅・周期・継続時間で表すことができる。振幅とは波形記録の大きさであり，加速度や速度の絶対値の最大値がよく用いられる。周期とは揺れの1往復にかかる時間であり，もちろん地震動は単振動（振子のような単調な揺れ）ではなく様々な周期の成分を含んでいるが，通常はその中でもっとも卓越する周期成分に注目する。継続時間とは地震動が始まってから収束するまでのおおむねの持続時間であり，マグニチュードの大きな地震ほど長い。また，堆積盆地上の地点では地震動が長く継続することが多い。

　揺れの周期に注目した地震動の表現方法として，フーリエスペクトルと応答

スペクトルがある。フーリエスペクトルとは，地震動を様々な周期の正弦波の重ね合わせとして表現し，周期ごとの振幅を示したものである。横軸を周期の逆数である振動数で示すことが多い。応答スペクトルは，様々な固有周期の建物を想定し，それら建物が地震動を受けた際の振動応答を計算して，その最大値を固有周期に対して示したものである。フーリエスペクトルは地震動そのものの性質を表しており，震源，地震波の伝播経路，地下構造による地震波の増幅などの現象について調べる際によく用いられる。一方，応答スペクトルは地震動の建物への影響に主眼を置いた指標となっており，建物の振動応答や被害について調べる際に有用である。

　波形，フーリエスペクトル，応答スペクトルなどは地震動の性質を詳細に表すことができるものであるが，それゆえ解釈には専門的な知識を必要とし，一般向けの情報発信には向いていない。そこで，わが国においては地震動の強さを簡便に表す指標として気象庁震度階級が用いられている。これは弱い方から０，１，２，３，４，５弱，５強，６弱，６強，７の10段階となっており，気象庁のウェブサイトなどでそれぞれの震度階級における揺れの強さや被害の目安が説明されている。実際には，震度観測点で観測された地震動の波形記録から計測震度とよばれる量を算出し，これを対応する気象庁震度階級に当てはめることで震度が決定されている。気象庁震度階級は比較的短い周期の揺れの強さをよく反映している。一方，近年では，高層建物の室内被害に結びつきやすい長周期地震動の強さを適切に表す指標として，長周期地震動階級が発表されている。

（4）兵庫県南部地震の地震動の特徴

　兵庫県南部地震では，神戸と洲本（いずれも震度観測点の名称）で震度６が観測されたほか，東北地方南部から九州にかけての広い範囲で震度１から震度５が観測された（当時の震度階級は０〜７の８段階で，５弱，５強，６弱，６強の区別はなかった。また，正式にはローマ数字で表記されていたが，ここでは算用数字で表記する）。この説明に震度７の地点が現れないのは，当時は震度０から震度６までは計測震度計による観測値を用いていたが，震度７につい

ては現地調査により家屋倒壊率30％以上の地域として決定することとなっていたためである。調査の結果，神戸市須磨区から宝塚市にかけての帯状の地域と淡路島北部の一部地域の揺れが震度7に達していたことがわかった。

　東西に細長く延びる震度7の範囲は「震災の帯」と呼ばれる。その位置は，兵庫県南部地震を起こした六甲・淡路島断層帯におおむね沿っているが，断層の直上ではない。震災の帯はいくつかの要因が重なって出現したものと考えられている。まず，震源断層での破壊伝播の影響が挙げられる。これは，震源断層のすべりが明石海峡直下の破壊開始点から東向きに伝播し，複数の強震動生成域で発生した強い地震波が強め合うように重なって，震源断層の東側延長上の地域で極端に大きなパルス状の地震動が発生したことである。このように震源断層の破壊伝播により地震波が重なり合う現象をディレクティビティ効果，その結果発生した揺れを指向性パルスと呼ぶ。また，六甲山地南麓の大阪湾沿岸の都市部は軟らかい堆積層の上に位置しており，地震波が地下の基盤面から地表へ到達するまでに大きく増幅される。さらに，都市部直下から上向きに伝播する地震波とは別に，硬い山地を高速で伝わって地表に達した地震波が横向きに堆積層を伝わり，両者が平地内で重なり合って強い揺れを引き起こしたと考えられている。この現象はエッジ効果と呼ばれ，堆積平野端部の断層の活動により形成された山地の麓で発生することがある。

　具体的に，兵庫県南部地震による著名な地震動記録を2つ紹介する。図2-6に神戸海洋気象台（神戸市中央区，JMA神戸）とJR鷹取駅（神戸市須磨区）で観測された地震動の加速度波形と応答スペクトルを示す。どちらも強い揺れが継続する時間は15秒間程度であるが，その間に3つの大きなパルス状の動きが含まれていることがわかる。JMA神戸の記録と比較してJR鷹取駅の記録ではやや長い周期が卓越しているように見えるが，応答スペクトルではこの特徴がはっきりと見て取れる。JMA神戸の記録では周期1s弱にピークがあり，その大きさはおよそ2000 cm/s²である。これは非常に強い揺れではあるが，周辺の家屋全壊率は3.2％にとどまっており，JMA神戸は震災の帯から外れている。一方，JR鷹取駅の記録では周期1〜2sに大きさ2000 cm/s²程度の広いピークがある。この周期帯は一般的な木造家屋に大きな損傷を生じる周期帯と

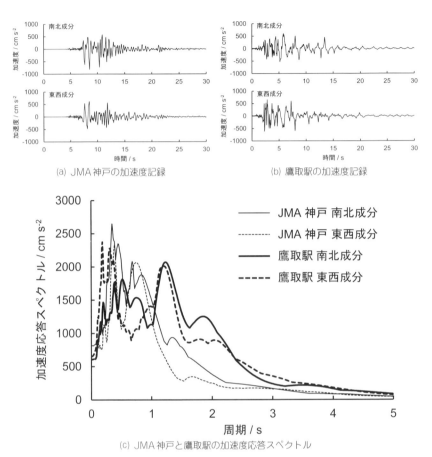

図 2-6　兵庫県南部地震において観測された地震動

出典：筆者作成。

一致しており，実際にJR鷹取駅周辺の家屋全壊率は59.4%に達した。一言に兵庫県南部地震での地震動といってもその性質は地点によって大きく異なっており，注意する必要がある。

第2章　兵庫県南部地震の発生メカニズムと地震動

5　阪神・淡路大震災以降の地震学と地震防災技術の発展

　阪神・淡路大震災は，当時としては戦後最大の被害をもたらした地震災害であった。これを機会に新たに始まった取り組みが数多くある。ここでは，阪神・淡路大震災以降の地震学と地震防災技術の発展について概観する。

　阪神・淡路大震災以降，地震学は長足の進歩を遂げたが，その原動力となったのは地震観測網をはじめ基礎的なデータの取得体制の拡充であった。例えば震度観測については，気象庁が運用していた震度観測網に加え，震災後に全国約3000の市町村に計測震度計が設置された。これに防災科学技術研究所の観測点を加えて，現在は全国で4400点近くに上る震度観測点が整備されている。また，第4節で述べた通り，震災当時は震度7の決定には現地調査によって家屋の倒壊率が30％以上となっている地域を確認する必要があった。このため最終的な震度の発表までに3日間を要し，初動対応に重要となる震度7の情報発信が遅滞したことを受け，1996年には震度を完全に震度計の観測記録のみから決定するようになった。あわせて，震度とともに建物の被害率が大きく増加する区間である震度5，6については，震度5弱，5強，6弱，6強に区分するようになった。

　国の地震防災政策の動きとしては，1995年7月に地震防災対策特別措置法が施行され，地震調査研究推進本部が発足した。この体制のもと，活断層調査や堆積平野の地下構造調査が実施された。あわせて防災科学技術研究所の強震観測網K-NETとKiK-net，高感度地震観測網Hi-net，広帯域地震観測網F-netなどの基盤的観測網が整備された。これらの調査・観測の成果として震源過程や地下構造による地震波の増幅についての理解が深まり，全国の地震危険度を示す地震動予測地図が作成された。

　建築物の地震被害を防止する取り組みとしては，まず構造物の耐震性能を実大の振動実験によって把握するため，兵庫県三木市に世界最大の震動台施設「E-ディフェンス」が設置された。また，阪神・淡路大震災では，1981年改正の建築基準法に基づく耐震基準（新耐震基準）を満たさない既存不適格建築物

29

の被害が甚大であったことが判明している。そのため，震災後に耐震改修促進法が制定され，既存不適格建築物の耐震診断と耐震改修が進められた。ただし，公共建築物の耐震化は達成されつつあるものの，民間建築物についてはいまだ耐震性が不足しているものが多数存在している。

　このほか，地震時の身を守る行動を促す技術として，緊急地震速報が実用化された。2004年に試験運用が始まり，2007年には一般向けにも情報が提供されるようになった。これは，地震波の伝播に時間がかかることを利用して，震源から離れた場所で地震動が始まる前に警報を発するものである。震源の近傍で地震動を観測し，震源の位置とマグニチュードを推定することができれば，離れた任意の位置へ地震波が到達する時刻とそこでの揺れの強さを予測することができる。これを可能にしたのは，高密度の地震観測網と高速で計算を行うシステムの整備，そして通信システムや携帯端末の普及である。これまでに震度予測のためのアルゴリズムの改善などが重ねられてきている。ただし，緊急地震速報は地震の発生を迅速に検知して離れた位置での地震動を直前予報する技術であり，地震そのものの発生を予測するものではない。また，その原理上，震源のごく近傍では緊急地震速報が強い揺れの発生に間に合わない。特に内陸の活断層の地震では，震源近傍では震度7に達するような非常に強い揺れが生じることがある。緊急地震速報を活用することによって身を守る行動をとる時間的猶予を得られるが，それだけに頼ることなく耐震化や家具固定などにより安全性を高めておくことが重要である。

引用・参考文献

地震調査研究推進本部「六甲・淡路島断層帯」
　　https://www.jishin.go.jp/regional_seismicity/rs_katsudanso/f079_rokko_awaji/
　　（2013年10月7日）
平井俊之・釜江克宏・長沼敏彦・伊藤進一郎・西岡勉・入倉孝次郎（2006）「分岐断層の特性化震源モデルを用いた兵庫県南部地震の強震動シミュレーション」『日本地震工学会論文集』6 (3)：1-11.
福和伸夫・飛田潤・平井敬（2019）『耐震工学——教養から基礎・応用へ』講談社サイエンティフィク.

第2章　兵庫県南部地震の発生メカニズムと地震動

Fukuwa, N., Hirai, T., Tobita, J., Kurata, K. (2016) "Dynamic Response of Tall Buildings on Sedimentary Basin to Long-Period Seismic Ground Motion", *Journal of Disaster Research*, 11: 857-869.

（平井　敬）

第3章

建築物の耐震性と建物被害

1　地震時の揺れに耐える建築物

　本章では，まず，兵庫県南部地震による各地の地震動の特徴について述べる。その際，「地震」と「地震動」の違いについても説明する。次に，地震動による建物の被害を大きくする要因としての「共振現象」について説明する。地震動の固有周期と建物の固有周期が一致すると，建物の揺れが増幅され，倒壊の危険性が高まります。建物の耐震性を確保する手法として，「耐震構造」「制震構造」「免震構造」の大きく3種類がある。それぞれの特徴について概説する。阪神淡路大震災により倒壊した神社建築の復興計画について事例紹介をし，耐震神社の実現について解説する。一般論として，免震構造が耐震的であることから，阪神淡路大震災後，免震構造が広く普及した事に言及する。建物の耐震性を確認する手法として，実大実験による実験的手法がある。2005年11月にE-ディフェンスで実施された在来木造住宅の震動台実験およびそれをシミュレーションにより解析された事例について紹介する。さらに，都市規模での地震応答解析（IES）に基づく建物被害予測の紹介と，阪神地区において，阪神淡路大震災を受けた建物群が，20XX年に遭遇するであろう南海トラフ地震における危険性についても言及する。

2　兵庫県南部地震による各地の地震動の特徴

（1）地震と地震動
　地球内部のマントル対流に伴うプレート運動により地盤に蓄積されたひずみ

32

第3章　建築物の耐震性と建物被害

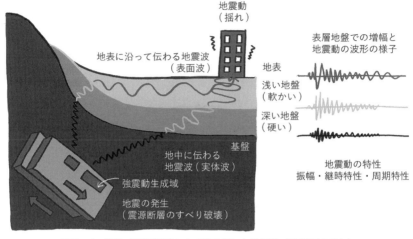

図3-1　地震（震源断層のすべり破壊）と地震動（地表面の揺れ）
出典：著者作成。

がその限界を超え，断層が破壊する物理現象を「地震」という。地震は地震波を生じさせ，地震波が地中を伝わり表層地盤で増幅し，地表面に達すると表層地盤が揺れる。我々は，この揺れにより地震が発生したことを知ることになる。

地震とは，震源断層のすべり破壊そのものの物理現象をいう。その結果生じる地震波が伝播し，表層地盤で増幅された結果，地表面で観測される揺れを地震動という。この2つを明確に区分することは，地震とその結果生じる地震動による建物被害等を理解する上で重要である。

（2）共振現象

共振現象とは，「地震動の揺れの周期」と「建物の固有周期」が一致することによって建物の揺れが大きく増幅される現象の事である。この共振現象によって建物の揺れが大きくなり，場合に寄っては建物の倒壊や崩壊に結びつく。ここで，周期とは揺れが1往復するための時間（秒）のことで，建物の固有周期とはその建物が1往復揺れる時間（秒）のことでそれぞれの建物固有の値である。地震動による地表面の揺れと建物の揺れの固有周期が一致すると，建物がとても大きく揺れる共振現象が引き起こされる。

33

図3-2　地震動の周期の違いによる建物の揺れの違い
出典：著者作成。

（3）地盤との関係

　地震発生後，被害実態の把握等のための現地調査により，神戸市中央区の三宮周辺や淡路島の北淡町（当時，現・淡路市）等で震度7の分布が確認された。さらにより詳細な現地調査の結果，震度7に達している地域が，西は神戸市須磨区から，東は西宮市・宝塚市までの東西に帯状と点在して分布していることが判明した。淡路島北部にも震度7の地域が点在していた。現地調査による震度7の分布を図3-3に示す。

　一般に震源に近いところの方が地盤の揺れは大きい。しかし，震源よりも遠く離れた場所で震度7が推定された一つの要因は軟弱な表層地盤により揺れが増幅されたことが挙げられる。

第3章 建築物の耐震性と建物被害

図3-3 現地調査による震度7の分布（平成7年（1995年）兵庫県南部地震）
出典：気象庁「「阪神・淡路大震災から20年」特設サイト」
https://www.data.jma.go.jp/eqev/data/1995_01_17_hyogonanbu/data.html

3 建物の耐震性を確保する手法

（1）「耐震構造」「制震構造」「免震構造」

　耐震構造とは，「建築物の耐震性により，地震による建築物の倒壊や崩壊を防ぐ構造」である。耐震壁の枚数を増やす，柱や梁のサイズを大きくする，ブレース（筋交い）を入れるといった，部材の剛性・強度を増加させて建築物の耐震性を高め，地震の揺れに耐えるようにする。耐震構造は日本における地震対策の最もベーシックなものである。

　上記の理由により，戸建て住宅から高層建築物や古い建物の耐震化工事にまで幅広く「耐震構造」が用いられている。

　耐震構造の特徴として，表3-1に示すものが挙げられる。

　制震構造とは「建物に制震装置（制震ダンパー）を設置し，地震の揺れを吸収して抑制する構造」のことである。制震ダンパーにはオイル，ゴム，鋼材等を用いた様々なものがあり，構造設計者が適切な設置箇所や設置方法等を検討

35

表 3 - 1　耐震構造の特徴

メリット	デメリット
• 比較的コストが安い • 現在最も普及している構造である • 実績が多くある • 台風時の強風にも耐えられる • 地盤や立地を選ばない • 間取りの制約を受けにくい • 既存建物の耐震化が可能	• 大地震後ダメージが残る • 地震動の揺れが建物に直接伝わる • 上層階ほど揺れが大きくなる • 建物内部の家具等が転倒しやすい • 大地震後，場合によっては建て替えとならざるを得ない

表 3 - 2　制震構造の特徴

メリット	デメリット
• 揺れを吸収する • 建物に伝わる地震動の揺れが小さい • 家具等の転倒を少なくできる • 地震後メンテナンスがほとんど不要 • 免震構造と比較するとコストが安い • 既存建物にも設置が可能	• 耐震同様の揺れを感じる • 耐震構造より若干コストが高い • 地盤が軟弱な場合は適用しにくい • 間取りに制限が生じる場合がある • 大地震後，場合によってはダンパーの取り替えが必要となる場合がある

して採用する。制震構造も一般的な戸建て住宅から高層建築物まで幅広く採用されている実績がある。

　制震構造の特徴として，表 3 - 2 に示すものが挙げられる。

　免震構造とは「建築物と建物基礎の間に免震装置を設置し，地震動の揺れを建物に直接入力しにくいようにする構造」のことで，耐震・制震・免震の中では最も揺れの伝達を防ぐことができる構造である。一般の戸建て住宅でも一部採用されている実績はあるものの，多くはタワーマンションなどの高層マンションや公共施設などの大規模な建築物（特に病院や防災施設等），鉄道の高架下建築物などに取り入れられる場合が多い。

　免震構造の特徴として，表 3 - 3 に示すものが挙げられる。

　表 3 - 4 に耐震構造，制震構造，免震構造の違いを示す。

（2）阪神淡路大震災により倒壊した神社建築の復興計画について事例紹介

　平成 7 （1995）年 1 月17日未明に発生した兵庫県南部地震は，神戸・阪神地区に大きな被害をもたらした。なかでも神戸三宮地区においては，震度 7 とい

第3章　建築物の耐震性と建物被害

表3-3　免震構造の特徴

メリット	デメリット
• 耐震性能は耐震構造や制震構造に比べ格段に高い • 横方向の揺れに強い • 家具の転倒を防ぐことができ，内装の損傷を防ぐことができる • 建物使用者に安心感が伝わりやすい	• 上下方向の揺れは耐震と変わらない • 免震装置の定期的なメンテナンスが必要となる • 耐震や制震と比較してコストが高い • 台風等の強風の揺れに弱い • 建物周囲にクリアランスが必要 • 免震装置の耐用年数実績が少ない • 施工業者が限られる • 後付けは難しく費用がかさむ

表3-4　耐震構造，制震構造，免震構造の違い

	耐震	制震	免震
特徴	揺れに耐える	揺れを吸収する	揺れを伝えない
地震の揺れ	大 ←		小
設置費用	安 →		高
設置条件	なし	なし	あり
設置後のメンテナンス	なし	使用するダンパーによる	必要

出典：筆者作成。

う過去に例のない大きな揺れが観測され，多くのビルが大破あるいは倒壊するという未曾有の事態となった。その三宮の中心に位置し，多くの人々の守り神として親しまれている神社においても，拝殿が倒壊するなど大きな損傷を被った（写真3-1）。

　地震発生直後の1月22日より，一日も早い復旧を果たしたいという建築主の要望に応えるべく復旧設計を開始した。復旧に際しては，「今回のような地震がきても二度と壊れないようにしたい，そのために最新技術を駆使して欲しい」という命題が与えられた。これに鋼管コンクリート柱（以下，CFT柱）を用いることで応えることとし，拝殿の柱には可能な限りの強度を与えるべく

37

写真3-1 倒壊した拝殿　　　　　　　写真3-2 柱脚のピン構造

鋼管内に圧縮強度160N/mm²の超高強度コンクリートを充填した。

　神社の敷地内では，境内入り口の石の鳥居は倒壊し，鉄筋コンクリート製の大鳥居や楼門が損傷を受けて傾き，拝殿は柱が倒れて南側に屋根が設置する形で倒壊した。昭和32年に設計されたこの拝殿は，平屋の伝統工法による木造建築であった。柱脚はダボ筋によるピン構造（写真3-2）であり，柱頭部は頭貫でつながれた柱頂部に大斗をのせた半剛接構造である。今回の地震では，柱頭部の大斗が割れ，さらに柱が柱脚のダボ筋から抜け出す形で倒壊し，南側に倒れた。拝殿には人が大勢出入りするという構造上の理由から壁がほとんどなく，木造建築としての耐震性の余力が少なかったことも倒壊の一因ではなかったかと推定される。

　この拝殿の復旧設計を行うにあたり，次のような方針を立てた。

1. 地震時に現行の建築基準法で使用されるものの約3倍の地震時水平加速度である1.0G（G：重力加速度）が建物に作用するものとする。
2. 直下型地震を想定し，鉛直方向の地震時加速度1.0Gが水平加速度1.0Gと同時に建物に作用するものとする。
3. 既存建物の従来の形状をそのまま保持する。
4. 新たに設ける柱には強度と靱性に優れ，かつ火災に強いCFT柱を用いる。

第3章　建築物の耐震性と建物被害

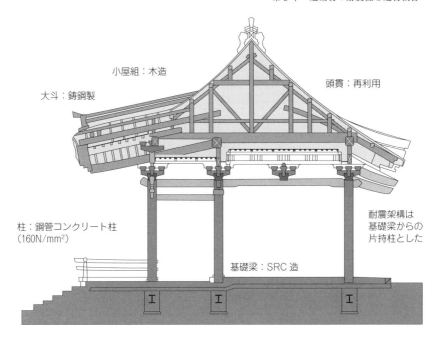

図3-4　新しい拝殿の構造計画（拝殿断面図）

　これらの方針に従って，新しい拝殿は，CFT柱を地面下に設けられたSRC造基礎梁に固定して木造の屋根を支える構造とした。この構造の考え方を図3-4に示す。このような構造を採ることにより，従来の形状をそのまま保持しながら耐震性能を大きく向上させることができた。
　兵庫県南部地震のような大きな地震が再度訪れても新しく設計された拝殿が大きな損傷を受けないことを確認するため，兵庫県南部地震時に神社の境内に作用したと推定される地震動を近傍の地震記録より求め，それを用いて新拝殿の地震応答解析を実施し，耐震安全性を評価した。
　兵庫県南部地震に際して，神社においては地震記録がとれていないため，神社から北東に約6km離れた場所で記録された地震波記録から神社に作用したであろう地震波を求める。図3-6にこの推定地震波作成の概念図を示す。記録された加速度並びに速度記録より，地表面から250m下の基盤の地震波を波

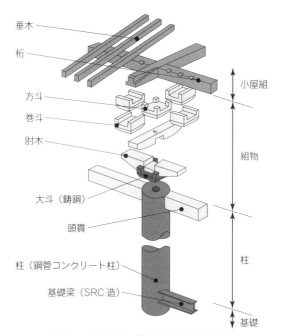

図3-5 CFT柱と木造による組み物詳細

動伝播逆解析により求め，その基盤と神社の地表面から400m下の基盤とは同じ動きをすると仮定して神社の表層地盤面における地震波を波動伝播解析により求めた。ここに基盤のVsは3,200m/s，観測場所での表層地盤および神社の表層地盤のVsはそれぞれ1,000m/sおよび1,000〜110m/sとした。観測場所で得られた地震時加速度・速度記録を見ると鉛直震動と水平震動の主要動部がNS，EW両方向とも同時に卓越している。これから今回の地震の鉛直震動はSV波の鉛直成分が卓越している事が推定される。そこで，神社における推定地震波の内，地表における水平震動の一つと鉛直震動のSV波の波動伝播解析より求め，もう一つの水平震動をSH波の波動伝播解析により求めることとした。このようにして求められた推定地震動の加速度波形を図3-7に示す。最大加速度はEW方向の665.3galである。

　上記で求めた神社敷地における推定地震動を用いて弾塑性地震応答解析を実施した。図3-8左に構造物モデルを示す。屋根部分は一つの質量に置換し，

第3章 建築物の耐震性と建物被害

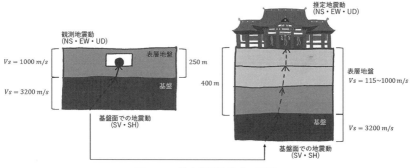

図3-6 推定地震動作成の概要

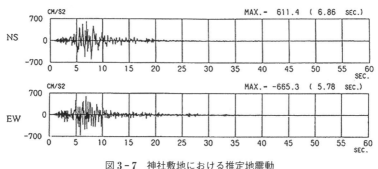

図3-7 神社敷地における推定地震動

基礎から跳ね出しとなっている26本のCFT柱は全て一つの水平ばねに集約している。この水平ばねの復元力特性は，外径の異なる2種類のCFT柱のそれぞれのスケルトンカーブをバイリニア型とおいて，初期合成を累加弾性剛性として求め，終局耐力を一般化累加強度式により求め，それらを合成して決定した。図3-8右にスケルトン算出の概要を示す。減衰定数は剛性比例型で一次固有振動数に対して2％とした。

地震応答解析の結果を表3-5に示す。解析結果を見ると応答加速度はEW方向で1,517galと大きくなっているが最大せん断力は709kNであり，構造的な弾性範囲にとどまっている。

柱を固定している基礎梁は，柱よりも先に曲げ耐力に至らないようにいわゆる「柱崩壊型」で設計されているので最大耐力には至っていない。さらに柱と屋根とを接続する組み物をつなぐボルトの耐力，屋根小屋組の部材ならびに部

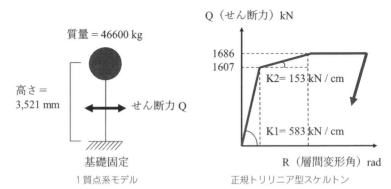

図3-8 地震応答解析用構造物モデル

表3-5 地震応答解析結果

	加速度 (gal)	変位 (cm)	せん断力 (kN)
NS方向	1,232	0.98	576
EW方向	1,517	1.21	709

材接合金物の耐力についても，まだ余裕を有している。

これらの事から，兵庫県南部地震が再度襲来しても新拝殿は安全であると判断される。

(3) 阪神淡路大震災後に免震構造が広く普及

図3-9に，日本の免震建築棟数の推移（戸建住宅を除く）を示す。これから見てもわかるように，1995年に発生した阪神淡路大震災における免震構造の「良さ」から，以降，免震構造が広く普及していくこととなった。

4 建物の耐震性確認の手法

(1) 実験的手法（E-ディフェンス）

1995年兵庫県南部地震でビル，木造家屋，橋，道路，港湾など多くの構造物が未曾有の被害を被った。これを契機に，今までの構造物の耐震性の評価方法

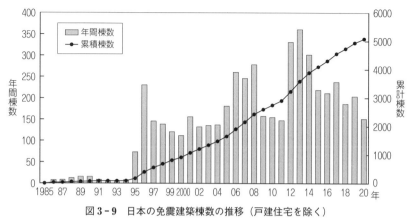

図3-9　日本の免震建築棟数の推移（戸建住宅を除く）
データ提供：日本免震構造協会。

を見直す必要が認識され，その方向性の一つに，構造物の破壊過程を調べることが重要とされた。そのためのデータを取得する必要があるが，既存の施設にはそれを達成するだけの十分な性能を有した新たな施設建設が必要となった。

　2005年4月からの研究開始に向けて建設された実験施設が，実大三次元震動破壊実験施設（E-ディフェンス）である。

　これまでの震動台は，小・中規模のものについては世界中至る所に数多く見られるが，E-ディフェンスは，その名前から実大・三次元・破壊というキーワードで特徴づけられ，実物大の構造物を破壊させるために必要な性能を有している。

（2）シミュレーション

　実験的手法に対比される，シミュレーションによる構造物の耐震性確認手法も，コンピュータとアプリケーションの飛躍的な進歩と供に発展を遂げてきている。図3-10に，建築構造物に存在する天井の地震時脱落シミュレーション（アニメーション）の脱落の瞬間のスクリーンショットを示す。

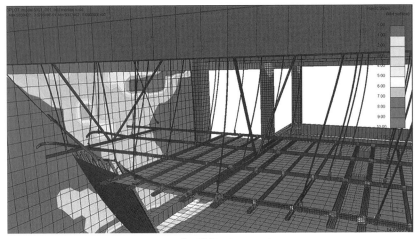

図3-10　天井の脱落シミュレーション

出典：筆者等作成。

5　都市規模での地震応答解析に基づく建物被害予測

（1）IES（シミュレーション）を用いた事例紹介

　崩壊のリスクを抱える旧耐震のビルは、神戸市内にどれくらい残っているのだろうか。神戸市や専門家と共に、市が保有する42万棟の資産台帳のデータから、ビルの実態を検証することにした。解析の結果、旧耐震基準の年代に建てられた建物が、およそ3万3000棟、市内に現存することが明らかになった。

　神戸の街が想定南海トラフ地震に襲われた場合、どのような被害が生じるのか、世界最速のスーパーコンピューター富岳を使って解析した。解析には地盤データも反映させた。それによって、従来よりも高い精度で被害のリスクを明らかにすることに成功した。

　このIES[1]を用いた手法は「今回1棟1棟の動きを、地震の時にどうなるかを再現してあり、『被害を受けるのはこの建物ですよ』というのを特定できるやり方であるというのが、従来手法（経験的手法）と決定的に異なる。

　シミュレーションの結果を図3-11に示す。神戸市内は広い範囲が震度6弱の揺れに襲われる。震度7を記録した阪神・淡路大震災と比べ、これは低い値

第3章　建築物の耐震性と建物被害

図3-11　都市に潜むビル倒壊リスク

である。しかし，286棟のビルが，状況によっては建て替えが必要になるほど大きく損傷を受ける可能性が例示された。

倒壊のリスクが示されたビルが立つこの場所は，銀行や小売店が入っているビルが，人通りの多い道路に面している。不特定多数の人に被害が及ぶ危険性が見えてきた（図3-11）。

神戸の町が南海トラフ巨大地震に襲われたとき，どのような被害が出るのか，シミュレーションに取り組んだ。

広い範囲で，震度6弱の揺れが想定される神戸市内では，解析の結果，半壊から全壊の被害が出るとされた住宅は，1万棟近くにのぼることがわかった。被害の大きかった住宅街を詳しく見ていくと，その多くは，旧耐震で建てられた木造家屋であった。

ところが，1981年以降に建てられた新耐震の住宅でも，「倒壊のリスクあり」と判定された建物があった。1990年代後半に建てられた木造2階建ての「住宅A」は，震度6弱の揺れに襲われ，全壊の危険性もあると示された。ここから600メートルほど離れた場所にある「住宅B」は築年数も構造もAと同じだが，大きな被害はないという結果であった（図3-12）。

この被害の違いをもたらしたのは，地盤の軟弱さが耐震性に及ぼす影響だと

45

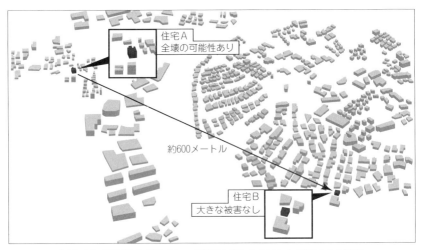

図3-12 新耐震の住宅でも,「倒壊のリスクあり」と判定された建物

思われる。このシミュレーションでは250メートルメッシュ毎に,地盤の固さによって,分類されているデータを採用している。Aの住宅は,Bの住宅よりも3段階地盤が弱いエリアに建てられていた。その結果,地震動の揺れがBよりも,2倍程度大きく建物に伝わっていた。

つまり,普段の生活ではあまり気にしていない地盤の堅さ(もしくは柔らかさ)が,地震の時の建物の揺れをさらに大きく増幅する可能性があることを,事前に知っておくことが重要となる。

(2) 阪神淡路大震災を受けた建物が南海トラフ地震の揺れに耐えるか

兵庫県の阪神地区は,阪神淡路大震災により大きな被害を受けたエリアの一部である。この時,倒壊した建物は建て替えがなされたりして,最新の建築基準法に従って設計施工がなされ,その耐震性も十分である。一方,外見ではわからないが構造部材の被災を受けた建物や外観だけ補修をして,骨組みの損傷を補修できていない建物は,その損傷具合を考慮して,来る南海トラフ地震に備えなければならない。その時,シミュレーションの果たす役割は大きい。筆者らは,阪神淡路大震災を受けた建物の損傷具合を初期値として,想定南海トラフ地震による時刻歴応答解析による安全性検証方法について,提案してきている。

第3章 建築物の耐震性と建物被害

図3-13 地盤の堅さの違いによる建物の揺れの違い

　この手法を適用することにより，都市に現存する建物の，特に阪神淡路大震災以前の建物の南海トラフ地震に対する安全性検証を，かなりの確度で実施することが可能となっている。

6　安全な都市に向けた建築物の耐震性

　本章では，地震による地震動の特徴から，建物の耐震性を確保する手法について紹介した。また，個々の建物の耐震性確認手法としては，実験的手法とシミュレーションがある。いずれもそれぞれの特徴を活かした活用方法が採られてきている。

　安全な都市に向けた建築物の耐震性のため，シミュレーションの果たす役割は大きい。今後，バーチャルツイン技術の発達と活用により，より一層，安全な都市の実現が可能となるであろう。

　　［謝辞］本章における一部の図表は，永野研究室M2の宮内智香氏に作成いただいた。
　　　　ここに記し謝意を表す。

注

⑴　IES：Integrated Earthquake Simulation
デジタル化された都市情報から数値計算に用いる地盤・構造物群の都市モデルを構築し，地震動による都市全体の時空間的な揺れや被害を解析する統合地震シミュレーション。

引用・参考文献

平成 7 年　阪神・淡路大震災　建築震災調査委員会中間報告
　　https://da.lib.kobe-u.ac.jp/da/eqb/0100055684/shinsai-11-43.pdf　（2023年10月 9日）

平成 7 年　阪神・淡路大震災　建築震災調査最終報告書（平成 8 年 3 月），建設省建築研究所
　　https://www.kenken.go.jp/japanese/research/iisee/list/topics/hyogo/pdf/h7-hyougo-jp-all.pdf（2023年10月 9 日）

Hisatoku, Toshiharu, Segawa, Teruo, Okamoto, Tatsuo, and Nagano, Yasuyuki (1997) "The Reconstruction of Ikuta Shrine Destroyed by The Hyogoken-Nanbu Earthquake Using Ultra High Strength Composite Column," *Proceedings of the Second International Conference on Behaviour of Steel Structures in Seismic Areas (Stessa '97)*, pp. 931-938

E -ディフェンス　概要　https://www.bosai.go.jp/hyogo/profile/profile.html（2023年 9 月24日）

T. SARUWATARI, Y. UMEZU, Y. USHIO, L. ZHILUN, Y. NAGANO, 2018, "EARTHQUAKE RESPONSE ANALYSIS OF NON-STRUCTURAL MEMBERS OF BUILDING BY USING THE LARGE-SCALE PARALLEL CALCULATION METHOD," *Proceedings of 13th World Congress on Computational Mechanics (WCCM XIII) and 2nd Pan American Congress on Computational mechanics (PANACM II)*, (New York City, USA)

NHK スペシャル「見過ごされた耐震化〜阪神・淡路大震災 建物からどう命を守るか〜」2022年 1 月17日放送（2023年 1 月17日再放送）
　　https://www.nhk.jp/p/special/ts/2NY2QQLPM3/episode/te/PKMR24791M/（2024年11月 7 日）

富永翔太・大谷英之・永野康行（2017）「複数回の地震動を受ける都市の建物被害予測」『日本建築学会大会学術講演梗概集（中国）』，pp. 385-386

（永野康行）

第4章

地震による複合災害（火災）と気象・気候

　本章では，地震後に発生する複合災害として，火災を取り上げる。地震災害といえば，建物の損壊による被害，震源が海底や海岸付近にあればさらに津波による被害が第一に懸念されるが，避けることができる災害として火災による被害を忘れてはならない。実際，阪神・淡路大震災だけでなく，これまでに発生した歴史的大地震にはその発生後に大規模な広域火災を伴う例がみられる。その要因の一つとしてここで注目するのは，気象や気候との関係である。出火原因が地震に起因するものであるないにかかわらず，個々の出火点から大規模な広域火災に至る過程で火災の延焼をもたらす要因の一つに気象条件，気候条件が大きく影響しているからである。ここでは，はじめにこれまでの大震災で発生した火災の概要を述べ，火災延焼と気象・気候の関係についてこれまでの知見を整理する。今後の発生が指摘されている東海地震，東南海・南海地震，首都直下地震においても，地震後の大規模な広域火災が懸念される状況にあるが，気象・気候条件如何でその延焼規模が変わりうる可能性について，本章の最後に議論したい。

1　地震による広域火災の概要

（1）火災が発生した場所（出火点）の分布

　図4-1は，1995年1月17日に発生した阪神・淡路大震災における地震発生後の阪神地区における火災出火点の分布（旧建設省建築研究所の現地調査による）である（日本火災学会，1996）。西宮市から神戸市須磨区に至る震度7を記録した帯状の地域に沿って出火点が集中しており，震度が大きかったことによ

49

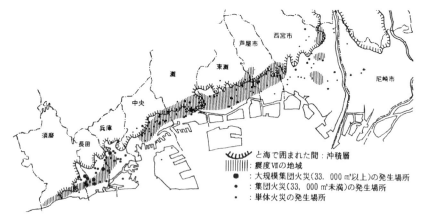

図4−1 阪神・淡路大震災における地震発生後の阪神地区における出火点の分布
出火点の総数293件（総務省消防庁，2006）
出典：日本火災学会（1996）より引用。

る家屋被害とほぼ比例して出火点が分布していることがわかる。このうち，大規模の広域火災（図では，大規模集団火災と呼んでいる。消防白書では，建物の焼損面積が3万3,000m²（1万坪）以上の火災を「大火」としている）となった地域（図4−1の最大の黒丸）は，須磨区，長田区，兵庫区の3地域に集中しており，出火点が多かった中央区と対照的である。3地域では震災前に木造住宅が密集していたのに対し，中央区では耐火建築物の割合が高かったことが延焼を免れた一因と推察されている（日本火災学会，1996）。神戸市だけでも焼損面積はおおよそ81万9,108m²に及んだ。一方，図4−2は，2011年3月11日に発生した東日本大震災での地震火災の発生状況である（廣井，2014）。阪神・淡路大震災の出火点と異なる点は，出火点の総数（293件）（総務省消防庁，2006）が東日本大震災の方（398件）（日本火災学会，2016）が多いこと，出火範囲が広いこと（青森県，岩手県，宮城県，秋田県，福島県，茨城県，群馬県，埼玉県，千葉県，東京都，神奈川県および静岡県の1都11県）に加え，沿岸部で一定数の火災がみられることである。では，過去最大の死者行方不明者を出した関東大震災の場合はどうであろうか。図4−3は，1923年9月1日に発生した関東大震災での地震火災の出火点である（内閣府，2006）。全出火数134件のうち，住民により即時に消し止められた出火点は57カ所，消し残った77カ所

第4章　地震による複合災害（火災）と気象・気候

図4-2　東日本大震災における火災の発生状況
出火点の総数398件（日本火災学会, 2016）。
出典：廣井（2014）より引用。凡例は以下のように加筆。津波火災（○, N=159），
　　揺れによる火災（□, N=127），間接的に生じた火災（▲, N=88）を示す。

が延焼し，東京市の焼損面積は約3万4,700m²に及んでいる（内閣府, 2006）。

(2) 出火要因

　廣井ら（2012）は，図4-2において沿岸部でみられる津波が原因で発生した火災を「津波火災」と呼んでおり，地震の揺れを直接の起因とする火災（こ

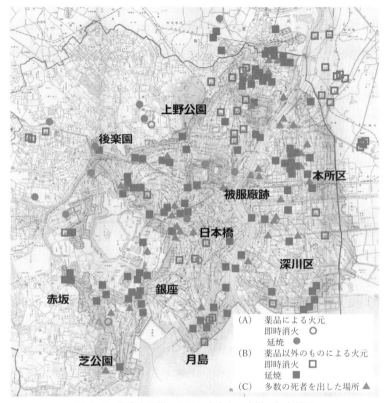

図 4-3 関東大震災における東京市の火災の発生状況
出火点の総数134件(内閣府,2006)。
出典:震災予防調査会(1925)に加筆。

こでは「揺れに伴う火災」と呼ぶ)と区別している。図4-2によれば,津波火災は159件発生しており,全出火数の約43％を占める。阪神・淡路大震災による火災の発生要因が揺れに伴う火災のみであったことと対照的である。東日本大震災では,発生した津波により多数の石油タンクから油が流出し,多数のガスタンクも被災した。加えて,津波により流された車等の車両のバッテリーが海水に浸かることで発火し,流出した油やガスタンクに引火した。これらが津波により流された無数の瓦礫を燃やし,燃えた瓦礫が炎上しながら海面を漂い,沿岸部から内陸に押し寄せて地域を燃え尽くす津波火災を発生させたので

第4章　地震による複合災害（火災）と気象・気候

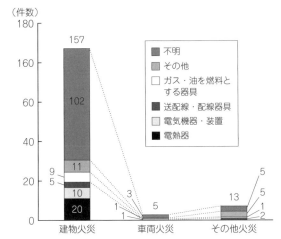

図4-4　阪神・淡路大震災における火災種別ごとの主な出火原因
出典：神戸市消防局（1996）より引用。

ある（廣井，2014；関沢，2012）。図4-4をご覧いただきたい。阪神・淡路大震災では津波は発生していないが，出火要因の内訳を見ると建物火災，車両火災によらず電熱器や電気機器・装置，送配線・配線器具等の電気に起因する出火が多かったことがわかる。阪神・淡路大震災と東日本大震災における出火原因を比較しても（図4-5），電気に起因する出火が最も多く，震災における近年の特徴といえよう。阪神・淡路大震災や東日本大震災では，地震直後の揺れに伴い水槽のヒータがむき出しとなり発火した例，オーブントースターや電気ストーブに布や新聞紙等が被さり発火した例，復電時の短絡（ショート）により発火した例，地震後の停電時に使用していたろうそくの灯りがその後の別の揺れで火災を引き起こした例など報告されており，減災の観点から過去の事例に学ぶことは多い（廣井，2014；神戸市消防局，1996）。一方，図4-5の関東大震災における東京市の出火原因は，竈，七輪，ガス，火鉢等が出火原因となっている（井上・震災予防調査会，1925）。当時は電気の使用がほとんどなかったのだが，阪神・淡路大震災の発災時刻（午前5時46分）と同様に，関東大震災の発災時刻が正午近く（午前11時58分）の食事の準備時間であったことで直接的な火元が火災の主たる出火要因となっている。

53

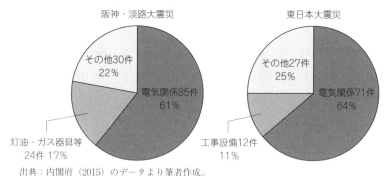

出典：内閣府（2015）のデータより筆者作成。

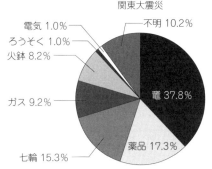

出典：井上・震災予防調査会（1925）のデータより筆者作成。

図4-5　阪神・淡路大震災，東日本大震災，関東大震災における出火原因の比較

（3）死　因

　ここでは，3つの大震災の死因についてまとめる。阪神・淡路大震災に関連する死者は6,434名，行方不明者3名を合わせて，6,437名である（総務省消防庁，2006）。一方，東日本大震災による死者は現時点（2023年）で1万9,765名，行方不明者は2,553名であり，合わせて2万2,318名となっている（総務省消防庁，2023）。これに対し，1923年の関東大震災による死者・行方不明者は約10万5,000人といわれている（内閣府，2023）。それぞれの大震災で死者・行方不明者数は文字通り桁違いに異なるのだが，死因の比較をするとそれぞれの大震災の特徴がわかる。図4-6は，3つの大震災の死因を比較したものである。これを見ると，関東大震災では火災による犠牲者，阪神・淡路大震災では建物倒壊による犠牲者，東日本大震災では津波（溺死）による犠牲者が圧倒的に多

第4章 地震による複合災害（火災）と気象・気候

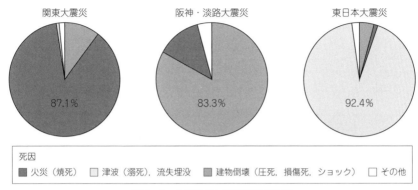

図 4-6 大震災における死因の比較
出典：国土交通省（2010）のデータより筆者作成。

かったことがわかる。このうち，建物倒壊と火災は，3つの大震災で共通してみられる死因である。特に，関東大震災では，火災に起因して発生する旋風（火災旋風）により当時の東京市本所区の被服廠跡地において4万4,000人もの人々が命を落とした事例もあり，死者・行方不明者の約10万5,000人のうち火災が発生しなかった場合の死者数は，1万4,000人程度と推定されている（武村, 2003）。このことからも，地震後の火災の発生とその延焼を防ぐことができなかったことは甚大な被害をもたらした要因と位置付けられる。

2　火災の時系列

（1）時 系 列

　ここでは，阪神・淡路大震災当時の火災発生の時系列を振り返る。図4-7は，神戸市における地震発生後10日間の火災発生件数（棒グラフ）とその累積件数（折れ線）を示す。午前5時46分に地震が発生直後，14分後の六時までの間に54件の火災が発生している。地震発生後10日間を通して，15分以内の火災発生件数が最も多かった時間帯は，地震発生直後の15分間であり地震の揺れに伴う建物倒壊や火器の散乱等より同時多発的に火災が一機に発生したことがわかる。その後，地震の揺れが収まってからも火災の発生は継続し，最初の14分以降地震発生後3時間の間に計25件，その後，日が変わるまでに30件の火災が

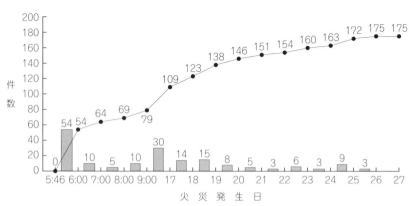

図4-7 地震後10日間の火災発生件数（神戸市）
出典：神戸市消防局（1996）より引用。

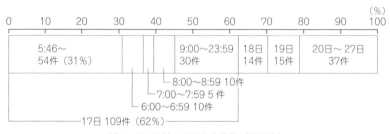

図4-8 時刻・日別出火件数（神戸市）
出典：神戸市消防局（1996）より引用。

発生している。地震発生後10日間を通して日別の火災発生件数が最も多いのは，地震が発生した当日の109件であるが，その後8日間は平均7件余りの火災が継続して発生していることが注目すべき点である。さらに強調したい点は，図4-8の神戸市における時刻・日別出火件数のグラフからわかるように，地震発生後の最初の14分間の出火件数よりも，その後の出火件数の方が多い（全出火件数の69%）ことである。

（2）火災発生から消火までの時間

何故，揺れが収まってしばらくたってからのほうが，火災発生件数が多くなったのか。図4-9は，阪神・淡路大震災時の神戸市における火災発生から

56

第4章　地震による複合災害（火災）と気象・気候

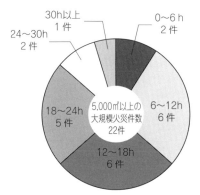

図4-9　火災発生から消火までの延べ時間（神戸市）
出典：神戸市消防局（1996）より引用。

消火までの延べ時間を示したものである。これを見ると，5,000m²以上の大規模火災件数22件のうち火災発生後6時間以内に消火された件数はわずか2件であり，初期消火がうまくいかなかったことがわかる。通常時，例えば令和4年度の建物火災における消防隊等による放水開始までの平均時間は10～15分，鎮火所要時間は焼損面積（床面積や表面積）の規模によるが，90分以内が全鎮火事例9,420件中5,634件（約60％）であるのに対し，90分以上が3,768件（約40％）である（内閣府，2023）。実物大の木造住宅の火災実験（上杉，1983）において，火災発生後消火が行われずに燃え尽きるまでに約45分を要している例からみれば，阪神・淡路大震災時においてほとんどの大規模火災の鎮火に6時間以上を要している事実は，個々の住宅の消火がなされず燃え尽きた上に，その過程で隣家に延焼し火災の拡大をもたらしたことを意味している。また，電気の復旧に伴う通電火災により，震災から数日後に火災が発生した例もある（神戸市消防局，1996）。これらにより，地震発生直後よりもその後の火災発生件数の方が多くなってしまったのである。多くの文献で指摘されている通り，多数の火災が発生した関東大震災や阪神・淡路大震災では，①同時多発の火災の発生により消防車や消防署員（団員）の数が足りなかった，②建物倒壊による道路の遮断が交通障害を引き起こし消防車の通行の妨げとなった，③地震による水道管の損傷により消火栓が機能しなかった，④消防署，消防署員，

消防団員自身の被災により消防車の出動が妨げられた，⑤ 建物倒壊により火災家屋周辺の住民も被災していたため初期消火の段階で共助が機能しなかった，⑥ 建物倒壊と火災発生が同時に起こり，倒壊家屋内の住民救助を優先したため消火が後回しになった等，地震に伴う火災では消火において様々な障害が生じていたのである。

（3）地区毎の延焼状況

　では，消火されなかった火災はどのように延焼したのであろうか。図4-10は，阪神・淡路大震災時の神戸市長田区の二つの地区における延焼の過程を示したものである。二つの地区ともに，出火点を示す✖マークの風上側の延焼は僅かであり，延焼のほとんどは出火点から風下側に向かって起こっている様子を見ることができる（風向は⇨で表示）。また，延焼が起こらなかった地域との境界（図では「焼け止まり線」と表示）では，主として木造以外の構造物（図では斜線の建物）や，幅員の広い道路，公園や空き地が存在していたことがわかる。また，消火の過程で消防署によりあらかじめ焼け止まり線が予測され，その位置から消火活動を行った（神戸市消防局，1996）ことも延焼の阻止に大きな影響を与えたといえる。これらは一例であり，風上側であってもゆっくりと時間をかけて延焼した例も存在し（神戸市消防局，1996）延焼の広がり方は単純ではないのだが，ここに示した事例が多かったことは指摘しておく。

3　火災延焼と気象

（1）延焼拡大要因

　前節で幾つか例示したように，阪神・淡路大震災における延焼拡大の要因は，① 建築構造物の違い（木造と非木造），② 緩衝地帯の存在（公園，道路）に加えて，③ 建築構造物の密度，④ 消火体制，⑤ 出火地域の風向・湿度等の気象条件，が挙げられる。このうち，①〜④は人為的な要素であり人知を尽くせば減災可能な要因であるといえる。例えば，①については耐火構造物という形で，現在も様々な対策・研究が進んでいることは周知の事実であろ

第 4 章　地震による複合災害（火災）と気象・気候

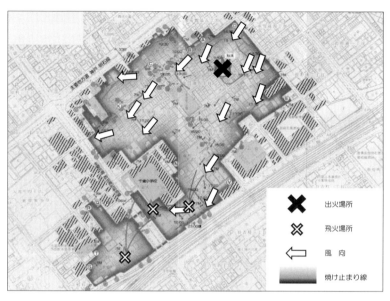

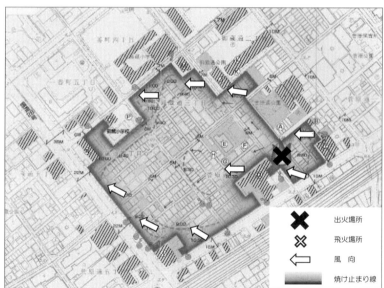

図 4-10　地区ごとの延焼状況
（上）神戸市長田区水笠公園／（下）長田区菅原市場周辺
出典：神戸市消防局（1996）より引用。

う。②〜④については，まちづくりの観点から自治体による行政によって
様々な検討がなされている分野である。一方，⑤は自然を起因とする要因で
あり，一見すると減災が難しい分野であるようにみえる。果たしてそうであ
ろうか。

（2）発災時の気象概況

　図4-11の上図は，気象庁による1995年1月17日午前9時の地上天気図であ
る。それぞれ，東経90度，北緯55度付近に高気圧の中心，東経180度，北緯50
度付近に低気圧の中心が存在し，日本から見ると典型的な西高東低の冬型の気
圧配置となっていたことがわかる。日本付近の等圧線の間隔は広く，特に西日
本での風速は小さかったことが予想される。このことを確認するため，気象庁
再解析JRA-55を用いて，同様に阪神・淡路大震災当日の午前9時の地上気圧
と風速を図示したのが下図である。陰影は気圧，矢印は風速・風向を表してい
る。これを見ると，神戸では，緩い北東風となっている様子がわかる。図
4-12は，1995年1月17日の各気象データを時系列で示したものである（上図
はデータ値，下図は1時間ごとの風速（グラフ）と風向（矢印）を表す。図
4-12の上の表を見ると，地震発生時の神戸市の相対湿度は69％〜54％の範囲
にあり，1月17日は相対湿度が43％まで下がっていたことがわかる。後で述べ
るように，震災発生当日は火災発生に適した乾燥した状態であったのである。
この湿度が70％を下回る乾燥した状態は，20日20時の雨が降り出す時間まで続
いている。気温については，17日は1日を通して摂氏7度以下であり，20日の
12時まで8度以下の状態が続いた。図4-12の下図は，阪神・淡路大震災発生
当日の風向・風速である。これを見ると，地震発生時は北東からの2〜5m/s
程度の風が吹いており，一日を通して弱いながらもほぼ北〜北東からの（山側
からの）吹きおろしの風が吹いていた。

　比較のため，阪神・淡路大震災より火災被害が大きかった関東大震災の気
象概況もここで紹介しておく。図4-13は，1923年9月1日の関東大震災発
生後2日間の気象概況を示したものである。上図の天気図の9月1日の北陸
沖に見られる低気圧は，前日に九州西岸へ上陸した台風が中国地方を抜けて

60

第 4 章　地震による複合災害（火災）と気象・気候

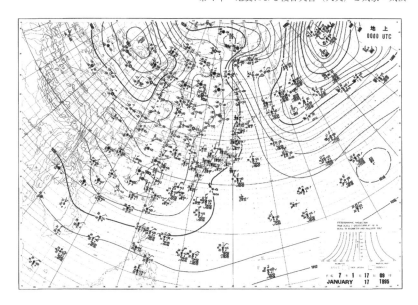

Surface Pressure (hPa) & 10m Wind (m/s)　(00Z17JAN1995)

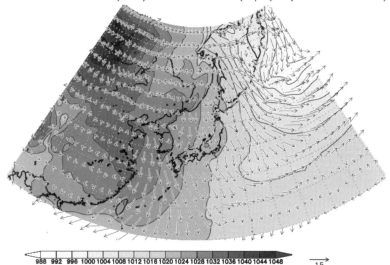

図 4-11　1995年 1 月17日午前 9 時の天気図
出典：上：気象庁天気図（アジア太平洋地上天気図），下：気象庁再解析データ JRA-55 より
　　　筆者作成。

61

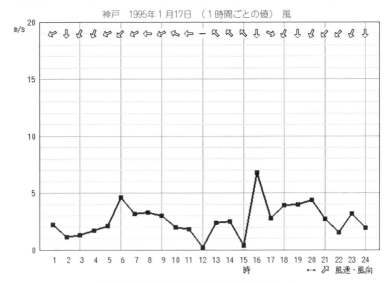

図4-12　1995年1月17日神戸市の気象データ
出典：気象庁「過去の気象データ」。

低気圧化したものである（藤部，2018）。この低気圧に伴い，関東地域では強い南西風が吹き込んでいたことがわかる。藤部（2018）によれば，被災した中央気象台において15m/sを超える最大風速が観測されていたとのことである。

第4章 地震による複合災害（火災）と気象・気候

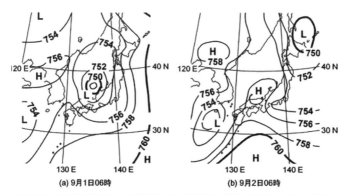

第1図　1923年9月1日・2日06時の地上天気図．気圧の単位はmmHg（760 mmHg＝1013.25 hPa；以下の図も同じ）．中央気象台（1951）に基づいて作成した．

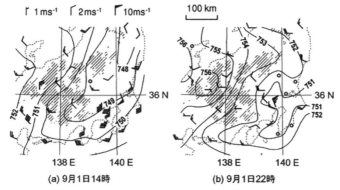

第2図　1923年9月1日の本州中部の地上風と海面気圧分布．風は「中央気象台月報」により，等圧線は「調査報告」第二図から転記した．○は風速0.5 m/s未満を表す．斜線は海抜1000 m以上の領域．

図4-13　1923年9月1日，9月2日の気象概況
上：天気図，下：地上風と海面気圧分布）．中央気象台（当時）データより藤部により作成されたもの．
出典：藤部（2018）より引用．

（3）火災発生と延焼に必要な条件

　火災の発生には，①可燃物（燃えるもの），②酸素，③熱が必要である。これらを燃焼の3要素と呼び，どれが欠けても火災は起きない（図4-14）。このうち，気象条件に影響される要素は何であろうか。①の可燃物は，そこにた

63

図 4-14 火災の発生と延焼に必要な条件

だあればよいというわけではなく，湿度によって燃焼のしやすさが大きく変化する。②の酸素は，空気の存在があればどこでも満たされそうであるが，風による可燃物への酸素の供給が絶え間ない燃焼に有効にはたらく。火起こしの際に，直接口から空気を入れる火吹き棒のようなはたらきをイメージするとわかりやすい。③の熱は，火災の発生を決定づける要素である。ガスコンロなどすでにある火源や電気回路の短絡により発生した火花が周辺の可燃物を熱し火災が発生するほかに，すでに発生した火災が近隣の家屋へ延焼する場合もある。後者の場合，風による風下への熱や熱源（火の粉）の供給が延焼をもたらしている。このように，燃焼の3要素は全てその時の気象条件から大きく影響を受ける。

　③の熱について，"火"そのものではなく"熱"が燃焼の必要条件となっていることに疑問を頂くかもしれない。図4-15に示すように，常温（25℃）でガソリン，灯油，サラダ油のそれぞれに火を近づける（着火する）と引火する（火が移る）のは，実はガソリンだけであることはあまり知られていない（危険なので試さないこと）。可燃物に炎（点火源）を近づけたときに着火して燃焼するためには，可燃物が燃焼する"最低温度"まで可燃物自身の温度を上昇させる必要がある。この"最低温度"のことを引火点と呼ぶ。可燃物の温度が引火点以下の時には，炎を近づけても引火しないのである。ガソリン，灯油，サラダ油の引火点はそれぞれ，−43℃，40〜60℃，316℃であるため，常温で火を近づけて引火するのは，ガソリンだけとなる。さらに，可燃物の温度を上

第4章　地震による複合災害（火災）と気象・気候

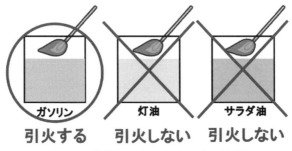

図4-15　燃焼には"火"でなく，"熱"が必要

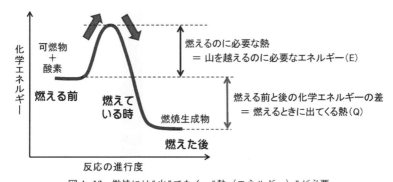

図4-16　燃焼には"火"でなく，"熱（エネルギー）"が必要
出典：消防庁消防大学校消防研究センター「ものはなぜ燃えるのか」より引用。

げると，火源がなくともそれ自体が自然に発火を始める。このときの温度を発火点と呼ぶ。引火点まで可燃物の温度を引き上げるために必要となる熱（エネルギー）の正体は，図4-16が示す通り可燃物と酸素が結合するために必要なエネルギーである。このエネルギーを外部から供給することにより，燃焼が開始・継続し，可燃物の全てが酸素と結合（酸化）を終えると燃焼が終了する。参考までに，主な物質の引火点と発火点を表4-1に挙げておく。

次に①の可燃物と湿度の関係について述べる。ここでは，阪神・淡路大震災で大きく被災した木造構造物を構成する木材を扱う。一般に，木材に含まれる水分（含水量）は，生木の場合約15％（木材全体の質量に対する水分量の割合）程度である（齋藤・信田，2017）。図4-17の上図を見ると，木材の平

65

表 4 - 1　主な物質の引火点と発火点

項目	引火点	発火点
木材	260℃	400〜450℃
塩化ビニル	391℃	464℃
アクリル樹脂	280〜300℃	450〜462℃
ナイロン	490℃	530℃
新聞紙	—	291℃
ガソリン	−45℃以下	〜371℃
灯油	〜49℃	〜260℃
植物油	316℃	350〜400℃

出典：日本火災学会（2007），Quintiere（2009），小林（2015）
より筆者作成。

衡含水率（ここで"平衡"とは，木材による水分の吸収と発散が同程度の状態
となり，木材自体の水分量が一定となった状態を指す）の月別変動は特に最
大値で大きく，6月〜8月にかけて最大で30％近くまで上昇し，12月〜2月
は最小で10％以下まで低下する。図4-17の下図で見る限り，関東，中部，関
西の都市部を除いて，年間の木材の平衡含水率は15％程度にあるといってよ
い。木材が水分を含んでいると，木材自体の温度を上げるのに加え，木材に
含まれる水分を蒸発させるのに熱エネルギーが余分に必要になるので，含水
率が大きいほどなかなか燃えることはない。畠山（1978）によれば，含水率が
15％以上だと小さい火の元では火が付きにくいようである（大規模火災の場
合は，含水率が50％以上であっても水分を蒸発するエネルギーにも増して周
囲の熱エネルギーが燃焼に寄与するので，引火の可能性は十分にある）（畠山，
1978）。

（4）気象・気候と火災の関係

　では，木材などの含水率はどのように変化するのであろうか。これには，気
象が大きく関わっている。図4-18は，木材などの含水率が外部の湿度によっ
てどのように変化するのかを表したものである。これを見ると，他の材質と比

第4章　地震による複合災害（火災）と気象・気候

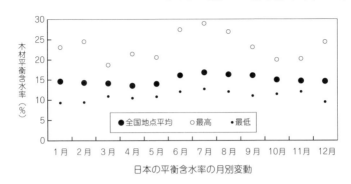

日本の平衡含水率の月別変動

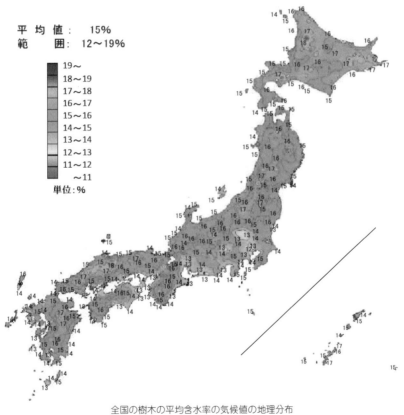

全国の樹木の平均含水率の気候値の地理分布

図4-17　日本の木材の含水率

出典：齋藤・信田（2017）より引用。

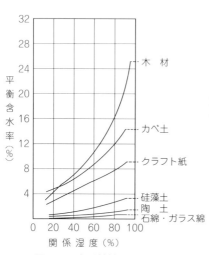
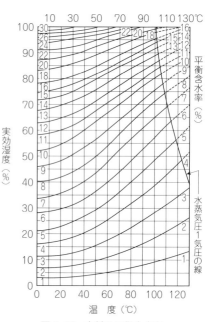

図4-18　各種材料の平衡含水率

出典：上村（1992）より引用。

図4-19　木材の平衡含水率

出典：岡野（1985）より引用。グラフ中の数字が平衡含水率（％）を表す。

べて木材の含水率は周囲の湿度に大きく依存し，含水率を3％程度から25％程度の広い範囲にわたって変化させていることがわかる。湿度は気温の変化に敏感であるから，図4-19で示すように実際には気温と湿度に依存する（岡野，1985）。ここで，縦軸の実効湿度とは過去の湿度の履歴を考慮した湿度であり，木材に加算された水分量を加味するための量である。この図に，阪神・淡路大震災における地震発生当時の7時の気温3.5℃，湿度55％（実効湿度ではないが）を当てはめると，湿度の履歴は加味されていないものの，木材の平衡含水率は約10～11％となり，含水率15％を大きく下回っていたことがわかる。このことは，阪神・淡路大震災当時，木材においては非常に引火しやすい条件が満たされており，火災が起きやすい状況が整っていたといえる。阪神・淡路大震災が発生した1月は，図4-20を見てもわかる通り1年を通じて最も火災発生の多い季節となっており，現在でも乾燥注意報という形で火の元の注意がなさ

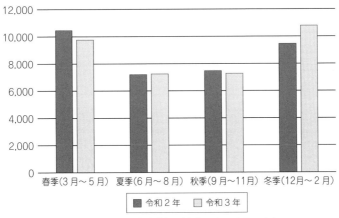

図4-20 四季別出火状況（令和2年，令和3年）
出典：内閣府（2023）より作成。

れる時期である。この湿度と火災の関係には，地域差があることも注意が必要である。図4-21の上の図は，湿度と火災種ごとの季節変化（気候値）を示したものであるが，太平洋側の仙台，水戸，東京，鹿児島では特に大火が1～3月に集中しているのに対し，青森，山形，富山，鳥取における大火は3月～5月に集中している。日本海側では積雪の影響があり，1年を通じて湿度が低くなるのは3月～5月となっており，ちょうどこの乾燥した時期に大火や林野火災が起こっているのである。図4-21下図の大火危険地帯の分布の季節変化（気候値）は，情報として古いものではあるが現在においてもこの危険が色褪せることはなく，今後起こりうる大震災においても考慮すべき事柄であることは言うまでもない。

最後に，火災の延焼速度と風速について述べる。阪神・淡路大震災の火災の記録（神戸市消防局，1996）では，図4-10で示したように風下側に延焼するケースが多かった。前節（3）火災発生と延焼に必要な条件で述べたように，風による可燃物への酸素の供給が延焼をもたらす。その効果を図4-22で示す。これを見ると，延焼速度は同じ風速であれば，「風下」で最大，「風上」で最少となる。肌感覚として実感できる結果であるものの，注目すべきは横風の場合であっても，風下ほどではないにせよ，効果が大きいことである。先に述べた関

69

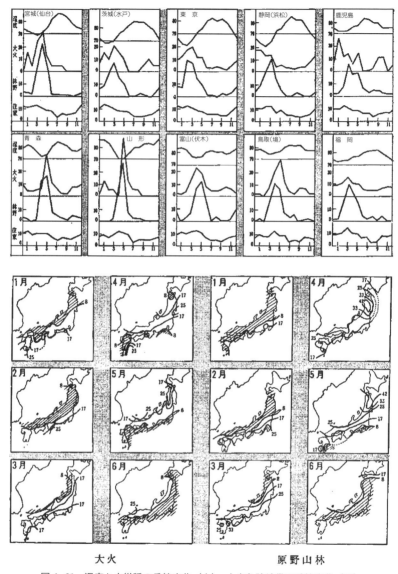

図 4-21 湿度と火災種の季節変化（上），大火危険地帯の季節変化（下）
注：斜線部は，大火の危険が低い地域，図中の数字は大火件数の年間総件数に対する割合を示す。
出典：畠山（1966）より引用．

第4章 地震による複合災害（火災）と気象・気候

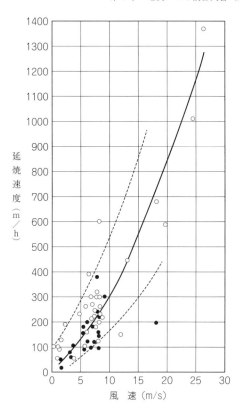

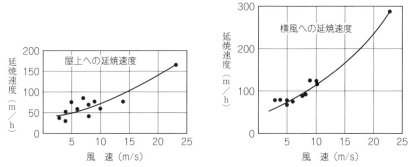

図 4-22 風下側の延焼速度と風速の関係（上），風上側の延焼速度と風速の関係（下左），
　　　　横風による延焼速度と風速の関係（下右）
出典：畠山（1966）より引用。

東大震災の例では，震災当時平均して15m/sの風が吹いていたといわれる。関東大震災の火災の延焼方向は必ずしも風下というわけではなかったが，この強風により火災が広範囲に延焼している。大震災の最中においては，放水など火災した家屋の中の住民を救うための手立てをすることも必要であるが，迫り来る火炎から自らを守るためには，その場からいち早く非難することも重要である。延焼しそうな家屋はどの方角なのか，どの方角に避難すればよいかなど，行動の手掛かりとなるのが煙の向きである。煙は風下に向かう方向になびくから，延焼の可能性が高いのは風下側の家屋であり，風上側はすでに火炎の中にある可能性が高いということである。これに加えて，燃えやすい家屋の存在や，延焼を防ぐために設けられている幅員の広い道路や公園など緩衝帯が地域のどこに位置しているかも常に意識しておき，火炎が迫る前にできるだけ早い避難を心掛けたい。

引用・参考文献

井上一之, 震災予防調査会 (1925)「帝都大火災史, 震災予防調査会報告第百号 (戊)」, 公益社団法人全国市有物件災害共済会防災専門図書館.

上杉三郎 (1983)「在来工法木造住宅の実大火災実験」『林業試験場研究報』322：1-30.

上村武 (1992)『木づくりの常識非常識 (プロのノウハウ)』学芸出版社.

岡野健 (1985)「水と木材」伏谷賢美ほか『木材の物理』文永堂出版.

気象庁「アジア太平洋天気図」気象業務支援センター.

気象庁「気象庁55年長期再解析データ JRA-55」気象庁.

気象庁「過去の気象データ検索」
https://www.data.jma.go.jp/stats/etrn/index.php.

James G. Quintiere, 大宮喜文・若月薫訳 (2009)『基礎　火災現象原論』共立出版株式会社.

神戸市消防局 (1996)「阪神・淡路大震災における火災状況」(財) 神戸市防災安全公社／東京法令出版株式会社.

国土交通省 (2010)「平成22年度国土交通白書」.

小林恭一編, 鈴木和男・向井幸雄・加藤秀之・渋谷美智子・清水友子 (2015)『図解よくわかる火災と消火・防火のメカニズム』日刊工業新聞社.

齋藤周逸・信田聡 (2017)「日本各地における木材の気候値平衡含水率」『森林総合研

第4章　地震による複合災害（火災）と気象・気候

究所研究報告』16：163-211(3).

消防庁消防大学校消防研究センター「ものはなぜ燃えるのか」
　　https://nrifd.fdma.go.jp/public_info/faq/combustion/index.html（2023年10月10）

震災予防調査会（1925）「震災予防調査会報告第百号（戊）関東大地震調査報文火災
　　篇」，公益社団法人全国市有物件災害共済会防災専門図書館.

関沢愛（2012）「東日本大震災における火災の全体像と津波起因火災の考察」『消防科
　　学と情報』108：7-11.

総務省消防庁（2006）「阪神・淡路大震災について（確定報）」平成7年01月17日　阪
　　神・淡路大震災について（確定報）.

総務省消防庁（2023）「平成23年（2011年）東北地方太平洋沖地震（東日本大震災）
　　の被害状況（令和5年3月1日現在)」，平成23年（2011年）東北地方太平洋沖地
　　震（第163報）.

武村雅之（2003）『関東大震災——大東京圏の揺れを知る』鹿島出版会.

内閣府（2006）「災害教訓の継承に関する専門調査会報告書」

内閣府（2015）「大規模地震時の電気火災の発生抑制対策の検討と推進について（報
　　告）」内閣府.

内閣府（2023）「令和4年版防災白書」.

日本火災学会（1996）「1995年兵庫県南部地震における火災に関する調査報告書」日
　　本火災学会.

日本火災学会（2016）「2011年東日本大震災火災等調査報告書（完全版)」日本火災学
　　会.

日本火災学会（2007）『はじめて学ぶ建物と火災』共立出版株式会社.

畠山久尚（1966）『気象災害』共立出版株式会社.

畠山久尚（1978）『気象と火災——日本の風土と火災』全国加除法令出版.

廣井　悠（2014）「津波火災に関する東日本大震災を対象とした質問紙調査の報告と
　　出火件数予測手法の提案」『地域安全学会論文集』24：111-121.

藤部文昭（2018）「関東大震災と東京空襲の火災に伴う中央気象台の高温と強風」『天
　　気』65：351-358.(18)

（谷口　博）

第5章

自治体・企業の災害対応体制の進展と課題

1　求められる災害対応への備え

「災害対応」（Response）は，応急対応とも呼ばれ，国連防災機関（UNDRR）では「人命を救い，健康への影響を軽減し，公共の安全を確保し，被災者の基本的かつ最低限の生活ニーズを満たすことを目的に行われる，災害の発生直前，発生中，または発生直後の活動」と説明されている。長期的な「復興」（Recovery）と比べると，「被災者ニーズに応じた重要性・緊急性の高い業務や社会機能から優先的に」，「スピード重視で」，「応急的なレベルまで整える」活動として位置付けられる（紅谷，2022）。危機や災害への対応が主なミッションである自衛隊や消防等にとっては，平常業務が危機対応と連続しており，突然発生した危機に対しても即座に対応が可能である。しかしながら，地方自治体や多くの企業にとっては，災害対応は平常時の業務とは全く異なっており，災害前からの備えが重要となる。

1995年の兵庫県南部地震に起因する阪神・淡路大震災は，地震への警戒を怠っていた関西地域を突然襲った大災害であり，自治体や企業等の災害対応への準備不足が浮き彫りとなった。その後，阪神・淡路大震災を教訓として，関西地域のみならず全国の自治体や企業で，災害への初動対応を強化するための取り組みが進められていった。

本章では，阪神・淡路大震災やその後の災害の教訓をふまえて，この30年間，自治体や企業が災害対応への対策をどのように整えていったのかを振り返ると共に，近い将来，発生が懸念されている南海トラフ地震に備えて残された課題について論じていきたい。

第5章　自治体・企業の災害対応体制の進展と課題

表5-1　阪神・淡路大震災の初動対応における問題点

```
 1. 空間の確保困難
 2. 情報通信システムの機能障害
 3. 要員確保と組織的活動の遅れ
 4. 被害情報収集の遅れ
 5. 大災害時の意思決定に対する不慣れ
 6. 自衛隊の派遣要請及び消防広域応援要請の「遅れ」
 7. 防災専門集団とコンピューター支援システムの欠如
 8. 組織間調整──全体調整，広域調整の困難
 9. 交通規制の遅れと安否確認の困難性
10. 地震に対する関心の欠如
```

出典：兵庫県・震災対策国際総合検証会議（2000）。

2　自治体の災害対応体制の進展

（1）阪神・淡路大震災の教訓

　阪神・淡路大震災では，早朝5時46分に地震が発生したため，まず自治体の首長や職員が県庁や市役所・町役場に登庁し，災害対応体制を整えるところから始めなければならなかった。しかし，電話がつながらず自宅（公舎）で待機していた貝原兵庫県知事（貝原，1996）や，家族（夫）のケガのため登庁が遅れた北村芦屋市長（下川，1995）のケースがあるように，初動体制を整える段階から多くの課題を抱え，その後の災害対応体制においても多くの問題があったことが国際総合検証報告書（兵庫県・震災対策国際総合検証会議，2000）にて報告されている。この検証報告書において吉井博明は，阪神・淡路大震災の初動対応における問題点として，表5-1の10点を指摘している（表5-1）。

　これらを大きく「施設・設備の課題」（主に上記1，2，4，7に関連），「職員の能力・意識の課題」（同5，7，10），「組織体制や計画・マニュアルの課題」（同3，4，5，8，9），「組織間連携や応援確保の課題」（同6，8，9）に大別し，阪神・淡路大震災後，各分野でどのような改善の取り組みがなされたのか振り返りたい。

75

（2）施設・設備

　阪神・淡路大震災では兵庫県庁をはじめ自治体の庁舎も被災をしたため，災害対応の司令塔となる災害対策本部の設置や運営に課題を抱えた。そこで兵庫県では，災害対策専用庁舎としては全国の自治体初となる災害対策センターを，県庁の北側に独立した建物として2000年8月に整備した。震度7の揺れ，風速70m/秒の風にも耐えられる設計の地上6階・地下1F，建築時の延床面積3,680m²の建物であり，県庁と地下通路で連結されている。災害対策本部会議室をはじめ非常時に3日間電力を確保可能な自家用発電機や専用井戸，大容量貯水槽などを備えている。また，外部からの応援を受け入れるスペースを十分に確保するため，2007年にはさらに床面積768m²を増築している。

　神戸市においても2012年4月に，地上9階，地下1階の免震構造の神戸市危機管理センター（市役所4号館，延床面積9,190m²）が開設された。危機管理室だけでなく，消防局，水道局が入っており，1Fには市民が防災について学ぶことができる防災展示室も併設されている。西宮市においても2021年に危機管理センター（第二庁舎）が整備され，自治体の災害対策本部機能や危機管理体制が強化されている。

　災害対策本部となる司令塔に加えて，災害発生時の救援・救護，復旧活動等の拠点となる施設の整備も進められた。兵庫県では，三木市に全県広域防災拠点となる広域防災センター（2004年）と三木総合防災公園（2005年）を整備した。ここでは，平時は防災研修や消防学校等の教育訓練施設，スポーツ施設（陸上競技場，野球場等）として利用される一方，災害に備えた被災者用物資等の備蓄機能，救援物資の集積・配送機能，応急活動要員の集結・宿泊・出動機能などを有している。また，兵庫県内5カ所（但馬，丹波，西播磨，阪神南，淡路）に，各地域を所管する広域防災拠点も併せて整備された。

　災害時には情報をいかに収集・整理し，有効に活用するかが重要となる。兵庫県では，1996年9月から災害対応総合情報ネットワークシステム（フェニックス防災システム）を運用し，県庁や県関係機関，市町，消防本部，警察本部，警察署，自衛隊，ライフライン事業者等に端末を設置し，災害の観測情報や被害，災害対応の情報を関係機関で収集・共有し，被害予測や必要人員・物資の

受給推計等が可能なシステムを構築した。被災に備えて，通信ケーブルだけでなく，衛星通信ネットワークによるバックアップ体制を整えている。

（3）職員の能力・意識

　阪神・淡路大震災当時の兵庫県知事の貝原氏は，災害時に適切な助言をしてくれる専門家がいなかったことを課題として挙げていた。そこで兵庫県では，1996年，防災を専門とする幹部職員（特別職）である「防災監」を全国で初めて設け，防災監を中心として災害対応体制の強化に取り組んだ。1997年1月には，「1月10日から30日までの間で姫路市内を訓練会場として抜き打ち訓練を実施する」ことだけを関係者やメディアに伝え，抜き打ちの防災訓練を実施した（齋藤，2020）。この防災訓練では大混乱が発生し，メディアでは批判もあったが，組織の課題を明らかにするという観点からみれば，時代を先取りした画期的な試みであった。

　その後，「危機管理監」，「防災専門官」など様々な名称で，防災や危機管理の専門幹部を置く自治体が増えていった。2006年調査では，都道府県の約9割で危機管理専門幹部職が設置され，その過半数（47都道府県のうち26団体）が部長級，2団体が部長級より上となっていた（地方公共団体における総合的な危機管理体制の整備に関する検討会，2008）。また危機対応に慣れている消防職員や自衛隊退職者を，危機管理専門職員として雇用する動きも広がってきた。例えば東日本大震災の岩手県では，自衛隊出身の越野修三防災危機管理監が活躍したが，岩手県に着任してから5年目の出来事であり，2008年には岩手・宮城内陸地震も経験し，知事や職員との信頼関係を築いていた（越野，2012）。また岩手県庁内部の調整は，防災危機管理監ではなく総務部長を中心に行われており，自衛隊出身者に全てを任せるのではなく，自治体プロパー職員との適切な役割分担，連携が行われていた（紅谷，2017）。

　自治体の防災担当職員の能力を向上させるため，防災研修の取り組みも進められた。2004年には，神戸市内に阪神・淡路大震災の教訓を伝える施設として「人と防災未来センター」が設置され，自治体の市町村長や防災担当職員を対象とした様々なレベルの研修が実施されている。さらに2013年度より，内閣府

では，国や自治体等の職員を対象として，大規模かつ広域な自然災害に的確・迅速に対処できる人材や，国と地方のネットワーク形成ができる人材の育成を図るための「防災スペシャリスト養成研修」を実施している。主に東京臨海広域防災公園にある有明の丘基幹的広域防災拠点施設で開催しているが，講師が出向いて実施する地域別総合防災研修を展開するなど，地方でも受講しやすいよう配慮されている（紅谷，2018）。さらにコロナ禍でオンライン研修を行った経験を活かし，座学はオンラインで受講し，演習のみを対面とするハイブリッド型の仕組みも導入している。

（4）組織体制や計画・マニュアル
■災害対策基本法の改正
　災害対応を含めた国全体の防災対策の根本は，伊勢湾台風（1959年）の反省から制定された災害対策基本法（1961年）で定められており，この法律に基づき国は防災基本計画を，自治体は地域防災計画を，それぞれ中央防災会議，地方防災会議にて策定すること等が定められている。阪神・淡路大震災の反省から，災害対策基本法は1995年に改正され，国の現地本部の設置や自主防災組織やボランティアの育成，要援護者への配慮等について記載された（表5-2）。
　災害対策基本法は，2011年の東日本大震災を受けて2012年，2013年にも改正され，広域応援体制の強化（情報の収集・伝達・共有の強化，広域応援の対象業務の拡大と都道府県・国による調整，等）や国による応急措置の代行，避難行動要支援者の支援体制の整備，行政とボランティアとの連携，罹災証明書の交付等が盛り込まれるようになった。さらに2021年にも改正され，災害時にお

表5-2　1995年の災害対策基本法改正のポイント

• 非常災害対策本部，緊急災害対策本部の設置要件の緩和，及び現地災害対策本部の法定化
• 自衛隊の災害派遣要請（市町村長からの状況通知）
• 都道府県知事による避難勧告，避難指示の代行
• 交通規制の強化（緊急車両通行のための措置）
• 自主防災組織の育成，ボランティアの環境整備
• 高齢者，障害者等の要援護者への配慮　　等

出典：内閣府資料をもとに筆者作成。

ける避難対策（避難勧告・避難指示の一本化，個別避難計画策定の市町村の努力義務化），特定災害対策本部の設置等が定められた。

■地域防災計画を補完する業務継続計画の策定

　地域防災計画は，自治体の災害対応の最も基本となる計画であり，一般的には「総則」「予防」「応急対策」「復旧・復興」の４つに分かれており，「応急対策」が最も多くのページを占めている。自治体が実施すべき災害対応業務と担当部署が包括的に整理されており，地域防災計画を元に，さらに具体的な初動マニュアルを作成している自治体が多い。

　阪神・淡路大震災当時，神戸市の地域防災計画では，震度５強クラスの地震しか想定されておらず，災害対応が円滑に実施できなかった。その後，阪神・淡路大震災や以降の災害の教訓が，各自治体の地域防災計画に反映されたが，それでも実際には自治体の災害対応には様々な問題を抱えることが多かった。その理由の一つとして，地域防災計画には「災害時にやるべきこと」は書かれていても，「どのようにやるのか」が明確でないことが挙げられる。特に，災害対応の担い手となる自治体の庁舎や職員の被災が十分に考慮されておらず，さらに災害対応業務の全庁的な優先順位が不明確，訓練による確認・検証が不足という課題があった。

　このような反省から，法で義務付けられた地域防災計画だけでは不十分という認識が広がり，2000年代後半から業務継続計画（自治体BCP）が策定されるようになった（図5-1）。業務継続計画とは，災害時に行政自らも被災し，人，物，情報等利用できる資源に制約がある状況下において，優先的に実施すべき業務（非常時優先業務）を特定するとともに，業務の執行体制や対応手順，継続に必要な資源の確保等をあらかじめ定め，地震等による大規模災害発生時にあっても，適切な業務執行を行うことを目的とした計画であり，2010年に国の手引き（内閣府，2010）が策定された。

　このように業務継続計画の策定が進められつつある中，2011年に東日本大震災が発生した。東日本大震災では，多くの自治体の庁舎や職員が被災し，貴重な職員の生命が失われ，自治体の業務継続や災害対応に大きな支障を抱えるこ

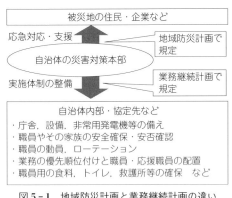

図5-1 地域防災計画と業務継続計画の違い
出典:紅谷(2016a)。

とになった(紅谷, 2012a)。これらの反省をふまえ, 2016年に国は手引きを改正し, さらに小規模自治体のためのガイド(内閣府, 2015)を策定した。

(5) 組織間連携や応援確保
■国による支援体制の強化

阪神・淡路大震災の際, 国は兵庫県公館に現地対策本部を置き, 災害対応や復興を支援したが, 当時は現地対策本部に法的根拠がなかった。1995年の災害対策基本法改正で現地対策本部が位置付けられ, 2000年の有珠山噴火以降, 国は救助や被災者支援を支援するため, 自治体のニーズ収集や支援活動の調整を現地で担う現地対策本部を設置し, 被災地の状況を東京の緊急/非常災害対策本部に伝えるとともに, 災害対応に関するアドバイスや資源提供等を被災自治体に行うようになった。また, 現地対策本部の設置に至らない規模の災害においても, 現地連絡対策室等の名称で国の現地組織が置かれるようになった(紅谷, 2009)(図5-2)。

災害現場の活動に対しても, 様々な支援体制がつくられた。1995年, 全国の消防機関による相互応援の仕組みである緊急消防援助隊が創設され, 2004年の新潟県中越地震では, 緊急消防援助隊として派遣された東京消防庁の救助チームが, 土砂災害の現場から救助活動を行い, 生存者の救出に成功した。1995年には, 警察の広域応援の仕組みである広域緊急援助隊(現在の警察災害派遣隊

第5章　自治体・企業の災害対応体制の進展と課題

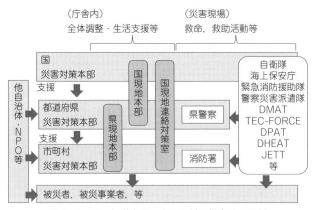

図5-2　国・都道府県・市区町村の災害時の関係
出典：紅谷（2019）。

(災害派遣隊))も創設された。災害発生初期における被災情報等の収集，救助，緊急交通路の確保等に当たる警察官等を派遣する仕組みである。さらに，防衛計画の大綱も1995年11月に改正され，自衛隊の主要な役割として災害派遣が追加された。

　この他にも，医療においては災害拠点病院の仕組みや，医療専門家と事務官で構成されるDMAT（災害派遣医療チーム）を災害現場に派遣する仕組みが創設された。さらに，厚生労働省は心のケアを支援するDPAT（災害派遣精神医療チーム），公衆衛生面で支援するDHEAT（災害時健康危機管理支援チーム）を，国土交通省は土木技術等に関する支援を行うTEC-FORCE（緊急災害対策派遣隊）を，気象庁は気象情報の解説等を行うJETT（気象庁防災対応支援チーム）を創設するなど，様々な専門的な支援チームが生まれている。

■自治体間の応援体制の強化

　阪神・淡路大震災では，全国の自治体から物資・人員ともに多くの支援が被災地に届けられた。その教訓から，1996年7月には全国知事会の応援協定が締結され，災害時には，まず各ブロック知事会で相互応援を行い，各ブロック知事会では十分な応援ができない場合には，全国知事会の調整で広域応援を行う仕組みが創設された。また，各県と社会福祉協議会，福祉関係団体がDWAT

（災害派遣福祉チーム）の派遣体制を整え，さらに兵庫県・熊本県等は被災地の学校や教育現場を支援する専門チームを設けている。

2011年の東日本大震災では，津波により沿岸部の自治体が行政機能に甚大なダメージを受けたため，全国の自治体から多くの応援職員が派遣され，増大する災害対応業務の担い手となった。関西広域連合ではカウンターパート方式あるいは対口支援方式と呼ばれる被災自治体に対して応援自治体をマッチングする仕組みを導入し，この方式は2016年の熊本地震においても九州ブロック知事会による応援調整の参考にされた。そして，これらの経験をふまえ，2018年には，全国レベルで被災自治体に対する応援職員派遣を調整する「被災市区町村応援職員確保システムに基づく応急対策職員派遣制度」（総務省システム）が創設された。総務省システムでは，自治体の自主的な応援職員派遣をカウンターパート方式（対口支援方式）で行うことを基本として調整を行うと共に，災害対応に関する知見を有し，地方公共団体における管理職等の経験などを有する災害マネジメント総括支援員を中心とした総括支援チームを被災自治体に派遣する制度であり，2018年西日本豪雨や2019年東日本台風，2024年能登半島地震などで活用されている。

これらの外部応援職員を円滑に受け入れるため，内閣府（防災）は，全国の自治体に受援体制の整備や受援計画の策定を促しており，2017年に「地方公共団体のための災害時受援体制に関するガイドライン」を，2020年に「市町村のための人的応援の受け入れに関する受援計画作成の手引き」を公表し，2021年には「受援体制の整備に関する映像資料」をウェブにて公開している。業務継続計画と受援計画は，どちらも応急対応期に不足する人的資源を有効に活用するための計画であり，図5-3に示すとおり，被災時でも重要な業務を継続し，その後の業務の立ち上げ時間の短縮と対処可能な業務レベルの向上を目的としている。

一方，2024年能登半島地震の状況をみると，被災自治体の受援体制に加えて，応援自治体の「応援力」の重要性が明らかになった。能登半島地震では，一つの被災自治体を多数の応援自治体が支援する状況となったが，多数の応援自治体を総括する幹事自治体の役割や求められる能力について改めて検討する必要

第5章　自治体・企業の災害対応体制の進展と課題

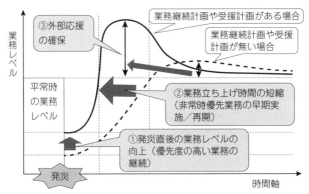

図5-3　災害後の業務レベルの変化と業務継続計画や受援計画の狙い
出典：紅谷（2016b）。

があろう。さらに，応援自治体になることが期待される都道府県や政令市，中核市等は，平時から応援派遣に向けた職員研修や必要となる体制・装備・備蓄等の準備を行う一方，国は，それらの準備状況や継続的に派遣可能な職員数等によって自治体の「応援力」を評価し，そのレベルに応じた財政支援を行うことが求められる。

3　企業の災害対応体制の進展

（1）阪神・淡路大震災の教訓

　1995年当時，神戸を含む関西地域では震災のリスクがあまり認知されておらず，阪神・淡路大震災は予想外の出来事で，多くの企業が混乱をすることになった。従業員の安否確認や顧客への連絡など基本的な対応についても，電話や道路，鉄道等のライフラインが途絶したことによって困難を抱えることになった。そのような中，少数ではあるが，取引先や企業グループが連携して被災企業の復旧を支援するなどの取り組みも見られた。例えば，神戸新聞社は，本社ビルが全壊する被害を受けたが，震災の前年に京都新聞社と締結した相互応援協定に基づき，地震当日の夕刊から新聞を発行することができた。

　企業の被災に対して，行政も仮設店舗の設置や仮設工場の設置などへの支援

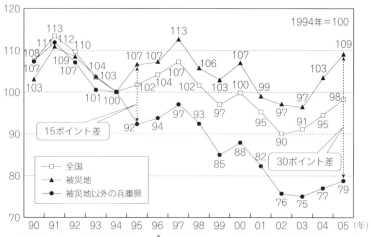

図 5-4　1994年を100とした阪神・淡路大震災後10年間の製造品出荷額の推移
出典：紅谷（2020）。

を行った。当時，産業復興は企業の自助努力によるべきと考えられており，国による支援策のメニューが少なかったため，自治体が独自の判断で利用可能な阪神・淡路大震災復興基金が，産業復興支援においても活用された。ただし，行政の支援実施に時間がかかったことは，企業が復興方針を考える上で障害となった。被災地は復興したように見えるが，人口や住宅の復興と比べて産業の復興は難しいのが実情である。例えば阪神・淡路大震災後，被災地の製造品出荷額は減少し，被災地外との間に大きなギャップ（15ポイント差）が生まれた。さらにこのギャップは復興の過程で縮まることなく，逆に10年間で2倍（30ポイント差）に広がることになった（図5-4）。

　災害後の地域産業の復興が難しい理由としていくつかの点が挙げられる。一つは企業が被災地で復興するのではなく，ライフラインが整い，元々の場所よりも地価が安い被災地以外に移転してしまうことである。また商業の場合には，既存の商店街等が被災して商業施設が減少し，被災地に生まれた空地に外部からの新規の大型商業施設の立地が進み，競争が激しくなることがある。さらに，被災により一旦取引が中断してしまうと，顧客は，被災地以外の企業との取引を継続する傾向があり，事業を再開しても顧客が戻ってこない場合がある。同

第5章　自治体・企業の災害対応体制の進展と課題

業他社とは競合関係にあることから，被災時に設備・人材等の外部支援を受けることが困難なことも，円滑な復興を難しくしている。ひとたび被災してしまうと地域産業の復興は非常に困難であり，地域産業の被災による衰退を食い止めるためには，リスクマネジメントや事業継続マネジメント等の被災前の備えが重要となる。

（2）リスクマネジメントの進展

阪神・淡路大震災後，その教訓を被災地外の企業にも伝え，社会全体で防災対策を進める必要性が認識され，危機管理やリスクマネジメントの仕組みについて検討が始まり，2001年にJISQ2001（リスクマネジメントシステム構築のための指針）が公表された。これは，企業の被災や復旧，リスクマネジメントについての骨格を体系的に提示した初の指針であり，企業の被災から復旧に至るカーブの考え方やPDCAの必要性など，現在では広く普及しているアイデアの多くが提示されている。標準的な考え方が普及することで，取引先は異なっても同じ用語やフレームで統一したリスクマネジメントが可能になる。JIQ2001は，この点で，企業単独から社会全体の防災対策へと拡大するための大きな前進であった。

JISQ2001は，2009年には国際標準規格ISO31000（リスクマネジメント－原則及び指針）へと発展する。これは，企業だけでなく公的な組織やNPOなどを含めた全ての組織に適用できる汎用的なリスクマネジメントの指針となっている。それぞれの組織が自主的に参考にする利用方法が想定されており，第三者認証は不要である。ISO31000では，被害や損失が発生する好ましくない影響だけでなく，利益をもたらす好ましい影響も含めて「リスク」と定義していることも特徴であり，ビジネスチャンスを求めて積極的にリスクを取ることも，企業のリスクマネジメントの一つの方法とされている。将来の不確実性を総合的に考慮しながら，会社の既存のマネジメントシステムの中に，リスクマネジメントを導入することを推奨している。

さらに2023年10月には，ISO31000を補完するISO/TS31050としてエマージング・リスクのマネジメントのガイドラインが発行された。エマージング・リ

85

スクとは，技術や環境の変化によって現れる新しいリスク，あるいはこれまでの想定や経験が通用しない未知のリスクのことである。自然災害では「ハザードの大きさが想定外だった」と言われることがあるが，被害規模だけなく，その種類や内容についても未知のリスク・想定できないリスクがあるという前提で，組織のレジリエンスを高めようとする考え方が注目されてきている。

（3）事業継続マネジメントの進展
■事業継続への注目

　2001年には，アメリカ合衆国ニューヨーク市にて9.11テロが発生した。この時，一部の金融機関は，事業継続計画（Business Continuity Plan：BCP）に基づいて代替拠点にすぐに移動し，事業を再開した。その教訓から，大規模テロや大規模な自然災害に対するBCPの有効性が認識され，その普及や国際標準化に向けた検討が提唱されるようになった。

　日本では，BCPへの関心は当初薄かったが，2004年に水害が多発，同年10月には新潟県中越地震も発生し，サプライチェーンを経由した産業被害の連鎖が大きな問題となった。これらの経験から，企業が自然災害対策として事業継続計画を策定すべきという認識が広がり，2005年に内閣府が「事業継続ガイドライン」を公表，2006年にはBCPの普及を目的としたNPO法人事業継続推進機構（BCAO）が設立された。日本では，この2005年前後が，企業経営や事業継続の観点から災害対応への備えを捉え直す大きな転機となった。さらに，2007年の新潟県中越沖地震では，大手自動車部品メーカーが被災し，部品供給が滞った結果，国内の多くの自動車工場の生産がストップした。これにより，サプライチェーンを通した間接被害（取引中断による機会損失，取引先の被害の影響，風評被害など）の波及とBCP等の事前対策の重要性が，改めて強く認識されることになった。

　2011年には東日本大震災が発生した。社会・経済活動の高度化・複雑化・グローバル化を背景として，サプライチェーンを通した間接被害や放射性物質の拡散による風評被害，原発等の停止による計画停電，原材料・部品の不足や価格高騰など様々な形の被害が発生し，国内外の企業に長期的・広域的なインパ

クトがあった。企業活動の一時的な移転・代替の動きもみられ，例えば，東北・関東地域の製造，輸出を代替するため，近畿地方では半導体や化学光学機器などの地震後の輸出額が前年同月を大きく上回り，データセンターを関東地域外に移転する動きもあった（紅谷，2012b）。また，東日本大震災と同じ2011年に発生したタイ水害では，多くの産業団地が数か月にわたって浸水する被害を受けた。これらの災害は，世界的なサプライチェーンの混乱を発生させたため，事業継続において生産拠点を一つの地域や国に集中させるリスクを，企業は改めて意識せざるを得なくなった。

　さらに2012年には，事業継続マネジメントシステム（BCMS）の国際標準規格ISO22301が公表された。事業継続計画に必要なリスクアセスメントや事業への影響度評価の方法・手続きなどについて定められているが，ISO31000とは異なり，こちらは第三者認証を必要とする規格である。そのこともあってか，日本国内ではISO22301よりも内閣府の「事業継続ガイドライン」の方が参考資料として用いられる傾向がある。

■事業継続計画の目的

　ここで改めて事業継続計画の定義を確認すると「大地震等の自然災害，感染症のまん延，テロ等の事件，大事故，サプライチェーン（供給網）の途絶，突発的な経営環境の変化など不測の事態が発生しても，重要な事業を中断させない，または中断しても可能な限り短い期間で復旧させるための方針，体制，手順等を示した計画」（内閣府，2005）とされている。

　一般に災害で被災した企業は，図5-5で示す実線の曲線のように，被災によって活動が落ち込んだ後，ゆっくりと復旧し，被災をきっかけに顧客が離れていった場合には，被災前のレベルにまで回復しない場合もある。BCPを策定・発動することによって，点線の曲線のように，被災後でも許容限界以上の操業度を維持し，さらに許容限界時間以内に一定レベルまで事業を復旧させることを目指している。これにより，顧客の他社への流出やマーケットシェアの低下，企業評価の低下などを防ぎ，社会的責任を果たすことが可能となる。そして，事業継続のためのマネジメントの仕組みが「事業継続マネジメント」

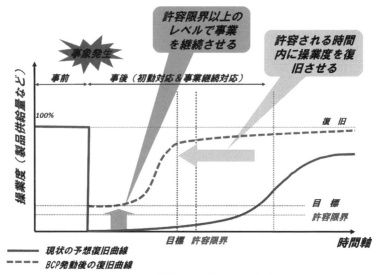

図5-5 事業継続計画（BCP）の概念
出典：内閣府（2005）。

（BCM：Business Continuity Management）と呼ばれる。

　被災により復旧のための資源（人員，設備，資金等）が制限される場合には，全ての事業部門を早期に復旧させることができず，優先的に復旧させる事業や顧客対応を絞り込む必要がでてくる。これは会社にとって「重要な事業・顧客」と「重要でない事業・顧客」を峻別することになり，全社的な視点から経営層が判断しなければならない。

■事業継続計画の特徴

　旧来からある企業の防災計画やリスクマネジメントと，事業継続とは何が異なっているのだろうか。まずリスクマネジメントで扱うリスクとは，日々の軽微な事故から深刻な災害まで，対象とする危機の規模や原因が非常に幅広い。また災害後の対応よりも，むしろ危機が現実化する前に，その危機の発生防止や影響軽減のための対策・準備を行うことを主な目的とする場合が多い。

　一方，従来からある企業の防災計画とBCPは，企業に深刻な影響を与える災害・危機を主な対象としている。ただし両者の目的には違いがあり，従来か

第5章　自治体・企業の災害対応体制の進展と課題

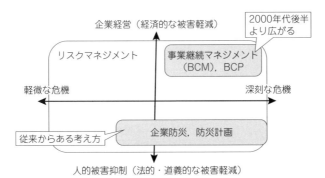

図5-6　リスクマネジメント・企業防災・事業継続の関係
出典：紅谷（2020）。

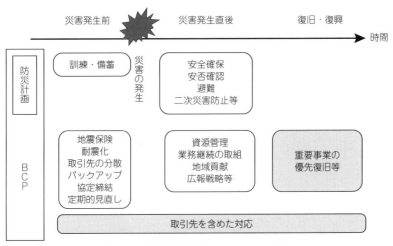

図5-7　事業継続計画に含まれる主な項目
出典：紅谷（2020）。

らの防災計画は法的・道義的な視点から主に人的な被害軽減を図ることを主眼としており，BCPは経営的な視点から被害軽減・早期復旧を進める対策を考えている（図5-6）。現実には，BCPは，従来からの防災計画に書かれている項目を含めた包括的な計画として策定されることが多く，自社・あるいは単独の事業所にとどまらず，取引先を含めたサプライチェーン全体をも対象にしている（図5-7）。

■事業継続力強化計画認定制度

　企業におけるBCPの重要性が認識され，大企業では導入が進んできた。しかし中小企業においては，災害時には外部応援や復旧資金等の不足のため事業継続に困難を抱えることが多いにもかかわらず，BCPの策定が進んでこなかった。そこで，2019年に中小企業強靱化法が制定され，事業継続力強化計画認定制度がつくられた。これは，中小企業の事業継続対策を後押しするため，いわばBCPの入口として事業継続力強化計画の策定を促す仕組みである。中小企業が事業継続力強化計画を策定し，経済産業大臣に認定された場合には，税制優遇や金融支援，補助金の加点などの支援策が活用可能となる。事業継続力強化計画には，「ハザードマップ等を活用した自然災害リスクの確認方法」「発災時の初動対応の手順」「人員確保，建物・設備の保護，資金繰り対策，情報保護に向けた具体的な事前対策」「訓練の実施や計画の見直し」等の記載が条件とされる。

　事業継続力強化計画には，自社のみで作成する「単独型」と複数の企業がグループをつくり作成する「連携型」の2つがある。特に連携型は，サプライチェーンを通じた取引企業や，地域の工業団地・同業者組合，代替生産・相互応援を目的とした遠隔地の同業種企業など様々なパターンがあり，災害時の企業の事業継続に向けて効果が期待される（駒田，2023）。

（4）感染症パンデミックへの対応

　2009年には新型インフルエンザが世界的に流行し，日本でも社会的問題となった。当時，強毒性の新型インフルエンザ発生が警戒されており，それに備えたBCPを策定していた企業が存在していた。実際に発生した弱毒性の新型インフルエンザに対しては，強毒性インフルエンザ向けBCPの一部を適用するなどして対応していたが，対策が過剰になりがちであり，上手く対応ができない事例がみられた。さらに感染防止のため小学校や福祉施設などが休業したため，家庭で子どもや介護が必要な高齢者のケアをすることとなり，従業員の勤務に支障がでることになった。

　この新型インフルエンザの流行は，地震や水害だけでなく様々なリスクに対

第 5 章　自治体・企業の災害対応体制の進展と課題

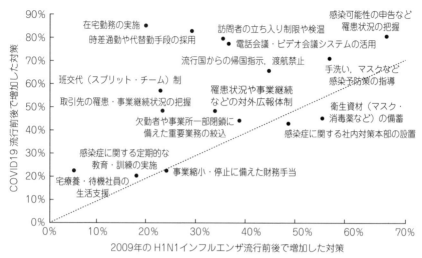

図 5-8　新型インフルエンザ（2009）及びCOVID-19の流行をきっかけに実施された対策
出典：紅谷他（2012），紅谷他（2021）より作成。

して企業が備えるべきという考え方が広がる契機となった。著者が東証一部上場企業を対象とした調査では，2010年時点で約90％の企業が感染症対応計画を策定していた（紅谷他，2012）。政府も，感染症対策への取り組みを進め，2012年に新型インフルエンザ等感染症対策特別措置法が定められた。

そして2020年，日本でも新型コロナウイルス感染症（COVID-19）が流行することになった。当時，事前対策として衛生資材の備蓄を実施していた企業が多かったが，世界的な流行を受けて「マスクや消毒液が入手できなかった」ことを課題とあげる企業が81％と突出して多かった。また，COVID-19流行をきっかけとした対策として，在宅勤務や時差出勤，ビデオ会議など多様な勤務形態が導入されることになった（紅谷他，2021）（図 5-8）。

4　未来に向けた災害対応の課題

（1）オールハザード型のアプローチ

日本の法律では，災害や事故への対応は災害対策基本法（1961年），武力攻撃

への対応は国民保護法（2004年），感染症パンデミックへの対応は新型インフルエンザ等対策特別措置法（2012年），大規模原子力事故に対しては原子力災害対策特別措置法（1999年）と，危機の種類ごとに対応の根拠となる法律が異なっている。平時の所管部局に対応して危機の種類ごとに法律が定められた結果，各法律の対象範囲や業務内容の整理が難しいという課題や，危機の原因が明確でない場合や複合災害の場合に担当が不明確となる課題があった。

　災害の種類ごとに災害対応計画を策定する方式は，世界的には少数派である。2006年，著者が外資系企業の防災体制を調査した際，「危機の種類に関わらず，本社ビルで（あるいは東京で，日本で）ビジネスができなくなった場合」をトリガーとして，その後の対応が定められていた。また，自治体の業務継続計画の策定事例を調査した際，「自然災害での優先業務の選定では，感染症BCPの優先業務を参考とした」，「災害の種類が異なっても，優先業務の多くは同じである」という声が聞かれた。

　震災，水害，原発事故，新興感染症，武力攻撃事態など個別の危機を具体的に想定していくと，計画の種類はどんどん増えていく一方で，想定していない危機に対しては対処計画がなく，対応が遅れることになる。そのため，災害の種類に関係なく対応方法を定めておく「オールハザード型」あるいは「マルチハザード型」と呼ばれるアプローチが注目されている。できるだけ一つの危機管理対応計画でカバーし，その上で個別に対処すべき業務（例えば，水害からの避難計画や新興感染症の流行予防対策）については，個別マニュアルで補完する方向が望ましい。

（2）災害対応担当者の専門職化

　自治体や企業での防災担当者は，通常の人事ローテーションで数年ごとに交替するため，災害対応のノウハウが蓄積されないという課題がある。特に年度当初は，人事異動によって新任職員が担当することもあり，その時期に大災害が発生すれば混乱することは避けられない。また，平時と災害時とでは業務内容が大きく変わるため，災害時に求められる役割や意思決定を十分に果たすことができないことも珍しくない。

第5章　自治体・企業の災害対応体制の進展と課題

　海外に目を向けると，アメリカでは1990年代後半から防災・危機管理には専門家が必要だという認識が急速に広がり，防災・危機管理を扱う大学のコースは1994年の4つから，2006年には141にまで急増した。その理由として，FEMA（連邦危機管理庁）と大学が連携し，専門家の教育カリキュラムを開発するとともに，危機管理の仕事に就くためには資格や研修の受講歴が必要な制度が整えられたことが挙げられる。このように教育・資格制度・ジョブマーケットをセットで考え，防災の専門家を増やしてきた（紅谷，2018）。

　日本の自治体でも，2023年に広島県が「防災職」としての職員採用をスタートさせた。これは日本初の取り組みで，2018年の西日本豪雨の被災経験の教訓から導入した制度である。防災や災害対応を「専門知識，専門能力が必要な業務」と捉えて，人材の採用・育成に取り組む自治体や企業が後に続くことを期待している。

（3）地域内連携・官民連携の推進

　民間企業のBCPでは，サプライチェーン（取引関係の連鎖）を含めた影響把握と業務継続能力の確保が重要なポイントとなる。例えば，「工場での生産」という機能を維持するためには，ガスや電気，水道といったライフライン，燃料，部品等の供給，製造した製品の輸送，販売店の営業などが必要条件となる。

　自治体BCPでも，サプライチェーンの考え方は同じように重要である。被災市町村の災害対応では，国や都道府県が現地対策本部を設置し，応援自治体から人員や物資の支援を受ける。また負傷者や要配慮者の保護では地域の病院・福祉施設と，救助活動や避難誘導では消防団等と，避難所運営では自主防災組織やNPO等と連携が求められる。さらに協定等に基づいて，民間企業に道路啓開やガソリン・物資の供給，物資輸送等を依頼することになる。

　今後の災害対応の発展の方向性として，地域の自治体，企業，防災関係機関等が連携した「地域全体の総合的な業務継続力の向上」が重要なテーマとなる。関係先との連携にまで配慮した事例として，「香川地域継続計画」（District Continuity Plan：DCP）や「鳥取県版業務継続計画策定推進に関する基本方針」

93

などが先駆的な試みといえよう。

　さらに地域外との連携も重要である。自治体においては総務省システムという広域応援の仕組みが構築されているが，企業においても「お互い様BCP」や「連携型事業継続力強化計画」のように，災害時に取引先や同業種の企業との助け合いの仕組みが構築されつつある。将来の発生が心配されている南海トラフ地震のような日本の産業中枢地域が同時被災する巨大広域災害を想定すると，海外の組織との連携までも視野に入れる必要がある（BENIYA, 2021）。

5　未知の事象に備える

　阪神・淡路大震災後の30年で，自治体や企業の災害対応の仕組みは大きな進展を遂げた。その流れを振り返れば，大規模な災害や危機が発生した後，その失敗を忘れることなく教訓とし，より実践的に，そして組織や地域の枠を超えて関係者が協力して災害対応に当たる仕組みを構築してきた。しかし別の見方をすれば，災害の悲劇が起こって初めて課題や問題点に気付き，対策は後手に回ってきたともいえる。2024年能登半島地震でも，「元旦の地震発生」，「大津波警報下での消火・救助活動」「厳冬期の避難生活」「海岸隆起や土砂災害による半島へのアクセス制限」等，初動対応における新たな課題が注目され，これから対策が進められるであろう。

　しかし，本来あるべき姿は，災害による悲劇が発生する前に必要な対策を想定・予測し，備えることである。南海トラフ地震や首都直下地震のような未来の災害では，現在とは異なる社会環境において想定外の事態が発生する可能性が懸念される。災害に不意を突かれるのではなく，いかに先回りして対策を進められるか，今，専門家に問われている。

　　［付記］　本章3節は，紅谷昇平（2020）をベースに編集，修正したものである。

引用・参考文献
貝原俊民（1996）『大震災100日の記録──兵庫県知事の手記』ぎょうせい.

第5章 自治体・企業の災害対応体制の進展と課題

国連防災機関ホームページ（著者が翻訳，要約）
　　https://www.undrr.org/terminology/response
越野修三（2012）「東日本大震災津波――岩手県防災危機管理監の150日」ぎょうせい.
駒田大地（2023）「中小企業の事業継続力の強化に向けた行政等の支援及び企業間連携の可能性～中小企業強靱化法施行による実態と課題の分析～」兵庫県立大学大学院減災復興政策研究科修士論文.
齋藤富雄（2020）「『防災・危機管理』実践の勘どころ」晃洋書房.
下川裕治（1995）「芦屋女性市長震災日記」朝日新聞出版.
地方公共団体における総合的な危機管理体制の整備に関する検討会（2008）「地方公共団体における総合的な危機管理体制の整備に関する検討会平成19年度報告書（都道府県における総合的な危機管理体制の整備）」
内閣府（2005年策定，2009年，2013年，2021年，2023年改訂）「事業継続ガイドライン」
内閣府（2010策定，2016，2023改訂）「大規模災害発生時における地方公共団体の業務継続の手引き」
内閣府（2015）「市町村のための業務継続計画作成ガイド」
兵庫県・震災対策国際総合検証会議（2000）「阪神・淡路大震災震災対策国際総合検証事業検証報告　第1巻〈防災体制〉」兵庫県企画管理部防災局防災企画課震災対策国際総合検証会議事務局
紅谷昇平（2009）「地方自治体の災害対応の要諦――大規模災害時における国現地組織と自治体との連携」『DRI調査研究レポート』21：51-56
紅谷昇平（2012a）「東日本大震災における自治体の業務継続体制の課題と教訓」『平成23年度研究論文・報告集（DRI調査研究レポート）』，53-56
紅谷昇平（2012b）「東日本大震災における経済被害の全体像と連関性」『地域安全学会東日本大震災特別論文集』 1 ：99-100
紅谷昇平（2016a）「自治体BCP基礎講座第1講：有事の機能維持，対応力強化へ――求められる内部の体制整備」『日経グローカル』290：46-47
紅谷昇平（2016b）「自治体BCP基礎講座第3講：国が公表『重要6要素』――BCP構築の第一歩に」『日経グローカル』294：52-53
紅谷昇平（2017）「自治体防災の最前線第4講――自治体にも防災の専門家を　人材育成の仕組み構築が急務」『日経グローカル』308：42-43
紅谷昇平（2018）「減災復興における専門家育成と減災復興政策研究科」『災害に立ち向かう人づくり――減災社会構築と被災地復興の礎』ミネルヴァ書房，253-264
紅谷昇平（2019）「災害対応のガバナンス」『災害から一人ひとりを守る』神戸大学出版会，69-86
紅谷昇平（2020）「企業防災と事業継続」『21世紀ひょうご』28：63-73

95

紅谷昇平（2022）「災害対応」『自然災害科学・防災の百科事典』丸善出版，516-517

紅谷昇平・丸谷浩明・河田惠昭（2012）「2009年の新型インフルエンザ流行に対する大企業の対応——弱毒性新型インフルエンザへの対応実態及び流行前後での事業継続体制の比較」『地域安全学会論文集』18：515-522

紅谷昇平・寅屋敷哲也・生田英輔・西野智研（2021）「新型コロナウイルス感染症流行に対する近畿圏内上場企業の対応実態に関する調査報告」『地域安全学会論文集』39：291-298

BENIYA, Shohei (2021) "Achievements and Challenges of Governmental Human Resource Support System in Japanese Disaster Response for Affected Local Governments in the aftermath of the Great East Japan Earthquake," Journal of Disaster Research,16 (6): 967-971

（紅谷昇平）

第6章

被災経験をふまえた減災まちづくり

1 地域主体の減災まちづくり

（1）地区防災計画の策定機運の高まり

　神戸市中央区港島（ポートアイランド）は1980年代にまちびらきをした人工島である。居住人口は1万3千人を超えるが，すべて集合住宅に居住している。しかし，地域防災計画で避難所指定を受けている施設の収容人数はそれを遥かに下回る。結果として避難指示が発出されたとしても島内の住民全員が避難所への避難行動を取ることは難しい。それらもふまえ，地区の連合町内会（自治連合協議会）傘下に組織された地区防災対策委員会では地区防災計画策定に向けた議論をはじめた。その結果自宅被害が軽微な場合に自宅避難を推奨することとしたが，それに伴う対策を集合住宅単位，そして地区全体で検討している。

　地区防災計画とは，2013年の災害対策基本法の改正で新たに導入された制度である。これまで地域の防災活動は自主防災組織等の共助組織の任意の活動に支えられてきた。とりもなおさず共助の重要性は，阪神・淡路大震災で明らかになったところである。それ以降，全国的に自主防災組織の結成支援が行政によって進められ，いまや人口カバー率は100％に近づこうとしている。一方で形式的な結成によって却って地域防災力が低下しているという見方もある。地域の実情に応じた対策を計画としてまとめ，試行錯誤しながらその質を高めていくことを目指したボトムアップ型の計画が地区防災計画である。全国で徐々に策定数は増加しつつあるが，地区防災計画の要諦は，地域主体であること，住民だけでなく事業者も対象とすることができること，そして行政によって策定される地域防災計画にも反映される可能性が担保されていることである。神

97

戸においても各地で地区防災計画の策定に向けた活動が進められているが，ここでは，阪神・淡路大震災で被災した住民も多く住み続けている地区において，その経験をふまえつつ，どのような減災まちづくりが進められているのかを紹介してみたい。

（2）不足する避難所

　2011年に発生した東日本大震災では想定された収容人数を実際の避難者数が超過することによる避難所不足が発生し，避難を必要とする状況にありながら行政によって準備された避難所での避難ができない被災者が多数発生した。その原因のひとつとして，高層集合住宅の住民が避難所に避難したことが挙げられる。比較的被害の少ないことが想定される高層集合住宅の住民は，少なくとも当日は避難所への避難を行わないものと思われていた。しかし，自宅に居住継続が不可能になるような被害はないものの，度重なる地震への不安やライフラインの停止，家具の転倒による室内空間の確保ができないといった理由で，避難所への避難を選択したと思われる。吉本ら（2012）によれば，仙台市では約3割の住民が避難したとされる。一方で，金ら（2016）によって，仙台市内の分譲集合住宅では，居住継続を行うために約7割の建物で住民の安全確保，および建物・設備の安全面に関する対応が図られたうえで自宅避難が行われたことが明らかとされている。さらに2020年以降の新型コロナウイルス感染症拡大の影響によって，避難所の想定収容人員の見直しを迫られることになった。これまでより余裕を持った空間での避難が必要となるという認識から，従来の収容定員を見直す動きや，感染拡大防止を優先して避難所での受け入れを断る事例なども発生している。

　これらをふまえると，中高層集合住宅が多く立地する地区において地区防災計画を策定しようとする場合，災害発生時，もしくは災害発生の恐れがある場合に住民それぞれがどのように避難行動を取るのかを把握しておくことが，このような混乱を防ぐためには必要となる。実際に風水害時には避難所への避難が唯一の選択肢ではなく，なるべく高い場所で安全を確保する垂直避難が推奨される場合もある。さらに，人口密度が高く，地域防災計画によって指定され

る避難所の収容人員と，周辺に居住する住民の数に大きく乖離がある上に，避難所における空間の余裕を確保することが求められることになれば，災害時の安全確保については，避難所へ移動するのではなく，自宅に留まることを重要な選択肢の一つとして引き続き考えなくてはならない。東京都台東区では，2021年11月に改定した集合住宅防災ハンドブックにおいて，集合住宅居住者が守るべきルールとして，自宅に被害がないことを前提としつつ，自宅避難を原則とすることを謳っている。市古ら（2013）は，事前復興まちづくりの手法を参照しつつ，中高層集合住宅に居住する住民に対して，災害時の自宅生活継続のためのワークショップを実施し，生活支障期の対応シナリオ案を作成するとともに，管理組合や行政との連携によってその有効性の向上が図られることを指摘している。

　しかし，これらの取り組みは，自宅避難を実行する区分所有者の対応について焦点が当てられている。集合住宅単体であれば管理組合が対応の方針を定めたり，災害時の支援活動を統一的に実施することも可能であるが，複数の集合住宅が立地し，更に管理組合も異なっていたり，賃貸住宅がかなりの割合を占める地域において，地区防災計画を地域単位で策定するという取り組み，およびそこで必要な対応策や計画策定手法についてはまだ十分な検討が重ねられてはいない。例えば東京都は地区の不燃化が進み，地区内での大規模な延焼火災の恐れがない場合，広域的な避難を要しない地区として「地区内残留地区」を指定し，避難場所を用意せず，在宅で安全確保に取り組むことを求めているが，そこで地域や建物単位での助け合いによってその避難生活をより現実的な選択肢とするための方策はまだ取り組み途上である。

　そのような状況の中，神戸市中央区港島地区では一から手づくりで計画づくりをすすめてきた。ここからは港島自治連合協議会の地区防災対策委員会の具体的な動きをみてみたい。

2　港島地区の概要

（1）地区の成り立ちと現状

　神戸市港島地区は1966年に開発が着工され，1981年2月に合同完工式が行われた埋め立て地であり，一般的にポートアイランドと呼ばれる地区である。埋め立て及び開発は数期にわたり行われてきたが，Ⅰ期地区は，港湾機能，住宅，国際会議・展示場，商業等の総合的機能を持った海上文化都市として開発された。しかしながら，1995年1月，阪神・淡路大震災が発生し，島全体の50％以上で液状化が発生したり，当時島外とをつなぐ唯一のアクセス手段であり，ライフラインも敷設されていた神戸大橋の被災が生じて孤立状態となったりするなど，住宅の倒壊はなかったものの大きな被害を受けた。その影響もあり，商業施設をはじめとする多くの施設がその後島から撤退したほか，1995年に1万6,965人だった人口は2003年には1万4,000人台にまで落ち込んだ。2021年3月現在，7,361世帯1万3,931人であり，高齢化率は約32％である（住民基本台帳データ）。

　しかしその後，開発が進んだⅡ期地区は，1998年に「神戸医療産業都市」に指定され，さらに2014年には国家戦略特区に指定されたこともあり，現在は国内最大級の医療地域として注目されている。また，2006年には神戸空港も開港している。ポートアイランドの沖合1キロメートルに造成された人工島に設置されたことで空港大橋が架橋され，ポートライナーが複線化し，空港まで伸延している。さらに，2007年には，Ⅰ期地区の西地域が都市再生緊急整備地域に指定され，4つの私立大学がキャンパスを開設したほか，中学，高校も立地し，神戸市有数のキャンパスゾーンが形成されてきた。そして，1991年に着工し，阪神・淡路大震災でも工事中区間には大きな被害がなく工事が継続された港島トンネルは，震災から4年後の1999年7月に開通し，神戸大橋と合わせ，神戸市中心部への複数経路が確保されることになった。

　Ⅰ期地区の竣工に伴い，多くの中高層集合住宅が建設され，分譲，賃貸されている。それらは埋め立てエリアの中央部に立地しているが，このエリアは周

第6章　被災経験をふまえた減災まちづくり

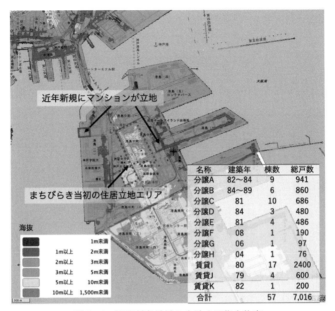

図6-1　研究対象地域と立地する集合住宅
出典：地理院地図をもとに筆者作成。

囲に比べると2メートル程度嵩上げされている。なお，民間開発のものはすべてが分譲住宅であり，そのほかに市営住宅，日本住宅公団（現UR都市機構）による賃貸住宅が立地している。ただし，日本住宅公団は分譲用の集合住宅も建設している。また，近年，Ⅰ期地区のまちびらき当初に集合住宅が立地した周辺や，キャンパスエリア周辺にも新規に集合住宅建設も進み，新たな居住者も増えつつある（図6-1）。

（2）地区防災対策委員会の立ち上げ

Ⅰ期のまちびらきが行われた1981年には，各集合住宅管理組合や自治会，各種団体で「住民の生活と環境を守る」ことを目的に，港島自治連合協議会が組織され，現在まで地区住民の窓口として活発に活動している。この自治連合協議会に，加盟集合住宅や地区の消防団等から島内全体での地区防災計画づくりや防災訓練実施の要請があり，2018年に，港島自治連合協議会傘下の委員会と

101

して港島地区防災対策委員会を設置することが決議された。なお，神戸市では1985年より自主防災推進事業を展開し，概ね小学校区単位で自主防災推進協議会が結成されていた。阪神・淡路大震災の経験をふまえ，1997年からは同じく小学校区を基本単位とし，防災福祉コミュニティが結成されている。防災福祉コミュニテイは神戸市独自の取り組みであり，消防団や自治会，婦人会，PTAなどで構成され，防災活動と福祉活動に協働して取り組むための体制である。震災の教訓をふまえた平時と非常時を一体的に考えた取り組みであるといえる。港島地区では小学校区として港島自治連合協議会がその役割を担ってきたが，今回はその内部に改めて委員会を設置し，より具体的な活動を通じて地区防災計画の策定に取り組むことになった。

その後，防災士や元消防署幹部等の有志でプロジェクトチームを立ち上げ，2018年度1年間をかけて，兵庫県復興支援課，神戸市危機管理室等の防災担当窓口，地元の神戸市消防局水上消防署（以下，「水上消防署」）等とも協議を重ねた。2019年4月に各集合住宅から委員を選抜するとともに，水上消防署にもアドバイザーとして出席を依頼して，正式に港島地区防災対策委員会を立ち上げることとし，2019年1月には活動初年度（2019年度）の事業計画の確認が行われている。なお，新年度を迎える前には，コンサルタントによる助言も受けながら体制を構築している。集合住宅からの委員に関しては，管理組合理事会などから防災担当役員が参加する他，賃貸住宅に関しては，集合住宅内で結成されている自治会の防災担当者が参加している。

当初は9つの集合住宅（分譲7・賃貸2）から18名が参加したほか，港島に立地する水上消防署からも副所長以下数名の参画を得ている。2021年度には近年建設された集合住宅からも委員が参画するようになり，留学生の滞在施設として運営されている一つを除き，島内に立地するすべての集合住宅から委員が選出され，検討をすすめる体制が整えられている。

各集合住宅で独自に取り組む防災訓練のほか，地区防災対策委員会が主催する形で港島総合防災訓練を年一回開催している。訓練では，地区を所管する水上消防署をはじめとする関係機関の協力を得ながら，例えば神戸市水道局が整備した中公園地下の大容量貯水槽からの給水訓練，災害関連技術を開発するべ

ンチャー企業等によるデモンストレーションの実施など，阪神・淡路大震災の経験をふまえ，地区内で独立して対応できるような取り組みを進めている。

しかし，地区防災計画の策定を一つの目的として設置された地区防災対策委員会ではあるが，対象となる世帯数，人口の多さに加え，異なる所有形態や管理規約を持つ集合住宅がすぐに統一した計画を共有し，それを運用することは難しい。そのため，活動にあたっては，長期的な取り組みとすること，そして地域の現状をきちんと把握することから始められることになった。また，委員が各集合住宅に対して取組状況を報告するなどして，住民の多くに状況が共有できるように配慮している。

3　各世帯の災害時安全確保の実態把握

（1）委員会としての活動計画

ここでは，地区防災対策委員会の活動の経緯を整理する。

2019年度は第一期として，毎月第三水曜日に中央区港島地域福祉センターを主会場として様々な議題についての検討が始まった。5月に開催された第二回目の会合では，地区全体の検討を行う前に，管理状況や入居時期，分譲か賃貸かといった，それぞれ異なる状況をきちんと整理するために，全世帯を対象としたアンケートの実施が提案され，委員会としてそれに取り組むことになった。委員会の前半は設問の確認や配布回収の準備などの時間にほぼ充てられたが，年度第四回目（8月実施）には，地区全体の白地図を用いて前年に発生した台風21号における地域での被害状況を共有した。その際，2000年代に建設・分譲された集合住宅について，当初に建設された集合住宅よりも地盤が低く，高潮による島内浸水時に建物周辺にも浸水があったことと，隣接する機械式駐車場にも浸水の危険性があったことから，自家用車を避難させたことなどが明らかとなり，地域内でも災害時の被害が異なっていることを委員会として把握することができている。

表6-1 2018年に起きた災害時の避難

N=1271	大阪府北部地震		台風21号（高潮）	
	回答数	割合	回答数	割合
避難行動の必要はなかった	1108	87.2%	1146	90.2%
必要はあったが行動しなかった	22	1.7%	28	2.2%
避難した	27	2.1%	8	0.6%
無回答	114	9.0%	89	7.0%

（2）全戸を対象としたアンケート調査の実施

① 調査概要

調査対象は地区防災対策委員会に加盟していない1棟を含む港島地区に立地する集合住宅11団地すべてとした。配付対象は7,016である。配付は2019年7月中旬より委員の居住する集合住宅でそれぞれ実施し，8月6日を締切として回収した。配付数は6,567票，回収数1,271票，回収率は19.3%となった。なお，回収率4割を越える集合住宅があった一方で，賃貸住宅Iでは配付数2,073票に対して回収数123票（回収率5.9%）と，賃貸住宅，それも比較的居住年数が短くなりがちな民間賃貸住宅入居者の地区防災への関心の低さが表れる結果となった。

調査内容としては，阪神・淡路大震災の経験，2018年の地震や台風災害における被害状況，普段の備え，自主防災組織への期待などである。

② 在宅避難の実態と懸念事項の把握

ここからは全体の調査結果を整理する。阪神・淡路大震災を現在の居住地で経験したかについては，53.3%が「経験した」と回答をしている。また，この調査は2018年に発生した大阪府北部地震，台風21号（高潮）の発生後に実施したことから，その際の避難行動の有無についても聞いている（表6-1）。どの災害においても避難行動の必要がなかったという回答が約9割と大半を占めている一方で，わずかではあるが，避難の必要があったが避難をしていないという回答や，実際に避難をしているという回答も見られた。ただし，この結果からは，さほど大きな被害が生じない場合，いわゆる水平避難と呼ばれているよ

第6章 被災経験をふまえた減災まちづくり

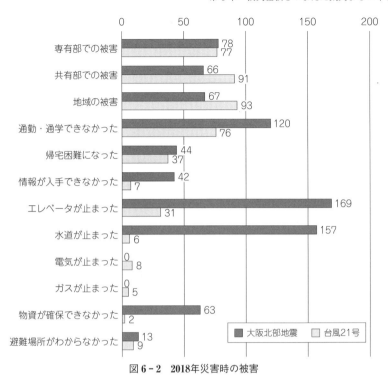

図6-2 2018年災害時の被害

うな，避難場所や避難所への避難行動を取る世帯はさほど多くないことが確認された。

ただし，大阪府北部地震，台風21号によって被害が生じたかどうかについての回答からは，少なからず集合住宅内外で被害が生じていた状況も明らかになった（図6-2）。大阪府北部地震の場合にはエレベータが止まったり，水道が止まったりしたという回答が1割を超えた。なお，若干ではあるが台風21号の際にもエレベータが止まったという回答がある。中高層の集合住宅が多く立地している港島地区において，エレベータの停止は避難行動をはじめとする住居外への移動に大きな妨げとなるが，そこまで大きな被害をもたらさない災害の場合にもそういった事態が生じることが明らかとなった。また，専有部の被害だけでなく，共用部の被害が生じていたことが少数ではあるものの明らかとなった。また，どちらの災害の場合にも，通勤・通学ができなかったという回

105

表6-2　災害時の懸念事項

N=1271	当てはまる	うち最も当てはまる	当てはまる割合
専有部の被害	571	73	44.9%
共有部の被害	429	15	33.8%
食べ物の確保	706	62	55.5%
飲み物の確保	715	54	56.3%
トイレの確保	**881**	**119**	**69.3%**
電源の確保	460	16	36.2%
電話・ネットの確保	634	41	49.9%
情報の確保	463	23	36.4%
常用薬の確保	266	13	20.9%
エレベータの確保	568	51	44.7%
避難所への移動	192	11	15.1%
避難所での避難生活	352	31	27.7%
地域の人との助け合い	253	15	19.9%
通勤・通学・帰宅困難	255	16	20.1%
室内の片付け	233	10	18.3%
駐車場の浸水	167	8	13.1%
港島の孤立	536	84	42.2%

答もある程度みられた。特に大阪府北部地震は発生が通勤・通学時間帯にあたっており，市中心部へのアクセス手段である新交通システムの運行停止などにより住民の移動は大きな影響を受ける可能性があることも明らかとなった。

　続いて，これらの災害を経験しことで，今後不安に感じることがるかという設問については，地震後の心配があるという回答が300票（23.6％），台風後の心配があるという回答が179票（14.1％）となった。災害時の心配事として具体的にたずねた設問への回答を見てみると（表6-2），最も回答の多かったのは「トイレの確保」であり，「当てはまる」と回答したのは約7割となり，「うち最も当てはまる」と回答したのも119票と他の回答に比べるとかなり多い結果となった。それ以外には食べ物の確保，飲み物の確保に関して心配があると

106

第6章　被災経験をふまえた減災まちづくり

表6-3　自宅での災害対策

N=1271	している	割合
食料の備蓄	677	53.3%
飲料水の備蓄	797	62.7%
非常用持ち出し袋の準備	359	28.2%
家具の転倒防止	472	37.1%
避難場所の確認	291	22.9%
家族の連絡先の確認	432	34.0%
要支援者名簿への記載	10	0.8%
自主防災活動への参画	129	10.1%
常用薬の確保	291	22.9%
非常用電源の確保	76	6.0%
非常用トイレの確保	178	14.0%
消火器	275	21.6%
卓上コンロ・ボンベ	474	37.3%
車のガソリン	60	4.7%

いう回答がそれぞれ半数を超えたほか，電源の確保もほぼ半数となった。また，エレベータの停止や専有部の被害に対する心配も4割を超える結果となり，集合住宅に居住する場合の災害時の懸念として特徴的な結果となった。なお，白ら（1999）は，阪神・淡路大震災時のライフライン機能停止時の集合住宅における機能支障について整理しているが，ライフライン停止時に困ったことの第一位として便所洗浄水の確保と回答した割合が45％と最も多くなっており，その当時と変わらぬ状況であることも明らかとなった。

　次に，災害時に対して，自宅ではどのような備えをしているのかについての結果を示す（表6-3）。食べ物の確保や飲み物の確保について心配であるという回答が多かったこともあり，食料の備蓄をしている割合は53.3％，飲料水の備蓄に関しては62.7％となった。一方で，心配事として最も多く回答されたトイレの確保に対応すると思われる「非常用トイレの確保」に関しては14.0％となり，心配ではあるが非常時の備えが具体的には進んでいない実態が明らかとなった。また，家具の転倒防止に関しては37.1％が対応をしているという結果

107

表6-4 自主防災組織への期待と自身ができそうなこと

N=1271	自主防災組織への期待		自分ができそうなこと	
	当てはまる	当てはまる割合	当てはまる	当てはまる割合
初期消火活動	682	53.7%	367	28.9%
避難所への誘導	441	34.7%	266	20.9%
避難所運営	345	27.1%	107	8.4%
安否確認	637	50.1%	493	38.8%
人命救助	414	32.6%	225	17.7%
情報発信・集約	507	39.9%	87	6.8%
行政とのつなぎ役	405	31.9%	46	3.6%
災害訓練の実施	305	24.0%	310	24.4%
防災計画策定	219	17.2%	49	3.9%
専門技術・知識の提供	0	0.0%	40	3.1%

になっている。阪神・淡路大震災の際には，専有部分が倒れてきた家具等で在宅避難をする際に影響があったことがこのような対策へとつながっていることがうかがえる結果となった。非常用電源の確保や，自家用車の燃料をなるべく満タンにしておくといったエネルギーの確保に関してはさほど対応がなされていない現状も明らかとなっている。

　次に，このアンケートの実施主体とも重なる地域の自主防災組織に対する期待に関する回答を整理する（表6-4）。最も多く回答されたのは「初期消火活動」であり，半数を超える結果となった。続いて「安否確認」となっている。また「情報発信・集約」も約4割であるほか，「行政とのつなぎ役」という回答も3割を超えている。一方，自主防災組織が積極的に活動の一環として実施するものに避難所運営訓練があるが，それが想定している「避難所運営」についてはそれらよりも低い結果となっており，自主防災組織として必要と思う活動と，住民が考える自主防災組織に担ってもらいたい役割に若干の齟齬が生じている可能性が示唆された。

　自主防災組織という共助としての役割を担う主体への期待に加え，自身が防災活動や，災害発生後の活動としてできそうなことについての回答結果を同様

第6章　被災経験をふまえた減災まちづくり

に整理すると（表6-4）。最も多かったのが「安否確認」であり，「初期消火活動」がつづいている。また，「災害訓練の実施」に関しても約4分の1が当てはまると回答している。例えば集合住宅における安否確認であれば，災害発生時にカードなどで安否情報を扉に掲示したりする対応が図られたりするが，それらの確認等であれば自主防災組織が主体とならずとも，住民がそれぞれ対応しうる可能性が示唆される結果となった。自主防災組織への期待が高かった「情報発信・集約」や「行政とのつなぎ役」という回答は少なく，自主防災組織への期待も高くはないが「避難所運営」に対する回答もまた少数であった。避難所運営に関しては，地域防災計画などで定められていることもあり，公的支援で運営されると認識している可能性があることがうかがえる。

　これらの結果から，阪神・淡路大震災の被災経験を有する居住者が多くいるものの，その当時の経験もふまえつつ，甚大な被害が生じない場合には避難所へ移動して避難することがあまり多くないことが明らかとなった。在宅で避難生活を送りたい，もしくは送ると考えていると推察できるが，そのための備えとして，自宅に食料や飲料水を備蓄している世帯はそれなりに多いものの，災害時に一番懸念しているトイレの確保につながる非常用トイレの確保はまだ十分に進んでいない状況も明らかとなった。さらには，自主防災組織へは情報発信・集約や行政とのつなぎ役となることが期待されていること，そして避難所運営等への期待はさほど大きくないことも示された。

（3）集合住宅毎の違いに関する整理

　地区全体としての傾向はある程度把握できたが，さらに，集合住宅毎の傾向の差を明らかにして，地区全体の防災対策を講じる前に集合住宅単位での状況把握，および対策の検討を進めることを目的として建物毎の分析を整理する。

　まず，大阪府北部地震による被害状況を表6-5に示す。早期に分譲された分譲A・B，そして公営賃貸住宅Jにおいて「エレベータが止まった」という回答が多くなっている。それ以外にも公営賃貸住宅Jでは水道や電気，ガスなどライフラインに支障が出ている世帯が回答の約2割にのぼっている。一方で2000年代に建設された集合住宅に関しては帰宅困難になったという回答は若干

109

表 6-5　大阪北部地震

	全体	分譲A	分譲B	分譲C	分譲D	分譲E
n	1271	267	166	130	200	161
専有部での被害	6.1%	5.6%	5.4%	13.1%	4.5%	8.7%
共有部での被害	5.2%	2.2%	8.4%	9.2%	4.5%	8.1%
地域の被害	5.3%	5.6%	4.8%	9.2%	4.5%	7.5%
通勤・通学できなかった	9.4%	10.1%	9.0%	12.3%	9.0%	8.1%
帰宅困難になった	3.5%	3.7%	4.8%	3.1%	3.0%	0.6%
情報が入手できなかった	3.3%	2.6%	6.0%	0.8%	2.5%	4.3%
エレベータが止まった	13.3%	**17.5%**	**19.3%**	10.8%	8.5%	13.0%
水道が止まった	12.4%	13.1%	10.2%	**16.2%**	11.0%	11.8%
電気が止まった	0.0%	7.5%	6.0%	8.5%	7.0%	7.5%
ガスが止まった	0.0%	13.4%	3.0%	**15.4%**	7.5%	10.6%
物資が確保できなかった	5.0%	6.7%	4.8%	3.8%	3.5%	5.6%
避難場所がわからなかった	1.0%	1.1%	1.2%	0.0%	0.0%	1.2%

表 6-6　2018年台風21号

	全体	分譲A	分譲B	分譲C	分譲D	分譲E
n	1271	267	166	130	200	161
専有部での被害	6.1%	2.2%	**15.1%**	5.4%	2.5%	7.5%
共有部での被害	7.2%	2.6%	6.6%	8.5%	9.5%	1.9%
地域の被害	7.3%	1.5%	6.6%	3.1%	**10.0%**	5.0%
通勤・通学できなかった	6.0%	6.0%	5.4%	3.1%	5.0%	3.1%
帰宅困難になった	2.9%	1.1%	3.0%	2.3%	4.0%	3.1%
情報が入手できなかった	0.6%	0.0%	0.0%	0.0%	2.0%	0.6%
エレベータが止まった	2.4%	2.2%	6.6%	0.0%	0.0%	0.6%
水道が止まった	0.5%	0.7%	0.0%	0.8%	0.0%	0.0%
電気が止まった	0.6%	0.4%	0.6%	0.0%	0.5%	0.0%
ガスが止まった	0.4%	0.7%	0.0%	0.0%	0.0%	0.0%
物資が確保できなかった	0.2%	0.0%	0.0%	0.8%	0.0%	0.0%
避難場所がわからなかった	0.7%	0.7%	0.0%	0.0%	0.0%	0.6%

多かったものの，建物や設備に関連する被害はほとんど生じていないことがわかる。地震による被害は，建物の築年数や設備の冗長性が影響している傾向が確認できる結果となった。

　続いて，台風21号による被害状況を表6-6に示す。こちらは地震による被害とは対象的な結果となった。新しく建設された集合住宅である分譲F・G・

による被害状況

分譲F	分譲G	分譲H	賃貸I	賃貸J	賃貸C
43	21	28	123	108	23
2.3%	0.0%	3.6%	1.6%	9.3%	0.0%
4.7%	0.0%	0.0%	0.8%	8.3%	0.0%
2.3%	0.0%	0.0%	0.8%	8.3%	0.0%
7.0%	4.8%	7.1%	8.1%	13.9%	0.0%
2.3%	0.0%	7.1%	4.9%	5.6%	0.0%
0.0%	0.0%	0.0%	3.3%	6.5%	4.3%
4.7%	0.0%	7.1%	5.7%	**19.4%**	**26.1%**
2.3%	0.0%	3.6%	7.3%	**26.9%**	13.0%
2.3%	0.0%	0.0%	3.3%	**17.6%**	8.7%
2.3%	0.0%	7.1%	5.7%	**26.9%**	13.0%
0.0%	0.0%	0.0%	3.3%	11.1%	0.0%
0.0%	0.0%	3.6%	1.6%	2.8%	0.0%

による被害

分譲F	分譲G	分譲H	賃貸A	賃貸B	賃貸C
43	21	28	123	108	23
9.3%	4.8%	**10.7%**	1.6%	5.6%	26.1%
34.9%	**61.9%**	**14.3%**	2.4%	3.7%	4.3%
20.9%	**14.3%**	7.1%	8.9%	8.3%	8.7%
16.3%	**14.3%**	**17.9%**	8.9%	3.7%	8.7%
4.7%	0.0%	3.6%	4.9%	3.7%	0.0%
0.0%	0.0%	0.0%	0.0%	1.9%	0.0%
4.7%	0.0%	**14.3%**	1.6%	3.7%	4.3%
0.0%	0.0%	0.0%	1.6%	0.9%	0.0%
0.0%	0.0%	0.0%	3.3%	0.9%	0.0%
0.0%	0.0%	3.6%	0.8%	0.9%	0.0%
0.0%	0.0%	0.0%	0.8%	0.0%	0.0%
2.3%	4.8%	3.6%	1.6%	0.0%	4.3%

Hにおいて，特に共用部の被害が多く発生していることがわかる。また，周辺地域の被害も生じているという回答も多くなっている。実際に2019年度に白地図を用いたワークショップを委員会の活動の一環で実施した際に指摘されていたように，新しく建設された集合住宅の立地が，当初建設された集合住宅のように嵩上げされた土地ではなく，その周辺もしくは海沿いの海抜が低い場所で

表 6 - 7　地震時に心配なこと

	全体	分譲A	分譲B	分譲C	分譲D	分譲E
	1271	267	166	130	200	161
専有部の被害	44.9%	43.3%	45.2%	53.1%	47.5%	55.9%
共有部の被害	33.8%	30.6%	34.3%	36.9%	34.0%	42.9%
食べ物の確保	55.5%	57.1%	45.8%	53.8%	55.5%	54.7%
飲み物の確保	56.3%	52.6%	47.6%	56.9%	59.5%	64.6%
トイレの確保	69.3%	**71.6%**	66.3%	**76.9%**	**71.0%**	**71.4%**
電話・ネットの確保	36.2%	33.6%	31.9%	28.5%	39.5%	37.3%
電源の確保	49.9%	48.5%	48.2%	43.8%	51.5%	53.4%
情報の確保	36.4%	38.4%	29.5%	29.2%	36.0%	41.0%
常用薬の確保	20.9%	18.7%	16.3%	17.7%	20.0%	20.5%
エレベータの停止	44.7%	41.4%	**51.8%**	38.5%	49.5%	42.9%
避難所への移動	15.1%	11.9%	15.7%	8.5%	12.0%	11.2%
避難所での避難生活	27.7%	23.1%	17.5%	26.2%	29.0%	20.5%
地域の人との助け合い	19.9%	17.2%	16.3%	18.5%	19.5%	19.9%
通勤・通学・帰宅困難	20.1%	14.9%	22.3%	17.7%	17.5%	18.0%
室内の片付け	18.3%	17.2%	13.3%	17.7%	16.5%	19.3%
駐車場の浸水	13.1%	4.1%	10.2%	10.8%	11.0%	14.3%
港島の孤立	42.2%	36.2%	39.8%	39.2%	45.5%	39.8%

あり，高潮による浸水の影響を受けやすい状況にあったことが裏付けられる結果となっている。

　また，災害時の心配事に関する結果を表6-7に示す。「トイレの確保」の回答が初期に建設された集合住宅で概ね高い割合を示している一方で，賃貸住宅ではその割合が低い。また，「港島の孤立」を心配事として回答しているのは新規に建設された集合住宅において多く回答されている。大阪府北部地震では一時島が孤立状態にもなり，通学・通勤が困難になった。入居者に実際，通学・通勤している人が多いと推察される新しい集合住宅において，そのことを心配している傾向が強いことが示唆された。

　これらのことから，当初建設された集合住宅では地震において被害が多く発

（集合住宅毎）

分譲F	分譲G	分譲H	賃貸A	賃貸B	賃貸C
43	21	28	123	108	23
46.5%	**66.7%**	35.7%	27.6%	38.0%	30.4%
48.8%	47.6%	28.6%	26.0%	27.8%	17.4%
48.8%	66.7%	60.7%	59.3%	65.7%	52.2%
53.5%	61.9%	57.1%	58.5%	59.3%	43.5%
62.8%	61.9%	**71.4%**	65.0%	63.0%	60.9%
48.8%	57.1%	28.6%	39.8%	38.0%	43.5%
58.1%	**85.7%**	50.0%	50.4%	45.4%	43.5%
41.9%	61.9%	28.6%	36.6%	38.9%	39.1%
11.6%	28.6%	17.9%	26.0%	34.3%	34.8%
23.3%	38.1%	53.6%	40.7%	52.8%	56.5%
20.9%	23.8%	17.9%	22.8%	26.9%	21.7%
34.9%	47.6%	25.0%	35.8%	43.5%	56.5%
16.3%	23.8%	28.6%	23.6%	28.7%	21.7%
25.6%	33.3%	25.0%	22.0%	30.6%	26.1%
14.0%	33.3%	7.1%	19.5%	32.4%	17.4%
34.9%	61.9%	53.6%	12.2%	7.4%	60.9%
55.8%	66.7%	42.9%	53.7%	47.2%	4.3%

生する傾向にあり，新規に建設された集合住宅では風水害による影響を強く受ける可能性があることが明らかとなった。また，高齢入居者が増加し，平日も島内に留まり生活をする割合の高くなっている当初建設された集合住宅に比べ，新規に建設された集合住宅の入居者は市中心部への移動も頻繁であり，ポートアイランドとのアクセスが寸断することによる影響を懸念している傾向が強いことも明らかとなった。港島地区防災対策委員会として包括的，総合的な防災計画を策定しようとしても，災害種別，そして集合住宅毎に置かれている状況が異なるため，その配慮をしていかなければならないことが確認された。

（3）集合住宅カルテの作成による情報共有

アンケートの結果は，複数回に及ぶ地区防災対策委員会での検討を経て，住民に対して2019年10月26日にアンケート集計報告会を実施し，周知を図った。その際，全体の結果を示すだけでなく，各集合住宅の状況を整理し，特徴を整理することの必要性も感じ，初年度の後半はその点についての検討と議論を重ねることになった。各集合住宅の結果に加え，備蓄の状況や住民組織の原状などについて「強み」と「弱み」を整理し，それぞれ委員会で発表を行った。その結果を「集合住宅カルテ」としてとりまとめ，委員会として共有することとなった。委員各自が居住する集合住宅の現状だけでなく，隣接する他の集合住宅がどのような状況にあるのかを把握することは，地区全体での防災対策を考える際に，それぞれの特徴を活かしあった相互扶助の仕組みへとつながったり，対策が十分でない集合住宅への地区全体でのサポートへとつながる可能性があるのではないかという目論見である（図6-3）。

（4）地域おたすけガイド（地区防災計画書）の取りまとめと神戸市地域防災計画への反映

神戸市では，阪神・淡路大震災の教訓をもとに，市内全地区において自主防災組織の役割も担う防災福祉コミュニティが結成されている。防災福祉コミュニティが主体となって，地域の特色を生かした取り組みや，地域おたすけガイド，地域津波防災計画等の作成，大規模災害を想定した総合防災訓練や津波避難訓練などを実施することとされている。港島地区防災対策委員会は，この防災福祉コミュニティとしての自治連合協議会の一委員会として活動をしていることになる。地区防災計画制度の運用に際し，神戸市地域防災計画への反映について，神戸市では「神戸市地区防災計画制度の運用に関する要綱」を定めている。そこでは(1)神戸市防災会議による規定（防コミ連携型）（災害対策法第42条第3項），(2)地区居住者等からの提案による規定（計画提案型）（災害対策基本法第42条の2）の二種類の規定方法を明記しているが，防コミ連携型として，港島での検討結果を反映させるべく，初年度の取り組みの成果として，港島防災福祉コミュニティ地域おたすけガイド（地区防災計画書）が取りまとめられ

第6章　被災経験をふまえた減災まちづくり

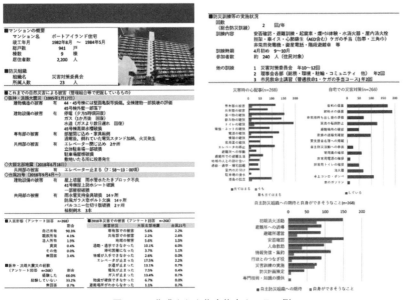

図6-3　作成された集合住宅カルテの例

ている。この地域おたすけガイドはその防災福祉コミュニティの行動指針でもあり，第一弾の地区防災計画書を兼ねている。

内容として，①港島地区について，②港島（ポートアイランド）地区防災対策委員会の成立について，③避難計画について，④初年度地区防災計画の策定活動について，⑤2年次地区防災計画の検討について，資料集，で構成されている。全世帯を対象としたアンケート結果および集合住宅カルテは資料集として組み込まれている。

そのうち，避難計画について触れられている項目で，「この地区の居住形態は集合住宅だけで戸建住宅がないことから，この地区の避難方法は，高層で，堅牢な鉄筋コンクリート建物の自宅避難を原則とする」旨を調査結果をふまえた議論の結果として謳っている。住み慣れた空間での避難の優位性を併記するとともに，その際の自宅での備えの充実を提起している。さらに，自宅での避難が主となる場合，地域防災計画における指定避難所については，他の地区とは異なる運用をすることを念頭に次年度以降の検討を進めることを明記してい

115

る。

　作成された地域おたすけガイドの内容をふまえ，神戸市が毎年6月頃に発行する区毎の「土砂災害・水害ハザードマップ付き　くらしの防災ガイド」の記事面では，港島地区に関しては従来からの指定避難所6箇所が掲載されたことに加え，災害ごとの注意事項の備考欄に，「建物に被害がなければ原則自宅避難」と明記されることになった。アンケート結果や阪神・淡路大震災の経験，そして大阪府北部地震や2018年台風21号災害の住民の対応，そして建物の特徴などをふまえて定めた自宅避難の方針が，間断なく行政の作成する資料に反映されることになった。地区防災計画の地域防災計画への反映としては，地域の実情が両計画で即座に共有されたという点において成果があったといえる。

4　在宅避難を実現するための方策の検討

（1）新型コロナウイルス感染症拡大の影響

　初年度にとりまとめた地域おたすけガイドでは2年次以降の取り組みとして，① 地区総合防災訓練・炊き出し訓練の実施，② 集合住宅防災マニュアルを検討，③ 防災ジュニアチームの発足と育成，を掲げていた。それに沿って2020年度の活動計画を定め，初年度と同様，原則月一回の地区防災対策委員会としての会合を持つ予定であった。地区総合防災訓練は先述のように神戸市における自主防災組織の活動の一環として防災福祉コミュニティによる実施が促されている事業である。実際の内容として，港島地区に立地する中公園の地下に災害時の利用を想定した大容量貯水槽が整備されていることから，その利用訓練および住民への周知などを行うこととして準備が進められる。また，集合住宅防災マニュアルについては，初年度作成した集合住宅カルテを参照しつつ，各集合住宅の管理組合ごとに災害時の在宅避難を前提とした対策の検討，およびそれぞれの防災マニュアルの検討，さらには地区防災対策委員会としての役割を整理することなどとした。なお，防災ジュニアチームに関しては，地区内に立地する公立中学校，私立中学校の有志を対象として，水上消防署や消防団，同じく島内に立地する大学などと連携して各種防災訓練を実施し，その訓練参

第 6 章　被災経験をふまえた減災まちづくり

加者に対して修了証を授与し，それ以降の住民との協働等を図ろうとするものである。

　しかしながら，2019年度末には新型コロナ感染症拡大による緊急事態宣言の発令や，それに伴う公共施設の利用制限などの影響を受けることになった。市からの指示もあり，2020年3月から6月まで会合が開かれず，議論の空白期間が生じることとなった。オンラインでの会合開催も検討はされたものの，委員の自宅における通信環境の問題や，オンライン会議システムへのアクセスができない可能性なども勘案し，結果的には委員長を始めとするリーダーが関連機関と調整などをすることはあったものの，2020年度の地区防災計画のさらなる検討に関する取り組みは先送りされることになった。

　7月の定例会議も開催されなかったこともあり，6月と8月の会合についても，前年度の取り組みの延長（集合住宅カルテに基づく各集合住宅の状況共有）にとどまった。9月の定例会議から改めて2年目の活動が本格化することになったが，水上消防署による市民リーダー研修を実施したり，総合防災訓練の運営についての議論などが行われるにとどまった。その後も総合防災訓練の反省会などは行われたが，自宅避難を前提とした避難計画の詳細を検討するまでには至らなかった。

　その後も，まん延防止等重点措置の発令などによって活動は細切れとなり，結局2年目の活動は，防災福祉コミュニティとして期待されている総合防災訓練の実施や，一般的な自主防災組織としての研修を実施することはできたが，港島地区の特徴をふまえた災害時の避難のあり方をさらに検討することができなかった。しかし，この期間があったことで，自宅避難を原則とする，としたとしても，集合住宅毎にきちんと対応できるのかどうかをそれぞれが改めて検討する時間的猶予になったともいえる。

（2）地区全体の対応策とするための「まねっこ防災」の導入

　結果として，本来2年目の活動として検討しようとしていた内容について，活動3年目となる2021年度に，地域おたすけガイドで次年度以降の取り組みとして掲げていた②集合住宅防災マニュアルの検討が具体的に実施されること

117

となった。なお，第三期となる2021年度も新型コロナ感染症拡大の影響がまだ残っており，活動が本格化したのは7月以降となっている。

　特にⅠ期まちびらきとほぼ同時に建設された集合住宅の中には，地区防災対策委員会の活動に先立って，防災の取り組みを進めていたところもある。委員長の入居する集合住宅では，管理組合内にも防災担当の組織を立ち上げ，防災士の取得や防災マニュアルの策定なども進めていた。一方で，同様の時期に建設された集合住宅の中にもそのような取り組みはまだ行われていなかったり，活動をすすめる中での困難が生じているケースもあった。さらには2000年代以降に建設された集合住宅では，防災担当の委員を確保できないといった課題を抱えているケースもあった。集合住宅だけが立地するとはいえ，その状況は様々であること，そして先行する取り組みの中には参考にすべきことやそのまま導入することができる取り組みもあることが想定された。

　高知県黒潮町では，「まねっこ防災」による防災の日常化が進められている。この先例をふまえ，集合住宅毎の取り組みを共有しつつ，よい取り組みを他の集合住宅が追随できるような取り組みを活動再開時の当初の活動とすることになった。それは，当初計画でも自然災害時には可能な場合に自宅避難をすることを推奨していることも背景としてある。

　それぞれの集合住宅を代表して参加している地区防災対策の委員から輪番制でそれぞれの集合住宅での防災対策を資料などに基づき話題提供してもらう際，黒潮町で用いられている「まねっこ防災」ワークシートを集合住宅のみが立地する地区特性を勘案して加除して再構成した「まねっこシート」を作成，当日の参加者に配布し記入してもらうこととした。黒潮町の「まねっこ防災」ワークシートでは映像を視聴して印象に残ったことを記入した上で，真似のできそうなポイントとして，テーマ，内容，対象者，準備物についてそれぞれ記入するものであるが，「まねっこシート」では① 安否確認の方法，② 役員選定の方法・委員会活動，③ 防災備蓄等の管理・活用，④ 情報伝達・共有，⑤ 居住者意識の向上，⑥ 他組織との連携など，⑦ 防災訓練の内容，⑧ その他，を設定した。

　集合住宅と一口に言っても，完成年，棟数，商業機能の有無，エレベータの

停止階の設定など，まさに多種多様であり，それに応じて集合住宅毎の取り組みも千差万別である。毎月開催される委員会の場で2つの集合住宅から話題提供をしてもらい，まねっこシートを参加者全員で記入，その結果は次回の会議冒頭で振り返りを兼ねて共有している。

その中で，防災対策に取り組む委員の人選を上層階，低層階に分けて階段室でユニット化するとともに，そこでは事情の如何は勘案せず数回の説明を経て輪番制で行う事例や，人数は少ないものの，真剣に対策を検討する委員を選定し，任期を設けず，実効性の高い対策かつ，マニュアル的に行動が可能な状態になってから幅広い人選を図る取り組み等，これまで「なんとなく知っていた」取り組みの特徴が共有され，それが自分の居住する集合住宅の課題解決に生かされる，という動きが徐々にではあるがみられるようになった。特に，集合住宅で作成している管理組合としての防災マニュアルに関しては，その雛形を手に入れて他の集合住宅のマニュアルが作成されてもいる。さらには，ここでの気づきをふまえて他の関連機関からの支援を受けて集合住宅の防災計画を策定する動きも生まれている。また，最後に加入した集合住宅は入居者の世帯構成が若く，情報共有などにSNSを積極的に導入しており，その事例を他の集合住宅にも展開していこうという機運が生まれている。2004年新潟県中越地震の被災地では「地域復興交流会議」が開催され，そのことによって集落間の協働や連携が図られる契機となったとされているが，それと同様の効果が生まれつつある。「まねっこ防災」の導入の成果は，個人や世帯のみだけでなく，こういった同様の居住形態を有する集合住宅間の取り組みの質的向上にも寄与する可能性が示唆されている。

（3）在宅避難に欠かせないトイレ対策の検討

自宅避難を原則とする方針を提示し，それが神戸市の地域防災計画にも反映され，市が発行するくらしの防災ガイドにも明記されることになったが，一方で入居者の災害時の不安としてトイレの確保があげられている。例えば災害時に水道供給が途絶したり，建物内の排水管に損傷があれば，水洗トイレを普段どおりに利用することはできない。トイレの確保ができなければ自ずと自宅避

難を継続できる時間には制約がかかることになる。

　これらのことが3年目の活動においてまねっこ防災の考え方を援用して実施してきた各集合住宅の取組状況報告を続ける中で改めて重要な課題であることが認識された。そこで，従来の活動計画に加え，それをより実現可能性の高いものにするために災害時のトイレ機能を集合住宅でどのように進めればよいのかの検討を行うことになった。

　その際，参照したのが（一社）空気調和・衛生工学会集合住宅の在宅避難のためのトイレ使用方法検討委員会が取りまとめている「集合住宅の「災害時トイレ使用マニュアル」作成の手引き」(2020) である。定例の地区防災対策委員会でこの資料を配布した後，その要点を整理，それぞれの集合住宅で取り組むべきことを明らかにした。水道供給が続いていたとしても，特に地震による揺れの影響で排水竪管の損傷や，下水道への接続部分で障害が発生していることも想定されることから，それらの被害状況の把握が必要であることが明らかとなった。

　初期に建設された集合住宅は管理組合ごとに複数の建物が立地していることで，確認箇所は膨大になるばかりか，建物敷地内の排水系統の把握も大きな労力が必要であることが明らかとなるとともに，それらの被害状況の把握なしにトイレを使おうとする場合，非常用トイレ袋などを利用し，階下に流さないことを周知する必要性も明らかとなった。ここでもまねっこ防災の考え方が踏襲され，先行してマニュアル案の作成や敷地内での設備状況に関する図面を手に入れた集合住宅から情報提供が行われている。

　地域おたすけガイドを作成し，最初の地区防災計画書としたあとの取り組みは，まだ全体計画への整理が行われていない。しかし自然災害発生時に，自宅に被害がない場合は自宅避難とする，とした地区防災計画としての取り決めが実際の災害時に機能し，それが被害の軽減や避難生活環境の向上につながるための取り組みが着実に積み重ねられているといえる。

（4）実効性の高い地区防災計画への発展に向けて

　2019年度より検討が始まった港島地区防災対策委員会による地区防災計画策

定への取り組みは，途中，新型コロナ感染症拡大の影響を受けたものの，自宅避難を原則とすることを決定し，そのために必要な対策を集合住宅単位で進めていくことで実効性の担保を進めていく取り組みへとつないでいる。

次年度以降に向けた取り組みとしては，集合住宅毎では対応しきれない対策について，地区防災対策委員会（防災福祉コミュニティ）としてどのように対策を講じていくかを改めて検討することになる。その準備として，釜石（2020）によって整理されている「標準スマート防災シート」を参考に，集合住宅単位で取り組む事項とその時期を整理した上で，どの段階から地区防災対策委員会として地区全体を視野に入れた対応を図るべきかについての検討が始まっている。その過程において改めて集合住宅毎の対策をより実効性の高いものにしていく必要性と，全体で対応の統一を図るべきことなどの精査が進められつつある。港島地区における地区防災計画はあくまでも地区全体を対象として策定が進められており，これらの検討が進むことで，共助の仕組み，そして公助との連携のためのツールとして機能することになるだろう。

5 震災の経験をよりよい減災まちづくりへとつなぐ

2013年の災害対策基本法の改正によって地区防災計画制度が施行されてから，現在まで様々な地区で策定に向けた動きが進んでいる。地区防災計画の対象範囲も，行政区単位であったり，学校区単位であったり，そういった既存の境界を超えた連携によるものなどもある。集合住宅単位での取り組みも増えつつある。特に分譲集合住宅の場合，区分所有者でもある入居者によって構成される管理組合が防災対策を検討する場としても機能する可能性があるため，コミュニティの形成が難しい居住形態でありながらも，検討が円滑に進む可能性もある。今回は，そういった分譲集合住宅だけでなく，賃貸集合住宅や公営住宅などが立地する人工島で，すべての住民を対象とした地区防災計画策定の取り組み過程を整理した。この一連の検討過程によって，複数の管理主体から構成される集合住宅が存在する場合には，原則としての避難形態を定めることはできるものの，そういった方針を実現するためには，検討単位を集合住宅（管理組

合）単位にした上で，それぞれの取り組みのいいとこ取りができるような共有の場を設けること，そして全体の課題となる課題については，既存のマニュアル等を全体で研究した上で，またそれぞれの集合住宅での対応の検討へと還元していくことの有効性が明らかとなった。

　集合住宅が多く立地する地区では，人口密度も高く，結果として地区内の指定避難所の収容力では多くの住民が避難所での避難を行った場合には飽和状態となる。新型コロナ感染症の影響で，感染防止にも気をつけた場合，これまで以上にその収容力は低下するため，安全を確保する避難の形態についてその選択肢を増やすことが求められる。集合住宅はその構造上，風水害では比較的自宅避難で安全を確保しやすいほか，地震災害でも避難空間として自宅が機能する可能性もある。自宅に留まることが見えない被災者を生み出すのではなく，本当に避難が必要な人への対応を適切に行うことにつながること，そして自宅避難が避難生活の質の確保において優位になりうることを，検討を重ねることで担保することが必要となる。その際に，月に一度，定期的に開催される地区防災対策委員会という場が有効に機能することも明らかとなった。集合住宅毎の取り組みを共有し，まねっこする機会になるのはもちろん，定例で実施されているため，取り組みに関心を持った防災福祉コミュニティを構成する他の組織がその場に参加することで取り組みの状況を把握したり，連携の可能性を探る契機としても機能している。その点を鑑みると，地区防災計画の策定を活動目標として，その策定終了とともに活動が停滞するよりも，オープンエンドな議論を通じて，いくつかの区切りでその段階での地区防災計画をまとめ，その過程で浮上した新たな課題を継続して検討する，というまちづくり的なプロセスの採用は，類似する居住環境に見えつつも，細かな違いがあるような今回の地区などでは有効に機能する可能性が高い。一方で，取組状況は委員を通じて各集合住宅の住民に共有されていることになっているが，その点はまだ不十分であり，計画の内容を地区全体で実践するためには，総合防災訓練の内容等を見直していく必要もある。

　また，今回の検討過程においては，賃貸集合住宅や公営住宅の有効な取り組みへは十分に展開が進んでいない。特に賃貸住宅の場合には建物所有者と入居

第6章　被災経験をふまえた減災まちづくり

者との関係なども整理する必要があるが，分譲住宅での取り組みを先行させつ
つ，その経験を賃貸集合住宅の取り組みにつなげていくことが必要となる。

引用・参考文献

市古太郎・讃岐亮・中林一樹・吉川仁（2013）「中高層分譲集合住宅での「自宅生活
　　継続に備える」ワークショップ手法の開発」『地域安全学会論文集』21：71-79.
釜石徹（2020）『マンション防災の新常識』合同フォレスト.
金秀蘭・北後明彦（2016）「集合住宅における地震発生後の居住者の生活継続を規定
　　する要因に関する研究──東北地方太平洋沖地震時の仙台市内の分譲集合住宅の
　　対応事例分析」『日本建築学会計画系論文集』81(721)：541-550.
（公社）空気調和・衛生工学会　集合住宅の在宅避難のためのトイレ使用方法検討小
　　委員会（2020）「集合住宅の「災害時トイレ使用マニュアル」作成手引き.
高知県黒潮町（2022）「地区防災計画入門シリーズ「まねっこ防災」のアプローチ」
　　https://www.town.kuroshio.lg.jp/pb/cont/jouhoubousai-osirase/28854（2022年5
　　月1日）
高知県黒潮町（2022）「「まねっこ防災」ワークシート　個人ワークシート」
　　https://www.town.kuroshio.lg.jp/img/files/pv/sosiki/2021/08/worksheet_
　　manekkobousai.pdf（2022年5月1日）
神戸市危機管理室計画担当（2022,）「神戸市における地区防災計画制度の運用」
　　https://www.city.kobe.lg.jp/a46152/shise/kekaku/kikikanrishitsu/plan/
　　tikubousaikeikaku.html（2022年5月1日）
神戸市建設局防災課（2022）「くらしの防災ガイド　中央区2021年度版」
台東区総務部　危機・災害対策課（2011）「集合住宅防災ハンドブック　令和2年度
　　版」
白珉浩・佐土原聡・村上處直（1999）「ライフライン機能停止による集合住宅での機
　　能支障とその対応に関する研究──阪神・淡路大震災におけるポートアイランド
　　の実態調査と分析」『地域安全学会論文集』1：119-124.
港島地区防災対策委員会（2020）「港島防災福祉コミュニティ　地域おたすけガイド
　　（地区防災計画書）」
　　https://www.city.kobe.lg.jp/documents/10832/chuouminatojima.pdf（2022年5
　　月1日）
吉本和城・糸井川栄一（2019）「1　大地震時のマンション防災における行政支援の課
　　題の調査──住民の安全な在宅避難に向けて」『地域安全学会論文集』35：97-
　　105.

（澤田雅浩）

第7章

災害復興公営住宅における
共助の仕組みづくり

1 災害復興住宅のこれまでとこれから

阪神・淡路大震災後の被災者への住宅供給において，災害復興公営住宅は大きな役割を果たした。特に，自力再建が困難な数万人の被災者に対して，比較的短期間で住居を提供することができた（越山，2003）。他方で，画一的で大規模な高層高密の住宅団地を生み出した（檜谷，2005）ことは，住民の居住環境やコミュニティに少なからぬ課題をもたらしている。また，避難所→仮設住宅→災害復興公営住宅という「単線型住宅復興」（塩崎，2009）の住宅再建のプロセスの中で，選択肢を持たず，縁もゆかりもない災害復興公営住宅への入居を被災者たちは受け入れた。災害復興公営住宅の居住者は，元々住んでいた場所から離れて入居することになったことから，知り合いがほとんどいない居住地で，新たに人とのつながりを築き地域コミュニティを形成していかねばならない環境に身をおくことになったのである。そのような環境の中で，地域コミュニティ内で人間関係を築くことが難しかった住民の孤立や孤独死が問題となった。

災害復興公営住宅には，経済的，社会的に困難を抱える高齢者が多く入居することになるため，高齢者の見守りや共助の基盤となる地域コミュニティの形成を支援することを目的として，様々な施策が講じられてきた。しかし，震災から時間を経て，行政による支援は削減される一方で，地域コミュニティの問題は解決されないままであり，加えて新たな問題が生まれている。

高齢化と単身世帯，あるいは高齢者だけの世帯が増加していることが問題と

124

第 7 章　災害復興公営住宅における共助の仕組みづくり

されてきたが，近年は非被災者である新規住民の割合が増えてきたことも，新たな課題を生んでいる。被災経験を有する住民と新規住民とが協力して，地域活動や自治に取り組むことが期待されるが，今のところ期待通りになってはいない。他方で，新規住民の増加で，高齢化率はやや減少傾向にあり，若年層の居住者が増えていることは支え手となりうる住民の増加を意味する。しかし，地域コミュニティに関わりたい若年層が少なく，地域の担い手不足問題はより深刻になってきている。

　阪神淡路大震災から30年を迎えて，災害復興公営住宅における高齢者等の見守りと地域コミュニティ再形成の必要性が高まっている。本章では，災害復興公営住宅の現在から，地域コミュニティの課題を整理する。さらに，災害復興公営住宅における高齢者の見守りや地域コミュニティの形成の解決策の糸口を探ることで，地域コミュニティにおけるこれからの共助の仕組みづくりについて考える。

2　阪神・淡路大震災後の災害復興公営住宅整備と支援策

（1）災害復興公営住宅の整備

　ひょうご住宅復興 3 カ年計画（平成 7 年 8 月策定，平成 8 年 8 月改訂）のもと，3 万8,600戸の災害復興公営住宅等の供給が計画され，4 万1,963戸が建設された（平成11年12月実績）（兵庫県まちづくり部，2000）。災害復興公営住宅整備の整備においては，「恒久住宅への移行のための総合プログラム（平成 8 年策定）」に示されたように，i）高齢世帯とそれ以外の世帯が共に居住できる混在型の住戸配置，ii）高齢者等への配慮，iii）地域コミュニティ形成の促進等の 5 つの方針が打ち出された（檜谷，2005）。高齢者等に配慮した災害復興公営住宅等の整備では，i）高齢者向け仕様住宅の整備，ii）シルバーハウジングの整備，iii）コレクティブハウジングの思想を生かした災害復興公営住宅の整備の推進を図ることが示された（兵庫県，1996）。建設された災害復興公営住宅の一覧を表 7-1 に示す。100戸以下の小規模住宅から，500戸を超える大規模住宅までそれらの規模は様々である。

125

表7-1 兵庫県内の災害復興公営住宅一覧

	団 地 名	所在地	住 戸	シルバー	高齢者	コミュニティプラザ (㎡)
神戸地区	魚崎南高層住宅	東灘区	130	30	40	100
	脇の浜高層住宅	灘 区	253	117	36	198
	灘の浜高層住宅	灘 区	286	90	56	200
	岩屋北町高層住宅	灘 区	64	50	5	117
	南本町高層住宅	中央区	75	63	4	134
	大倉山高層住宅	中央区	510	222	105	233
	明和高層住宅	兵庫区	226	92	22	156
	西尻池高層住宅	長田区	116	92	12	130
	片山住宅	長田区	6	6	—	—
	白川台東高層住宅	須磨区	89	27	—	105
	小束山高層住宅	垂水区	144	28	16	150
	木幡鉄筋住宅	西 区	33	—	—	—
	玉津今津高層住宅	西 区	112	28	6	126
	伊川谷第2高層住宅	西 区	290	96	12	105
	鹿の子台南鉄筋住宅	北 区	150	—	—	80
	神戸地区小計		2,484	941	314	
阪神地区	尼崎水堂高層住宅	尼崎市	414	270	88	300
	尼崎金楽寺鉄筋住宅	尼崎市	71	32	22	111
	西宮浜高層住宅	西宮市	550	116	96	200
	西宮樋の口鉄筋住宅	西宮市	21	12	6	—
	南芦屋浜高層住宅	芦屋市	414	120	83	246
	伊丹南町高層住宅	伊丹市	249	30	36	154
	伊丹西桑津高層住宅	伊丹市	270	60	21	156
	宝塚安倉南住宅	宝塚市	72	15	—	104
	宝塚切畑住宅	宝塚市	180	—	10	145
	宝塚泉町鉄筋住宅	宝塚市	40	15	—	—
	宝塚福井鉄筋住宅	宝塚市	30	23	—	—
	川西清和台東高層住宅	川西市	112	29	—	102
	川西下加茂高層住宅	川西市	352	60	46	217
	阪神地区小計		2,775	782	408	
東播地区	明石大久保住宅	明石市	21	—	—	—
	明石清水第2高層住宅	明石市	284	66	4	150
	加古川粟津鉄筋住宅	加古川市	25	—	—	—
	加古川河原鉄筋住宅	加古川市	90	30	—	100
	高砂松波町高層住宅	高砂市	100	19	—	110
	東播地区小計		520	115	4	
淡路地区	津名中田鉄筋住宅	津名郡	60	34	—	99
	北淡育波鉄筋住宅	津名郡	20	—	4	—
	北淡浅野南鉄筋住宅	津名郡	65	20	—	100
	一宮北山第2鉄筋住宅	津名郡	20	16	—	—
	一宮尾崎鉄筋住宅	津名郡	21	9	—	(49.68)
	五色都志鉄筋住宅	津名郡	20	12	—	(32.58)
	東浦久留麻鉄筋住宅	津名郡	20	12	—	(56.64)
	緑倭文鉄筋住宅	津名郡	24	—	—	—
	淡路地区小計		250	103	4	
その他地区	三田武庫が丘高層住宅	三田市	305	—	—	154
	姫路家中高層住宅(II期)	姫路市	24	—	—	—
	加美寺内住宅(II期)	多可郡	18	—	—	—
	篠山乾新町鉄筋住宅	多紀郡	21	—	—	—
	その他地区小計		368	0	0	
	合 計		6,397	1,941	730	

第7章　災害復興公営住宅における共助の仕組みづくり

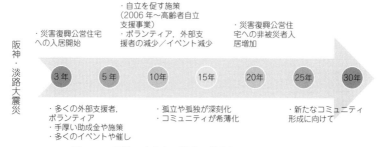

図7-1　阪神・淡路大震災後の災害復興公営住宅の経緯
出典：筆者作成。

　災害復興公営住宅の建設が進み，阪神・淡路大震災の発生から3年を迎える頃には，多くの公営住宅への入居が進んだ。災害復興公営住宅への入居が始まってからの約25年の経緯を図7-1に示す。団地びらきが行われた当時は，仮設住宅から恒久住宅にやっと移住することができた住民の喜びが満ち，復興イベントが開催されたり，外部支援者やボランティアが訪問して茶話会やイベントを開催したりするなど，団地には活気が溢れていた。しかし，時間の経過とともに，被災者の自立が促されるようになり，イベントの開催や外部支援者・ボランティアの訪問が減っていく中で，団地の問題が明らかになってきた。隣家の声や音が筒抜けの仮設住宅と異なり，立派な鉄骨建ての集合住宅は静かでプライバシーが保てる代わりに，"鉄の扉"は周囲の人の気配を断ち切った。人付き合いのストレスが減る一方で，人と人のつながりを深めることは難しく，新しい地域コミュニティに馴染めない住民は孤立し孤独を感じるようになる。孤独死は災害復興公営住宅における大きな社会問題として取り上げられるようになった。そこで住民同士で支え合う地域コミュニティづくりの重要性がより一層増すことになる。

（2）災害復興公営住宅における地域コミュニティ支援策

　災害復興公営住宅では，高齢者の見守りや自立支援，地域コミュニティ形成支援のための場が整備され，災害期により変化する入居者の状況に合わせて，高齢者の見守りと自立支援に関する施策が講じられた（図7-2）。災害復興公

127

```
1  復旧期（H7～H9）
① シルバーハウジングのある災害復興公営住宅の整備に伴うLSAの本格的配置
② 民生委員の定数増による見守り体制の強化とコミュニティ活動への支援
③ ふれあいセンターやコミュニティプラザの設置
2  復興初期（H10～H11）
① 被災高齢者自立生活支援事業を活用したLSAによる災害復興公営住宅におけるコミュニ
   ティづくり
② 民生委員のさらなる定数の増と緊急連絡カード（安心カード）の交付
③ 保健師による要フォロー高齢者に対する家庭訪問，健康相談
3  本格復興期（H12～H16）
① シルバーハウジングのない災害復興公営住宅等への見守りを強化するためSCS制度の創設
② 老人クラブ活動強化事業による地域における見守り活動の支援
③ まちの保健室による声かけ訪問活動
④ 緊急通報ペンダントの配布やそれに代わるガスメーターの遠隔検針等のITを活用したシス
   テムの導入
4  復興後期（H18～）
① 高齢者自立支援ひろば：災害復興公営住宅の空き住住戸やコミュニティプラザ等に，地域
   の見守りグループや自治会等と連携し常住型の見守りを始めとした多様なサービスを提供
② 地域コミュニティ支援事業：高齢者自立支援ひろばの持つコミュニティ支援機能を強化す
   ることにより，高齢化の進展により疲弊したコミュニティの再活性化を図る
```

図7-2　高齢者の見守り支援

出典：松原（2005）を筆者加工。

営住宅への入居が始まった時期は見守り体制が手厚かったが，震災後10年頃から
らは，自立を促す施策や地域コミュニティを支援する施策へと移行していった。
以下に，施策の経緯を示す。

　まず，災害復興公営住宅には，LSA（生活援助員）やSCS（高齢世帯生活援
助員）があんしんすこやかセンター（地域包括支援センター）に配置された。
生活援助員は，災害復興公営住宅の高齢入居者の見守りや生活支援に大きな役
割を果たした（松原，2005）。しかし，阪神・淡路大震災復興基金が枯渇し，
2017年には神戸市を除くほとんどの市町で復興事業としてのLSA事業やSCS
事業が終了した。最後まで継続した神戸市も，2021年には復興支援としての同
事業を終了し，その後はシルバーハウジングにおける生活援助員や，被災者に
限定しない「介護予防・日常生活支援総合事業」の枠組みの中で，高齢者の見
守りや生活支援が行われている。

　災害復興公営住宅には，震災前に様々な場所で居住していた住民が居住する

第7章　災害復興公営住宅における共助の仕組みづくり

図7-3　コミュニティプラザの例

ことになったことから，互いをよく知らず，地域コミュニティも新たに形成されなければならなかった。地域コミュニティの形成を支援するために，行政は多様な施策を講じたのだが，まず地域コミュニティサポート連携促進事業として，NPO・ボランティアグループが新しい地域コミュニティの担い手となるような交流事業支援が行われた。また，いきいき仕事塾（地域型）では災害復興公営住宅等を含む小地域に密着して趣味の講座が開催されたが，これは地域コミュニティを担う人材の発掘と受講を通して地域の住民同士の交流促進の場となった。2006年には高齢者自立支援広場が災害復興公営住宅の空住戸や地域コミュニティプラザ（図7-3）等に開設され，地域主体の新しい高齢者の見守りシステムの構築を目指した。同ひろばは，見守り，健康づくり，地域コミュニティ支援，支援者のプラットフォームの場としての機能を持ち（図7-4）（復興フォローアップ委員会，2009）、交流や活動を支援するための地域コミュニティ支援アドバイザーが配置され，地域コミュニティ支援の業務指導とスタッフによる相談対応が行われた。これらの施策は主に，地域コミュニティ形成のための交流の仕組みづくり支援である。

　地域コミュニティ形成の場として，集会所が災害復興公営住宅の各棟に，コミュニティプラザが比較的大規模な災害復興公営住宅に設置された。特に，コミュニティプラザは，リビングや大きめのキッチン等の設備が整えられ，住民の団らんや茶話会などの交流，趣味のサークル等の活動を促進する場として提供された。また，地域コミュニティを形成する上で核となる組織である自治会の立ち

129

```
┌─ 高齢者自立支援ひろばの事業概要 ──────────────────┐
│                                                          │
│ ○設置場所：災害復興公営住宅の空き住戸やコミュニティプラザ等    │
│ ○ "ひろば" の運営：市から社会福祉法人，NPO法人等へ委託      │
│ ○ "ひろば" の４つの機能                                   │
```

見守り機能	・ひろばを置く住宅の常駐型見守り，緊急時の対応 ・近隣の災害復興公営住宅等への巡回型見守り
健康づくり機能	・まちの保健室，ミニデイサービス，会食サービス ・料理教室など趣味の講座などの生きがいづくり事業
コミュニティ支援機能	・ふれあい喫茶，花見・夏祭りなどの季節行事，映画会など，住民同士の交流を促進しコミュニティの形成に資する事業
支援者のプラットフォームの場	・高齢者，その他の住民，支援者，専門職等の連絡会議などの情報交換の場 ・福祉相談会や情報誌の発行など高齢者への情報発信

図7-4　高齢者自立支援ひろばの事業概要

上げが促進され，集会所などを活用した自治活動にも助成が行われた。地震から10年が経過して復興に向けた動きが本格化する頃，自治会活動や地域コミュニティ活動が停滞しはじめ，高齢者の自立促進や地域コミュニティの活性化のための地域コミュニティ支援事業が強化された（図7-4）。さらに，LSAは地域コミュニティ形成支援も行っており，立木の研究によって，LSAが団地活動の活発化にも効果的であったことが示されている（神戸市社会福祉協議会，2008）。

　これらの入居者の見守りや生活支援に関する行政サービスをはじめとする多くの復興事業は，復興基金が枯渇した2020年頃までに終了した。

3　災害復興公営住宅の現状

（1）住民の高齢化と新たな住民

　災害復興公営住宅では，震災後の入居当初から高齢者の割合が高く，住民の高齢化率は54.6％（令和5年時点）で，その差は縮まってきているとはいえ，一般の県営住宅と比較して10％以上高い。単身高齢世帯の割合も50％を超えており，一般県営住宅と比較すると15％以上高い（図7-5）。そのため，住民の孤立や孤独が社会的な問題として取り上げられてきた（額田，2013）。高齢化率，

第7章 災害復興公営住宅における共助の仕組みづくり

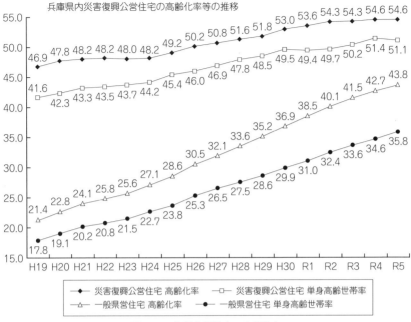

図7-5 復興公営住宅の高齢化率

出典：兵庫県（2024）。

　単身高齢者世帯率は日本全体で高くなってきており，孤立や孤独死といった問題は，災害復興公営住宅に限定された問題ではない。しかし，災害復興公営住宅の高齢化率は日本の高齢化率の約3割よりはるかに高く，それらの問題についてより深刻に捉える必要がある。

　他方で，入居世帯は団地びらき当時とは大きく様変わりしてきた。災害復興公営住宅への入居が始まった頃は入居者全員が被災者であったが，2019年にはその割合が50％を下回っている（図7-6）。すなわち，新規入居者数が被災住民を上回り，今後はその割合がますます高くなることになる。

（2）災害復興公営住宅における問題——HAT神戸なぎさ地区を例に

　大規模な災害復興公営住宅の一つが立地するHAT灘の浜は，UR賃貸住宅7棟（1,020戸），市営住宅3棟（610戸），県営公営住宅3棟（285戸）で構成

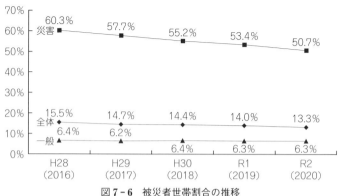

図7-6 被災者世帯割合の推移

出典：兵庫県（2024）。

されている。海岸通をはさんだ海側には民間分譲住宅群があり，HAT灘の浜と合わせてなぎさ地区と呼ばれている。灘の浜団地への入居が始まった1998年当時は，団地の住民のほとんどが被災者で（団地びらきがあった1998年から20年間は，UR賃貸住宅が借り上げ公営住宅として使用された），多くが元の居住地から離れたHAT神戸に移住してきた住民であった。慣れない場所での生活，元の地域コミュニティとは異なる人々との新たな地域コミュニティの形成など，被災者にとっては大きな負担となったに違いない。また，災害復興公営住宅の入居者は，自力再建が困難な高齢者が多かったことから，元々高齢者の割合が高かった。阪神・淡路大震災から30年が経ち高齢化がさらに進み，高齢者の見守りの必要性は高まっている。他方で，公営住宅の新規住民の入居率も5割を超えてきており，既存住民と新規住民の地域コミュニティ形成という新たな課題も浮かび上がってきた。行政は，地域の担い手となることを期待して公営住宅に一定割合の若年子育て世帯の入居を確保するなどの策を講じているが，若年層が入居しただけでは十分だとはいえず，その成果を得るためには地域での働きかけが必須である。

　災害復興公営住宅における現状や課題を明らかにするため，HAT灘の浜及びなぎさ地区を対象に，質問紙調査が2020年11～12月に実施された（灘区社会福祉協議会が実施主体，兵庫県立大学大学院減災復興政策研究科馬場研究室が協力）。配布方法は，調査員によって質問票が全戸に配布され，回答は郵送や

第7章　災害復興公営住宅における共助の仕組みづくり

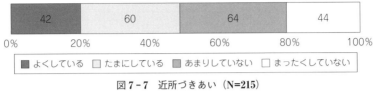

図7-7　近所づきあい（N=215）

図7-8　共助の活動（N=215）

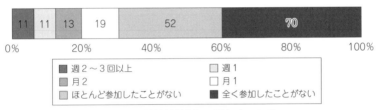

図7-9　地域活動参加の頻度（N=215）

回収箱によって回収された。また，質問票に印刷されたQRコードからWEB上で回答することも可能としたのに加え，回答が困難である対象者に対しては，調査員による個別聞き取りも実施された。約3,600戸に配布または訪問して得られた回答数1,024票の内，灘の浜2丁目の市営・県営公営住宅居住者の回答215票を用いて分析を行った。

　回答者の属性は，女性の割合がやや多く，65歳以上が8割，75歳以上が8割であった。約7割が単身世帯で，約半数が15年以上HAT灘の浜に居住している。近所づきあいがないかほとんどないと回答した住民が半数を超えており（図7-7），約8割の住民が共助やボランティア活動の経験がない（図7-8）。地域活動に参加した経験がある住民は3割程度で，7割がほとんど参加した経験がないか全く参加したことがないと回答している（図7-9）。参加したことがある地域活動は，茶話会や餅つきなどの行事が多いが，それらに参加する住民も，毎回同じ顔触れであるという状況である。地域活動の中心となる地域組織についても認知していない住民は多く，なぎさふれあいのまちづくり協議会[1]

133

図7-10　なぎさふれまちの認知（N=215）

（以下，「ふれまち」という。）を知っている住民は半数弱である（図7-10）。このことからも，地域活動への参加が低迷していることがうかがえる。ちなみにHAT灘の浜では，現在は3棟の市営住宅の内1棟のみで自治会が維持されている状況であり（2024年4月時点），自治会の維持さえも困難な状況がある。リーダーの不在は，地域コミュニティの停滞の大きな原因の一つとなりうる。

　以上の結果から，近所付き合いを活発にするための取り組みや，住民の共助を促進するための取り組みが求められていることがわかった。これまで，近所付き合いや共助の関係性を強くすることを目的として，より多くの住民の地域組織との関わりや地域活動への参加を促すことに，地域組織は熱心に取り組んできた。行政もそれを助成金などで支援してきた。しかし，都市型の災害復興公営住宅においては，住民数も多く密なつながりを作ることは容易ではなく，どうしても取り残される住民がいる。また，近年，濃密な関係性を避ける住民も増えており，多くの人々が一つになって密につながることを求めるような地域コミュニティ形成を目指すことには限界がある。筆者がある復興公営住宅の住民から聞いた話では，地域の集まりなどに参加して，知り合いを増やした方がよいのはわかっているが，人とつながることで煩わしさを感じたり，嫌な思いをしたりすることを恐れているとのことであった。そのような住民に対しては，地域活動への参加を求める以外の方法で，地域とのつながりを持てるような仕組みが必要ではないだろうか。

　日常生活の困りごとについて最も意見が多かったのは，"倒れた時に気付いてくれる人がいない"という回答であったが（図7-11），そう回答したのは女性の単身世帯が多く，半数が近所付き合いをほとんどしていない。また，高齢者が生活の中で感じている自身の課題で最も多い回答は"特に困っていない"であったが，今は困っていないだけである。このようなアンケート結果からは，

第7章　災害復興公営住宅における共助の仕組みづくり

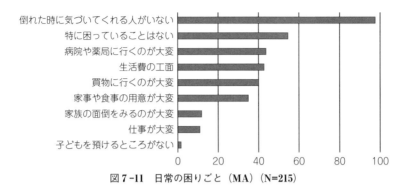

図7-11　日常の困りごと（MA）（N=215）

本当に困っている人の姿は見えづらく，その時点では困っていなくても，実際に困った時にどうするのかまでは見えてこない。困っている人は自ら困っているとはいえない状態にあることが多く，聞こえない声を救い上げ，「困りごと」を可視化する仕組みが必要である。

4　災害復興公営住宅における住民支援のための課題

（1）高齢者の見守りや生活支援に関わる課題

　前章のアンケート調査結果からわかるように，1人暮らしの高齢者は倒れた時に気づいてくれる人がいないことへの不安を抱える人が多く（回答者215人中98人が回答），それは，災害時などに助けに来てくれる人がいないことへの不安と重なる。このような不安を感じている人の約半数が近所づき合いをほとんどしていない（倒れた時に気づいてくれる人がいないことが不安と回答した98人中53人が近所付き合いをしていないかほとんどしていないと回答）。また困りごとを持つ住民の半数以上が地域活動に参加しておらず（困りごとがあると回答した98人中53人がほとんどあるいは全く地域活動に参加していないと回答），その多くが高齢者である。

　HAT灘の浜でも民生委員による見守りや友愛訪問活動[(2)]が行われているが，民生委員らの平均年齢は高く，常に定員を満たさない状況が続いているとのことである。民生委員のOBが支援員として活動しているが，それでも1人あた

135

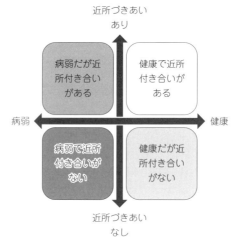

図7-12 近所づきあいと心身状態による住民の位置づけ

りの担当世帯は他の地区と比べて多い。民生委員の取り組みだけでは，見守りを十分に行うことは難しく，他の活動と連携することなどで，持続的な仕組みを構築する必要がある。

また，災害時の高齢者の避難や避難生活に対する支援について考えると，災害時要援護者名簿に載っている高齢者は比較的早く支援の手が届く可能性があるが，名簿に載らないグレーゾーンの高齢者（今の所は自立した生活ができているが，災害時には支援が必要となる可能性が高い高齢者）に対しては必要な支援が届くとは限らない。特に普段から近所づき合いがなかったり，地域活動に参加していなかったりするような住民であると，災害時に孤立してしまうことが懸念される。

地域住民の状況は一様ではなく，それぞれの心身の状態や，地域との関り方によって，見守りや支援活動を住民の特徴に合わせて変えていく必要がある。そこで，トリアージという考え方で住民の状況を健康状態と近所付き合いの有無で高齢者の状態を整理して，必要となる見守りや支援のアプローチを検討することができる（図7-12）。まず，最も危険な住民は，病弱で近所づきあいを持たない住民であり，専門職や民生員等による介護や見守りが必要である。次に，病弱であるが近所付き合いがある住民は，支援・介護する専門職や見守る

近隣住民が存在することから支援が得やすい。健康であり近所付き合いがある住民については，健康状態を維持しつつ，近隣住民とのつながりを保てるように地位活動への参加を促進することが重要である。地域コミュニティにおいて見守りの目からこぼれ落ちる可能性があるのは，現在のところは健康だが近所付き合いがない高齢者である。平時に福祉や介護の介入がない健常者でも，災害時には高齢者は健康状態が悪くなると孤独死の可能性が高くなることから，近隣住民や民生委員とつながりを持つようにしておくことや，心身の状態が危険な状態となったらそれを察知して介護につなげられるような仕組みを作っておく必要がある。

（2）地域コミュニティの支援に関わる課題

　地域活動には，志縁的組織（アソシエーション型）による活動と地縁的組織（コミュニティ型）による活動があるが，災害復興公営住宅の活動の中心メンバーは地縁的組織と同じである（山口・馬場，2023）。志縁的組織（アソシエーション型）による活動が成り立ちにくく，趣味の活動と言ってもほとんどが地縁的組織や行政支援によって行われている。HAT灘の浜で行われている活動は，住民組織（自治会，管理組合，まちづくり協議会など）の会議のような地域運営に関わる活動や高齢者の見守りなどの支援活動，防災活動，清掃活動，お祭り，趣味の活動，交流活動などである。これらの地域活動への住民の参加状況を見ると，7割の住民がほとんど参加したことがないか，全く参加したことがない。これらの活動に尽力する関係者たちの悩みはどこも同じで，人が集まらない，若い人が来ない，いつも同じメンバーで多様な人を巻き込めないというものである。

　前述のように約7割の住民が，地域活動にほとんど参加していないことを考えると，地域活動に参加できない人や地域で見えない存在，いわゆる社会的弱者という側面を持つ多様な人を巻き込めてはいないことがわかる。人のつながりが災害時の助け合いの素地となるが，多くの人が地域のつながりの輪に入れていない現在の地域活動では，それらは十分に達成されているとはいえない（山口・馬場，2022）。この地域活動の参加状況を可視化すると（図7-13），キーパーソンとそれらに関わる住民が複数の活動に参加することで，つながりは密

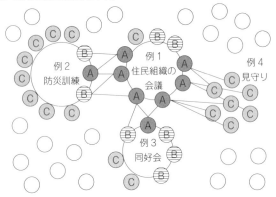

図7-13 地域活動による人のつながりのイメージ
出典：山口・馬場（2022）。

になり強くなるが、核となるそのようなつながりが地域全体に広がっていくことは難しい。その結果、いつも地域活動に参加するのは同じ顔ぶれ、という地域の悩みに行き当たる。多くの地域コミュニティで、同様の課題を持つのはこのようなメカニズムによるものが大きい（山口・馬場, 2022）。

（3）場の活用に関わる地域支援課題

地域コミュニティ形成の物理的な場として集会所やコミュニティプラザが整備されているが、それらが十分に活用されているとはいえない状況がある。1999年の調査でも、コミュニティプラザを利用したことがないという住民は多く（兵庫県, 1999）、その状況はあまり改善されていないといえる。HAT灘の浜においても、なぎさふれまちが運営する地域福祉センターは活発に活用されているが、自治会による住宅棟の集会所の活用は低水準である。その原因は、利用者や参加者が限定されてしまっているからであるが、なぜ幅広い人に利用されないのだろうか。その理由として、なぎさふれまちの門脇委員長によると、午後5時には事務所が閉まってしまうことや、日曜日は空いていないこと、高

齢者を対象としていると住民が思い込んでいることなどがある。これらについ
ては，神戸市役所が地域活動を妨げる問題と認識しており，夜の時間帯や日曜
日の運営について検討が行われている。

　他方で，場は地域コミュニティ形成に必要であるが，場があれば必ずしも地
域コミュニティが育まれるわけではないことも明らかである。集会所は，人と
人をつなぐ場として一定の役割を果たすが，地域活動を仕掛ける人や，そこに
参加する人がいなければ意味をなさない。地域活動が行き詰っている原因の一
つがそこにある。あるいは，情報システムや仮想空間などの技術が進んだ現代
においては，もしかしたら場は必ずしも必要ではないのかもしれない。

5　新たな地域コミュニティ形成の場・主体と　つながりの仕組み

　高齢化は日本全体での問題であるが，高齢化率が特に高いHAT灘の浜にお
いてはより一層深刻であり，地域としてどのように取り組んでいくかを住民が
共に考えていかなければならない。

　ここでは2つの考え方を示す。1つ目は，人と人がつながる多様な場と，そ
れらに関わる多様な主体の創出である。2つ目は，普段はつながらない人々が
困った時や支援が必要になる時につながる仕組みである。

　コミュニティ形成の場について考えると，集会所や公民館における活動の幅
を増やし，多様な住民が集う場とする工夫が必要である。同時に，そのような
フォーマルな場だけではなく，サードプレイスと呼ばれるようなインフォーマ
ルな場も活用して，人が集う場を増やしていくことも，人と人のつながりを作
るしかけとなりうる。インフォーマルな場を増やすことで場の多様性が生まれ，
住民がそれぞれに合った場を見つけることができる選択肢が増えることになる。
また，活動の担い手も多様となり，活動の幅も広がることが期待できる。この
ような多様な主体による多様な場での活動は，特に地域活動であるかどうかを
意識することなく自由な発想で取り組まれることになる。それが，地域活動へ
の参加のハードルを下げることになるのではないだろうか。

高齢化した地域での見守りや新たな地域活動の場について見てきたが，その担い手となる地域人材は不足しており，これからの地域コミュニティ活動のあり方やその主体となるべき住民は，従来型の活動と主体では限界があることは認識されている。自治会や自主防災組織，まちづくり協議会のようなフォーマルな組織による活動が地域活動の中心であることに変わりはないが，もっと多様な住民の地域活動への参画を促すことが急がれている。しかし，その参画の仕方は，フォーマルな組織に属して活動に従事することだけではなく，より多様なアソシエーション型の組織に属して地域活動に自発的に関わっていくことをも意味する。また，アソシエーション型組織が重層的に地域活動を展開しながら，コミュニティ型組織ともつながっていくことができれば，人がつながって地域コミュニティを形成していくこれからの形が具現化される。さらに，災害時にはより多くの共助の担い手が必要となり，サイレントマジョリティ（普段は地域活動に参加しない住民）をも引っ張り出す仕組みが必要である。より多くの住民を支援者として機能させるためには，平時からどのようなつながりを持っておくことができるかが鍵となる。

　以下に，新たなコミュニティ形成の場・主体とつながりの仕組みの具体例を示す。

（1）インフォーマルな主体と場

　災害復興公営住宅では，近隣住民がお喋りをする光景を見ることは多くない。HAT灘の浜でも約1,000世帯が住むにもかかわらず，団地内を歩く人は少なく，すれ違っても挨拶が交わされることはほとんどない。なぎさふれまちが中心になって「挨拶運動」を進めているが，その効果を得るには継続していくことが大事である。挨拶運動のような地道な活動に加えて，人と人のつながりを増やすために，様々な地域活動が行われている。その中心になっているのは，町内会やふれまちのような組織と集会所のような場である。自治会やふれまちのように行政の施策との結びつきが強い組織をフォーマルな組織とすると，灘の浜ではボランティア等の外部者によるインフォーマルな組織による地域活動も活発である。その1つは，長年にわたって開催されている神大喫茶で，神戸大学

第7章　災害復興公営住宅における共助の仕組みづくり

写真7-1　ほっとKOBEの様子
出典：筆者撮影。

の学生のボランティアグループがふれまちの拠点がある地域福祉センターで毎週開催し，いつも20〜30人の住民でにぎわう茶話会である（神大喫茶は，HAT灘の浜より小規模な復興公営住宅でも同様に実施されている）。

　地域福祉センターの利用度が高い一方で，それ以外の公営住宅にある集会所はほとんど利用されていない。フォーマルな場の活用が進まない中で，2023年度から市営住宅集会所の活用に関するモデル事業が始まり，HAT灘の浜の8号棟の集会所の運営をYWCAが受託した。受託料は支払われないが，集会所を活用して運用費を捻出して，住民の居住支援や地域コミュニティ形成を図ることを目的としている。今回はYWCAが受託したが，社会福祉法人やNPO法人等の法人が，地域福祉やコミュニティの活性化の新たな担い手となることが期待されている。これが成立すれば，そのノウハウは同様の課題を抱える災害復興公営住宅で共有することが可能となる。

　集会所や地域福祉センターがフォーマルな場であるとすると，2015年から2023年まで実施されたほっとKOBE（写真7-1）はインフォーマルな場であり，活動主体もインフォーマルな組織である。ほっとKOBEは，HAT灘の浜内のテナントを借りて，2015年10月に兵庫県立大学の教員と学生が始めた交流活動で，学生と住民が1対1でじっくりお話しをする場であった。茶話会では輪に入りにくい人，大勢でのおしゃべりが苦手な人，団地内に知人・友人がいない人などが訪れた。日曜日には，多くの子供たちが訪れるようになり，そこでは

141

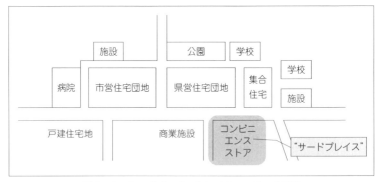

図7-14 サードプレイスとしてのコンビニの位置
出典:藤本(2018)。

高齢者と子どもたちとの交流も生まれた。2017年3月からは，HAT灘の浜内のカフェが閉店されたことをきっかけに，地域住民が主体となってコミュニティカフェ（ほっとCafé）が開設され，毎回30人ほどの住民が訪れた。地域活動のキーパーソンも多く訪れ，ふれまちや自治会，防災福祉コミュニティ，管理組合等の委員や，民生委員，福祉施設スタッフなどが気楽に顔を合わせる場となった。そこで交わされる情報交換やちょっとした会話が，次の活動につながることもあった。ほっとCaféは，テナントを借り続けることが難しくなり，URや県，市の理解を得て，2021年から屋外にてオープンカフェ方式で実施され，2023年10月に終了したが，その頃にはHAT灘の浜やなぎさ地区内に，新たな居場所カフェや地域活動の場が生まれていた。

　もう一つインフォーマルな場の例として，南芦屋浜団地前のコンビニエンスストアがある（図7-14，写真7-2，写真7-3）。そこは，復興公営住宅団地内外の住民が交流する場となっており，一時期公営住宅の自治会の解散に伴って集会所が閉鎖された時でも，そのコンビニで打合せが行われて地域イベントの開催にこぎつけている。このコンビニがサードプレイスとなって，地域のフォーマルな組織には所属していないが地域のキーパーソンである人々と外部の人々がつながり，地域イベントが企画・開催される原動力となった（図7-15）。自治会が存在しなくても，インフォーマルな主体と場が，地域活動の実施を実現し，コミュニティのつながりのきっかけを作った。

第7章　災害復興公営住宅における共助の仕組みづくり

写真7-2　南芦屋浜団地前のコンビニ
出典：筆者撮影。

写真7-3　コンビニ横の休憩スペース
出典：筆者撮影。

　以上のことは，自治会や集会所を不要だとしているわけではなく，地域コミュニティの形成や共助の仕組み作りといった目的を達成することができるのなら，形式にこだわる必要はないことを示している。地縁や伝統があり，考え方やライフスタイルが近い人々が多い地域では，フォーマルな場や組織が機能

143

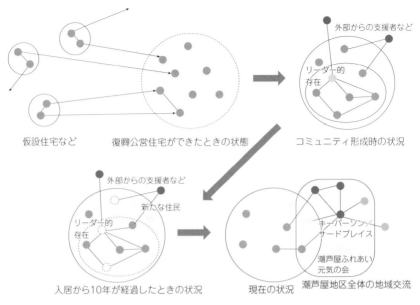

図 7-15　復興公営住宅におけるサードプレイスの役割
出典：藤本（2018）。

するが，住民に多様性があったり生まれ育った環境や居住年数が異なったりする場合や，地域コミュニティの歴史が比較的浅い集合住宅などでは，地縁型組織（自治会など）が機能するとは限らない。集合住宅などでは，テーマ型組織の一つであるマンションの管理組合が，共有する資産を管理するという共通の目的や関心事を核に協力することができるが，それが人と人が助け合う関係性を有する地域コミュニティとは必ずしもなり得ない。そもそも地域コミュニティを形成しようという概念を持たない集合住宅も多い。その一方で，自治会があれば地域コミュニティが形成される，人と人がつながる，また共助の関係が生まれるとも限らない。現代社会では，会社以外のフォーマルな人づき合いやその煩わしさを回避しようとする人も多くなってきた。その中で，どのように人と人がつながり，地域コミュニティを形成して共助の関係性を構築していくのかは，大きな課題でありより困難になってきているが，このようなインフォーマルな場が，自治会の活動の潤滑油となったり，これまでつながらな

かった人と人をつなげたりする結節点の役割を果たしている。自治会は，形式的なことを決定する場であり物事を進める上で重要な役割を果たすが，フォーマルな場だけでは人と人のつながりが育まれないのは，都市部だけに限ったことではない。そこで，インフォーマルな地域活動の場が重層的に展開され，そこに関わる様々な人々が交流し，相互作用や相乗効果を生み出して，編み込まれるように地域コミュニティを形成していく方法は有効であろう。

　ただし，このようなインフォーマルな主体や場による地域活動についても，参加しない住民の方が多く，参加する住民の顔ぶれがいつも同じであることは，他の取り組みと同様の課題となっている。また，このようなインフォーマルな主体や場は個人の事情でなくなってしまう可能性もあり，持続的な仕組みとしてはやはりフォーマルな組織や場が重要であることに変わりはない。

（2）接点を作る地域コミュニティ組織や仕組み

　地域コミュニティを形成するのはフォーマルな場所と組織でなければならないとの思い込みが，地域活動の行き詰まりを招いていた側面があるのではないだろうか。また，地域コミュニティは一つにならなければならないという前提が，多様性や個人の自由を尊重する社会において，人々を地域コミュニティから遠ざけているのではないだろうか。そうすると，人と人はどのようにつながり，地域コミュニティを形成していくことができるのか，今改めて考える必要があろう。

　人のつながりには何らかの「接点」が必要であり，その接点は物理的な場である必要はなく，つながる「機会」であってもよい。そして，人々の「困りごと」がその「機会」になりうる（山口・馬場，2023）。その例として，HAT神戸なぎさ地区で活動するNPO法人なぎさ・くらし支援センターの「要支援者ワンコインくらしサポート事業」がある（図7-16）。人と人が常に強くつながっていなくとも，助けが必要になる時に，支援者と被支援者が一時的にでもつながることができる仕組みである。そのつながりを作るハブとなるような組織の存在が必要であり，ここではふれまちやあんしんすこやかセンター（地域包括ケアセンター）がその役割を担う。しかし，支援者が同じ顔触れでは一部の住

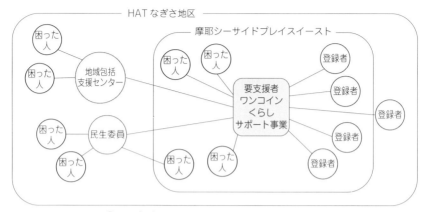

図7-16 「困りごと」を通したNPO活動の広がり（登録者は支援者）
出典：山口・馬場（2024b）。

民への負担が大きい状況は変わらない事から，地域で普段活動していない人的リソースであるサイレントマジョリティ住民を活用できるかどうかが鍵となる。このような「困りごと」を通した平時の人のつながりは，災害時にも役立つソーシャルキャピタルでもある。

6　これからの地域コミュニティの共助についての一考

　高齢化や少子化，価値観の変化等，地域コミュニティを取り巻く社会が変化する中で地域コミュニティを形成していくためには，住民の奉仕精神や頑張りに依存するような仕組みや方法では今後ますます難しくなる。これからの地域コミュニティ形成支援を考える上で，「多様性」は一つの鍵となろう。異なる住民属性や多様性を積極的に認めていくことが地域コミュニティ形成において重要となる。それに伴って，地域活動の内容を多様化すると同時に，住民の地域活動への関わり方についても多様化していく必要がある。これまでのやり方にこだわらず，住民の事情に合ったスタイルで地域活動に関わることができれば，地域活動に関わろうとする住民も増えることが期待される。そうすることが，より多くの住民の関与につながり，担い手不足の問題の解決にもつながる。その一方で，若い住民の参加にこだわりすぎるばかりに，若年層の参加が少な

いことや担い手不足が問題となっているが，高齢者が多いことや地域活動の中心が高齢者であることを問題と捉えず，動ける人が動く，と考えればよいのではないだろうか。

　また，自治会や協議会などのフォーマルな組織のみでは，これからの地域コミュニティ形成の課題をブレークスルーすることは困難である。地域の核となる自治会やまちづくり協議会のような組織の維持が基本となるのは言うまでもなく，それだけでは地域コミュニティの維持が難しい現代において，それを補間する仕組みや考え方が求められている。民間や市民の力を，より一層多様に活用していくことが重要である。

　最後に，阪神・淡路大震災後に災害復興公営住宅に居住することになった住民は，自らは望まない移住により，そこに住むという現実を受け入れて生活している。災害復興公営住宅は彼らにとって終の棲家であり，そこで最後まで見捨てられていないと感じられるような地域コミュニティが実現されるまで，個人の復興は終わらないのかもしれない。

注
(1) 神戸市条例に基づいて，高齢者，障がい者，児童などすべての市民が，地域社会のあたたかいふれあいの中で，自立と連携を図り，快適な日常生活を送ることができるまちづくりを目指すための組織として小学校区ごとに設置されている。地域福祉センターを運営して，自治会や地域組織と連携して，福祉のまちづくりのための様々な活動を行う。
(2) ひとり暮らしの高齢者などが地域で安心してしあわせな暮らしができるように見守るとともに，近隣社会のあたたかい友愛精神を育てる奉仕活動。
(3) 自宅，学校，職場とは異なる居心地のいい場所のこと。ここでは，集会所や公民館など以外の場所。

引用・参考文献
神戸市社会福祉協議会（2008）『神戸からの発信：シルバーハウジング報告書』.
越山健治（2003）「阪神・淡路大震災後の災害復興公営住宅供給の現状」日本都市計画学会関西支部研究発表会講演概要集.
塩崎賢明（2009）『住宅復興とコミュニティ』日本経済評論社.
住宅・都市整備公団関西支社震災復興事業本部『東部新都心／HAT神戸・灘の浜

（第 1 期）』

額田勲（2013）『孤独死』，岩波現代文庫.

兵庫県（1996）『恒久住宅への移行のための総合プログラム（平成 8 年策定）』.

兵庫県（2024）『令和 5 年度 災害復興公営住宅の高齢化率等の調査について』.

兵庫県都市住宅部都市政策課（1999）「復興住宅における先進モデル住宅等利用実態調査」.

兵庫県まちづくり部 公営住宅整備課（2024）『ひょうご県営住宅整備・管理計画』https://web.pref.hyogo.lg.jp/ks27/wd28_000000006.html（2024年 4 月25日）

兵庫県まちづくり部（2000）「住まいの復興の記録——ひょうご住宅復興 3 カ年計画の足跡」.

檜谷美恵子（2005）「検証テーマ 災害復興公営住宅における取り組み」『「復興10年総括検証・提言報告」報告書』第 3 編分野別検証，兵庫県・復興10年委員会，376-413.

藤本かおり（2019）「兵庫県立大学大学院減災復興政策研究科2018年度修士論文」.

復興フォローアップ委員会（2009）「平成20年度復興フォローアッププロジェクト報告（案）」

松原一郎（2005）検証テーマ『高齢者の見守り体制整備』阪神・淡路大震災復興10年総括検証・提言報告.

山口まどか（2024）「兵庫県立大学大学院減災復興政策研究科2023年度修士論文」.

山口まどか・馬場美智子（2022）「住民の助け合いにつながる地域活動に関する一考察-「困りごと」を接点とした人のつながりに着目して」地域安全学会梗概集（CD-ROM）（50）.

山口まどか・馬場美智子（2023）「地域の共助につながる人的リソースについての新たな視点からの分析」地域安全学会梗概集（CD-ROM）（51）.

山口まどか・馬場美智子（2024）「地域の共助につながる人的リソースと地域活動についての分析」『地域安全学会論文集』44.

（馬場美智子）

第8章

被災自治体による復興ガバナンス
——兵庫県の事例から——

1 ローカル・ガバナンス

（1）阪神・淡路大震災の意義

　阪神・淡路大震災では，死者・行方不明者6,437名，震災関連死919名，負傷者4万3,792名，全壊家屋10万4,906世帯，半壊家屋14万4,274世帯もの被害をもたらした。先進国の大都市直下で発生した未曽有の地震災害として，国内はもとより海外にも大きなインパクトを与えた。

　この震災の意義として，以下の4点を挙げたい。1点目は，これを境に災害に対する緊張感が変わったことである。1959年の伊勢湾台風以来，巨大災害が起こらず，なぜか地震は関西に来ないとの迷信もあった。災害に対する備えの欠如さが露呈され，これを機に，全国的に，危機管理体制や災害対応マニュアル等の対策が進んだ。2点目は，直後の応急対応だけでなく，長期に渡る「減災」や「復興」が認識されたことである。震災によって，地域の高齢化や希薄なコミュニティ等，社会が潜在的に抱えていた課題が表面化した。住宅やインフラ等ハード面の回復だけでは不十分で，まちづくり，産業・雇用，医療・保健・福祉，環境，教育等，社会全般に影響を及ぼした。二度とあのような悲惨な目に遭わない社会を造るとの気持ちを込めて，「創造的復興」という言葉を生み出した。大災害を完全に防ぐのは難しくとも，少しでも被害を減らすことは可能との「減災」という表現にもつながった。

　3点目は，行政の限界（公助），市民力の有用性（自助・共助）が認識され，連携，協働する重要性を学んだことである。震災の年，国内外から138万人ものボランティアが被災地に駆けつけ被災者を支援した。それまでの日本にはな

149

かった現象で，ボランティア元年と呼ばれた。被災者に寄り添う支援，専門性を生かした支援，独自のネットワークを駆使した支援等，行政にはない民間ならではの特色が認識された。行政が従来のやり方に行き詰りを感じる中，こうした活動が台頭し，官民の連携・協働が進められた。4点目は，被災者支援に役立つ前例がない中で，仕組みや対策を一から考えなければいけなかったことである。多くの住宅が倒壊し，商店街や生業が被害を受けたが，政府を中心に，個人の資産や営利活動の回復は自助努力でとの考え方が支配的であった。今日のような被災者生活再建支援法[1]，復興交付金，復興特区といった公助の仕組みもなかった。自助や共助の強化が重視されたものの，それらを後押しするノウハウもなかった。国にも妙案がない中で，被災自治体・市民自らが，オーダーメードで支援策を提案し，実践していった。

（2）地方分権と第3セクターの進展

今日，「ガバメントからガバナンスへ」という表現を眼にすることが多い。ガバナンス（governance）を日本語に直訳すると「統治」となる。曽我（2013：320-321）は，「政府部門と民間部門の関係という基本的な部分に加えて，政府部門とサードセクターとの関係，さらに政府部門が腐敗しないための統制のあり方という2つを加え，これらを総体としてとらえる概念」としている。政府部門が政府や自治体等公的活動を行うための組織なのに対し，民間部門は私人や民間企業等で自らの利益のために活動する。これに対し，第3セクターは新たな概念で，ボランティア，コミュニティ，NPO/NGO等民間の立場ではあるが，公的な活動を行う主体を指す。

この概念を阪神・淡路大震災にあてはめる。それまで，国を治めるのは政府であり，地方では地方自治体がその役割を担うとされてきた。しかし，この震災では，これらの政府部門だけでは対処できず，その限界が認識されるとともに，被災者支援を中心に第3セクターが活躍した。地方分権も進展した。地方自治体が国の指示に従順になるのではなく，自らイニシアチブを取り独自性を発揮することが求められる。これを団体自治の事象とすれば，第3セクターは住民自治の問題といえる。

行政のミッションは公益の実現である。そこには被災者全体に対する支援が含まれている。一方，個々の被災者に焦点を当てると，住宅といった個人資産や事業に伴う営利活動，さらには，家族や健康問題等，プライベートな問題が発生する。行政にとって踏み込みにくい領域である。しかし，見過ごすと被災者の自立が一層難しくなり，ひいては地域の衰退にもつながりかねない。阪神・淡路大震災は，高度経済成長から成熟社会に向かう中で，個人の尊厳をいかに守るかを問われた災害でもあった。

そこでは，行政とは異なる視点での支援が必要であり，第3セクターに焦点を当てる意義がある。第3セクターの範囲は広く，素人でも参加できるボランティア活動から，まちづくり，医療・保健・福祉，生業や教育等に関連する支援者や専門家が含まれる。行政では，一つのことを追求するプロフェッショナルよりは，様々な案件を総合的に調整するジェネラリストを重用する傾向がある。しかし，多様な被災者を支援するには，特定の分野に精通した専門家や，現場の事情を熟知した支援者等との連携・協働が欠かせない。

（3）住民自治と団体自治を重視した被災者支援

阪神・淡路大震災からまもなく30年を迎える。この間，災害対策基本法の改正，被災者生活再建支援法の制定・改正，災害救助法の基準改定等，被災者支援の仕組みや方策が構築された。阪神・淡路大震災当時，こうした支援策がないなかで，如何に立ち向かったのか。

当時の兵庫県知事貝原俊民は，熱心な地方分権論者であり，当時の官房長官五十嵐広三から，「被災地の復興を国主導で行うか」と問われたのに対し，「地域の実情は地方が一番熟知している。被災地主導で再建するので，国はそれを支援してほしい」と回答した（貝原，1996）。阪神・淡路大震災では，政府主体による支援とは異なる，被災自治体による自立復興を目指したこと，単なる復旧ではない創造的復興を目指したところに特色がある。国の統治とは一線を画すローカル・ガバナンスと捉えることができる。

ローカル・ガバナンスは被災者の意向を無視して実施できるものではない。被災自治体の独自性は団体自治の事象であり，被災現場において，被災者自身

151

による自助や，被災者同士あるいは被災者と支援者をつなぐ共助は住民自治の事象である。住民自治と団体自治を両輪にローカル・ガバナンスを推進する必要がある[2]。しかし，現実にはそれを実践するための方策や財源がなければ，前に進めない。そのための新たな仕掛けが求められた。阪神・淡路大震災の復興の特色は仕組みがないから諦めるのではなく，新たに創り出すことにあった。

　この団体自治と住民自治の組み合わせを，主体という点で捉えれば，「自助」「共助」「公助」の組み合わせとなる。本章では，阪神・淡路大震災からの復興を振り返り，自助・共助・公助がどう連携・協働したのか—具体的には，一歩踏み込んだ支援を実施する財源としての「復興基金」と，被災者のニーズのニーズに見合った支援を提言する「被災者復興支援会議」に着目する。それらを活用し，被災地の兵庫県がどのようにガバナンスを実践したかを考察する。

2　阪神・淡路大震災復興基金

（1）阪神・淡路大震災復興基金の創設

　阪神・淡路大震災復興基金（以下，「復興基金」と称す）を設置する発端となったのが被災者の住宅再建である。住宅の全半壊戸数が25万戸近くに達したにもかかわらず，再建を支援する有効な手立てがなかった。住宅再建に対する当時の国の見解は，平成7年10月，参議院本会議で当時の村山総理富市大臣が，「私有財産制のもとでは，個人の財産が自由かつ排他的に処分し得るかわりに，個人の財産は個人の責任のもとに維持することが原則になっている点についてご理解いただきたいと思います。」と答弁したように，自力再建が原則とされた。政府として個人財産が増えるのに干渉しないのと同様，減った場合にも関与しない，もちろん，国に故意や過失があれば賠償や補償が生じるものの，自然災害はそれに該当しない，国に直接的責任はないと解したものと考えられる。

　しかし，現場を預かる地方自治体として，その論理を鵜呑みにすることはできない。本章では詳細な説明を省くが，これを機に兵庫県では，上述の住宅再建支援の共済制度実現を提案したり，全国知事会にも働きかけ，国としての現

152

金支給を求めていった。これが1998年の生活再建支援法の制定につながっていく。その後2回の改正を経て，2007年からは全壊家屋に対し最高300万円が支給された。これとは別に，兵庫県独自に住宅を相互扶助で支援すべく，2005年にフェニックス共済（兵庫県住宅再建支援制度）を設立，年間5千円の負担金で，全壊の際には600万円が支給されるようにした。⁽³⁾

　阪神・淡路大震災当時，被災者の住宅再建に補助できるのは義援金しかなかった。義援金は，慰謝激励の趣旨を持った国民からのお見舞金である。税金の本来の使途が公益に限定されるのに対し，見舞金なので個人財産の回復にも使える。義援金は他の災害でも使われた。災害毎に配分対象や配分額が異なるため，一概に比較できないが，義援金額を被災世帯数（全半壊世帯数）で割ることで，おおよその配分額を想定できる。これによれば，阪神・淡路大震災では1800億円近くも集まったが，被災世帯数が46万世帯を超えたため，1世帯当たり平均40万円にしかすぎない。再建するにはあまりに足りなかった。

　そのため復興基金が注目された。1990年の雲仙普賢岳噴火災害や1993年の北海道西部沖地震でも用いられたが，被災規模が違うため十分な参考にはならなかった。阪神・淡路大震災復興基金の大まかな仕組みは次のとおりである。

　① 兵庫県（神戸市も参加）が債券を発行し，復興に必要な資金を調達する。

　② 調達した資金を復興基金の執行のために設立した財団法人に譲渡する。

　③ 財団法人は民間組織として，その運用益で事業を執行する。

　④ 銀行から調達した資金の利子は，地方交付税交付金により，国に支援してもらう（結果的に国の負担は4分の3程度で，残りを県・神戸市で負担）。

　震災から約3か月後の平成7年4月に設置した。当初は基本財産200億円，運用財産5800億円（運用利率4.5％）。平成10年に運用財産3000億円（運用利率3.0％）を積み増しした。この仕組みを10年間継続させ，2005年度末に金融機関からの貸付金を償還し，以後は運用益等の残余財産と基本財産の一部を併せた134億円を取り崩しながら，2021年度まで執行した。

　このような前例のない仕組みを考え出したのは兵庫県である。実現する上で幾つかのハードルを乗り越える必要があった。⁽⁴⁾1点目は，翌年度当初の4月1

日に間に合わせることであった。3月議会での承認も考慮すると，実質的な準備期間が約2か月しかなかった。2点目は，本来の公的支援との違いを明確にすることで，通常の予算で救えないものに対する基金として，以下のように整理した。

① 公的な支援制度が存在しないか，公的な制度が不十分でその補完が必要な場合に限定する。
② 行政自身が行う事業は対象としない。
③ 必要な措置が行政の施策として採択されない場合は，それを補完するため対象とする。

3点目は，基金規模と対象事業を決めることであったが，被災規模が甚大で，正確に被害実態をつかむのが困難だった。事務的に対象事業を詰め，事業規模を3千億円とはじいたが，国の協力を得て6千億円とした（前述のとおり基本財産200億円＋運用財産5,800億円）。4点目は，国の協力を得て財源を確保することであった。地方自治体独自の財源では厳しく，前述のとおり，県と神戸市が起債して銀行から調達した資金の利子分の大半を国の地方交付税交付金で補塡してもらった。

5点目は，資金運用にあたって，金融機関の協力を得ることであった。通常は，調達金利と運用金利の利ザヤが発生するところを，復興支援の観点から，利潤だけでなく手数料までゼロにしてもらった。資金調達と運用をセットで行うことで，基金の執行に支障が生じないよう配慮もしてもらった。6点目は，(財) 阪神・淡路大震災復興基金という財団を設立することであった。「寄付行為の作成と設立許可申請書」「初年度の事業計画と予算の作成」「理事長，理事，監事等の役員構成」を詰めるのに早くても半年はかかるのを2か月内で仕上げた。

このように，被災自治体の主導で一から考案し，国を含めた関係者の理解を得ながら，短期間で作り上げたのは特筆すべきといえる。被災者支援というミッションに向け真摯に取り組むことで，関係者の共感や協力を得られたといえる。緊急時には平常時と違う発想で，創造し果敢に取り組む必要がある。

（2）復興基金による事業例

基金事業の基本的考え方は，一方踏み込んだ公的支援を行うことであった。行政事業との棲み分けについて，例えば，行政事業として住宅再建やビジネス再建のため低利融資を設定し，基金事業では当初5〜10年間の利子補給を行った。高齢者見守りのため国の生活援助員を災害復興公営住宅に派遣したが，派遣要件に満たない公営住宅等向けに，基金事業で派遣制度を拡充した。災害救助法により応急仮設住宅を設置したが，当時交流施設は適用外だったので復興基金で補助した。以下，分野毎に主な基金事業を紹介する。

① 住 宅 再 建

今日のような住宅再建に対する補助金は国の了解を得られなかったが，購入や再建にかかる利子補給を行うことで決着させた（＝被災者住宅購入・再建支援事業補助）。

都市部ゆえ，集合住宅の再建も課題であった。被災マンションを建替える場合，建設費に対する利子補給を行った（＝集合マンション建替支援事業補助）。土地が狭小で，建蔽率や容積率等が再建時の基準に満たず，隣地と共同して再建する場合に利子補給を行った（＝民間住宅共同化支援事業補助）。

自力再建が難しい低所得者層には，行政事業として災害復興公営住宅を建設し，国と交渉した上で，1DKで月額家賃6,600円と低家賃で提供した。一方，中間所得層の住宅への負担を軽減するため，復興基金で月額3万円の家賃補助を行った（＝民間賃貸住宅家賃軽減事業）。被災者向けの集合住宅を確保のため，民間企業が建設するのを災害復興準公営住宅に位置付け，建設費の利子補給を行った（＝災害復興準公営住宅建設支援事業補助）。

② 生 活 再 建

低所得者や高齢者向けに，月額上限2万円を助成した。住宅補償ではなく，被災者の生活支援を開始するという論理で国の了承を得た。1998年に「被災者生活再建支援法」が成立し，年齢や所得に要件をつけ，最大100万円を支給することになったが，阪神・淡路大震災の被災者には遡及適用されないため，復

興基金で独自に支給した（＝被災者自立支援金）。

　高齢者等被災者の孤立化を防ぐため，仮設住宅に入居者が集まるふれあいセンターを設置した（＝ふれあいセンター設置運営事業補助）。高齢者への見守りを行う人材を確保した（＝高齢世帯生活援助員等）。

　ボランティアは自給自足が原則だが，活動が長期化し運営が厳しくなったことから，その運営費や活動経費に助成した（＝災害復興ボランティア活動補助）。ボランティアやNPO/NGOによる共助の活動が認識され，公助との連携・協働を発展させる「生活復興県民ネット」を設置し支援事業を展開した（＝「生活復興県民ネット」設置運営事業補助，後述）。

　被災者の医療やケアも重要であった。PTSDが認識され，公費でこころのケアセンターを設置し，運営費を基金事業で賄った（＝「こころのケアセンター」運営補助）。看護師や保健師等を配置し，お母さん方が乳幼児を連れて気軽に訪問できる「まちの保健室」の運営費を補助した（＝「まちの保健室」事業）。

③ コミュニティ再建

　地域を再建する上で重要だが，住民はまちづくりの素人であり，専門家の協力が不可欠であった。そのため，まちづくりアドバイザーやコンサルタントの派遣費や活動費を補助した（＝復興まちづくり支援事業）。災害復興公営住宅や自治会の集会所等に設けたコミュニティプラザの運営にも補助した（＝被災地域コミュニティプラザ設置運営事業補助）。酒蔵などの街並み景観を保全，再興する事業に対して補助した（＝景観ルネサンス・まちなみ保全事業）。

④ 産業再建

　被災中小企業の再生も大きな課題であり，国，県，神戸市等による低利の資金融資に対し利子補給を行った（＝政府系中小企業金融機関災害復旧利子補給ほか）。震災で販路を失った中小企業団体等が行う販路開拓事業経費の一部を補助した（＝被災産業活性化支援事業補助）。雇用も重要で，被災者や失業者を雇う事業者に対し，奨励金を支給した（＝被災者雇用奨励金）。

商店街の再生にも支援した。にぎわいづくりのイベント等に対し補助した（＝被災商店街にぎわい支援事業）。商店街のアーケードやカラー舗装等共同施設の建設等に対し補助した（＝商店街・小売市場共同施設建設費助成事業）。

新規成長事業を誘致すべく国に特区制度を働きかけたが，一国二制度につながるとして認められなかった。そこで，兵庫県と神戸市で，進出事業者に対し，県税・市税を引き下げるとともに，復興基金で建設費や賃貸料を補助した（＝新産業構造拠点地区形成促進助成金交付事業・進出企業賃料補助）。

⑤ 教育・文化再建

公立学校に比べて再建の自己負担割合が大きい私立学校に補助した。仮設校舎の建設費やリース代の一部を補助した（＝私立学校仮設校舎事業補助）。阪神間には外国人学校が多く，私立学校以上に補助が手薄いため，校舎の復旧等を支援する事業補助を行った（＝私立専修学校・外国人学校施設等災害復旧費補助）。

芸術文化には被災者の沈んだ気持ちを高揚させる効果がある。個人や団体の活動家に対し，公演・展示・出版事業の一部を補助した（＝被災地芸術文化活動補助）。歴史・文化財も多く，被災した国，県，市町指定文化財の自己負担分の修理費用の一部を補助した（＝文化財修理費助成事業補助）。

⑥ 教訓の継承

震災の教訓を継承するため，NPO/NGOや市民団体が開催する追悼・記念事業に対し補助した（＝震災周年追悼・記念行事関連復興事業補助）。防災教育事業の推進（例：教員向けの研修資料作成），震災の経験・教訓を発信する事業（例：イベント事業事業），東日本大震災や熊本地震の被災地まちづくり復興に尽力する専門家や支援者の派遣経費に補助した（＝震災の経験・教訓継承事業）。

（3） 復興基金の特色

復興基金を通して，住宅再建，生活再建，コミュニティ再建，産業再建，教

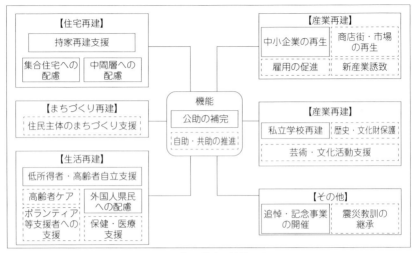

図 8-1 復興基金の機能と分野
出典：著者作成。

育・文化再建，教訓継承の分野で，既存の制度では対応できないものに支援した（図8-1参照）。復興基金の特色には大きく2つある。一つは公助を補完する機能で，もう一つは自助・共助を推進する機能である。

災害は，高齢化，過疎化，産業の衰退等，社会が潜在的に抱えてきた問題を一層深刻にする。全国どこでも適用する制度を作ろうとすれば，他地域や既存制度との整合性に時間を要し，支援のタイミングを逸してしまう。復興基金は被災地に特化し，仕組みが固定化されてない分，設定する時や場所の状況に応じて，アメーバのように形を変え，弾力的に対応することができる。

復興基金は，その後の新潟県・中越地震，東日本大震災，熊本地震等に引き継がれ，時の制度で解決できない課題に対処してきた。そこから生まれた事業の中には，他地域への汎用性が認められ，制度として定着したものもある。課題解決を先取りする先駆的な役割を担うと解することができる。

3 被災者復興支援会議

(1) 中間支援組織としての役割

　地方自治体の責務は地域の住民の安全・安心を守ることだが，被災者一人ひとりが抱える課題まで拾い上げるのは容易でない。図8-2は，官民の役割分担と協働の考え方を示す。万人に共通する課題と一人ひとりのニーズのどちらを優先すべきか問われれば，行政の場合，公平・平等の観点から前者になりがちである。例えば，道路等行政が担うハードの整備は万人が利用するものであり，制度も基本的に万人に適用する性格を有する。だからといって，個々人のニーズを置き去りにして許されるものではない。ソフト面での支援は，むしろ隣近所やボランティア等が寄り添い，信頼関係を構築し，プライバシーの領域にも入り込み対応するのが効果的である。公助と自助・共助の役割分担ともいえる。官と民を連携させる中間支援として，阪神・淡路大震災からの復興では，行政と被災者の架け橋を担う役割として被災者復興支援会議（以下「支援会議」と称する）が1995年7月に設置された。会議という名称だが，議論するた

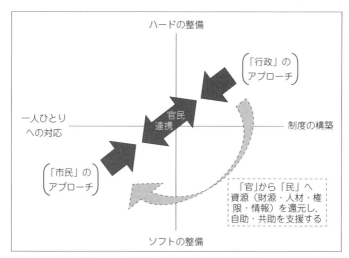

図8-2　官民の役割分担と協働の考え方
出典：著者作成。

めのニーズを被災者から直接聴取し，議論でまとまった提言を行政に働きかけ，実現化につなげるもので，被災者に軸足を置いた中間支援的な組織ということができる。

　実践者である行政は，いかんせん供給者側のスタンスで動こうとする。必要かを判断する前に，できる，できないかが判断材料となる。これに対し，支援会議では被災者のニーズを第一に，それに見合った施策を提言した。それを実現するための特色が，会議メンバーを様々な分野の支援者や専門家で構成したことである。「医療」「住まい」「都市計画・まちづくり」「福祉」「経済」「雇用」「こころ・教育」「ボランティア・コミュニティ」「家庭問題」「情報」「行政」等多岐に渡る。支援者は現場に張り付き，被災者のニーズに精通している。専門家は，震災前からまちづくり活動に携わり，震災後も被災者支援のため専門性を発揮していた。他にも，報道機関，生協，労働組合等行政とは異なる人材が集められた（表8-1参照）。

　特色の2点目が，支援会議メンバーと対をなす行政プロジェクトチームを設け，提言の事業化に尽力したことである。彼らは県政に精通し，組織を動かせる管理職で構成された。表8-1の被災者支援に直接関係する課長級職員が指名された。こうした場合，部下を現場に行かせ，報告を受けて判断し，企画立案することが多いが，それでは，現場感覚が伝わりにくい。自らが直接出向くと，所掌事務はその場で判断できるし，そうでない場合も関係部局へつなげる，どことどこをどう調整するか等組織の動かし方を知っている。迅速に決定し行動するための効果的な方策といえる。

　3点目は，被災者の居場所に出向くアウトリーチ方式である。所定の場所で被災者が来るのを待っても，声の大きい被災者かリピーターに限定されてしまう。幅広く意見を聴くには，支援側から出向く方が効果的である。支援会議メンバーと行政プロジェクトチームメンバーが一緒になって，応急仮設住宅，災害復興公営住宅，県外に居住する被災者，ボランティア団体，NPO，まちづくり協議会，企業，高齢者福祉施設等をまわった。その回数は，10年間で251回に達した。

　4点目は，被災者のニーズをふまえ，必要とされる施策を提言し，アドヴォ

160

表 8-1 被災者復興支援会議メンバーの専門分野

分野	支援会議メンバー		
	Ⅰ期	Ⅱ期	Ⅲ期
「保健・医療」又は「医療」	△	△	△
「健康」	—	—	○
「住まい・防災」	—	—	◎
「都市計画」	—	◎	△
「住まい・まちづくり」	△	△	—
「都市環境・コミュニティ」	—	△	—
「ボランティア」「コミュニティ・ボランタリー活動」	△	—	○
「経済」	—	○	○
「文化」	△		
「国際」	—	△	
「福祉」「社会福祉」	○	○	△
「高齢者・福祉」		△	
「女性・家庭」「こども・家庭」	△		○
「雇用」,「生きがい・しごとづくり」「しごと」	◎	△	○
「教育」	○⇒△	—	△
「心のケア」「こころ・教育」	○		—
「生活」「生活・こころ」	○	△	○
「法律」	—	—	△
「マスコミ」「情報・文化」「文化・マスコミ」	△	△	△
「行政」	◇	◇	◇

◎：座長（学識経験者），○：学識経験者，△：支援者，◇：行政職員

出典：著者作成。

カシー機能を発揮したことである。この支援会議は震災後10年間継続され，そ
れぞれの時期に応じて，"Ⅰ・Ⅱ・Ⅲ"の３期で構成された。「支援会議Ⅰ」は
応急仮設住宅への移行から災害復興公営住宅の整備が進むまでの４年間（1995
年７月～1999年３月），「支援会議Ⅱ」はその後の恒久住宅への移行期の２年間
（1999年４月～2001年３月），「支援会議Ⅲ」は震災10年に向けた本格的な復興
の４年間（2001年４月～2005年３月）である。提言内容はそれぞれの復興段階

表8-2 支援会議による提言内容

支援会議	年月日		提言内容
Ⅰ	1995.8.28	第1回	「被災者」の復興に向けて
	1995.9.25	第2回	被災者の生活再建を目指す自助及び共助について
	1995.10.30	第3回	仮設住宅自治会づくりの促進に向けて
	1995.12.11	第4回	年末，新年を迎えるに当たって
	1996.3.1	第5回	閉塞状況の打開，県民意思の結集
	1996.6.10	第6回	住まい再建のための基本的な考え方，当面の課題について
	1996.9.30	第7回	パートナーシップによる復興の推進
	1996.10.28	第8回	多様な豊かさを目指したまちづくり，住民主体の地域社会づくり
	1997.2.10	第9回	災害復興公営住宅等に対する期待，住まい再建について
	1997.8.11	第10回	仮設住宅の統廃合を進める際の留意点について
	1997.12.19	第11回	産業の活力回復と働く場づくりに向けて
	1998.4.21	第12回	環境移行期に向けて
Ⅱ	1999.7.30	第1回	地域に根差したコミュニティ経済（CBE：Community Based Economy）の総合的推進を
	1999.12.15	第2回	災害復興公営住宅の住まいの復興と住環境整備に向けて
	2000.1.17	第3回	恒常的な地域の見守りと心のケアの体制を築くために
	2000.10.23	第4回	市場・商店街の活性化に向けて
	2000.12.11	第5回	安心で快適な住まいの充実に向けて
	2001.2.19	第6回	地域ぐるみで子どもたちと暮らすしくみをつくろう
Ⅲ	2001.9.21	第1回	高齢者が安心して暮らせる災害復興公営住宅を目指して
	2002.1.28	第2回	まちづくりの担い手支援を通して，復興まちづくりの一層の推進を図る
	2002.9.26	第3回	復興10年に向けて今後取り組むべき課題
	2003.1.10	第4回	被災者生活再建支援法の見直しに向けて
	2003.10.10	第5回	復興まちづくりへの新たな視覚 "震災復興と企業文化" ―地域と企業の新たな関係構築を目指して
	2004.2.20	第6回	淡路島の復興から得られた教訓 〜持続可能なシステムの構築を目指して〜

出典：著者作成。

に応じたもので，表8-2に示す。各内容は詳述する。

　5点目は，復興基金を使って提言を実践したことである。一歩踏み込んだ公的支援を実現するための財源で，公助の補完や自助・共助の推進に用いられた。その趣旨は被災者復興支援会議の提言に合致するものであり，提言の多くを実

第8章　被災自治体による復興ガバナンス

現するのに効果を発揮した。これについて詳述する。

（2）支援会議による提言と復興基金による事業化の組み合わせ

　ここでは，支援会議Ⅰ・Ⅱ・Ⅲそれぞれにおいて，どのような提言がなされ，事業化していったかについていくつかを例示する。[5]

① 支援会議Ⅰ（1995年7月〜1999年3月）

　震災直後の混乱が続くなか，避難所から応急仮設住宅へと入居が進み，災害復興公営住宅や自立再建へと移行していく時期であった。住まいや生活を中心に見通しがつかない，環境の変化に伴い課題が噴出する中で，共助の取り組みといった新たな動きが生まれたり，産業の再生についても模索する時期であった。

　支援会議Ⅰは，3年半の間に12回開催された。特に第4回まではほぼ毎月のペースで提言を行った。第1回提案は「被災者の復興に向かって（1995年8月28日）」，第2回提案は「被災者の生活再建を目指す自助及び共助について（1995年9月25日）」，第3回提案は「仮設住宅自治会づくりの促進に向けて（1995年10月30日）」である。仮設住宅の建設，入居とともに共助の活動も本格化してきたことから，仮設住宅内の交流を促進する，生活環境や健康に留意する，自治会をつくる，周辺地域と相互理解を深める，県外の仮設入居者にも対応する等，仮設生活に配慮した提言が行われた。

　仮設住宅は災害救助法に基づくものだが，当時の基準でカバーされないものに対し復興基金を使い，以下の事業につなげた。交流の場としてふれあいセンターを設置，同センターに必要な備品購入や維持管理，運営する民間支援組織の活動経費に補助した（＝ふれあいセンター設置運営事業費）。雨水排水対策や案内板を設置した（＝応急仮設住宅共同施設維持管理費補助）。スポーツ遊具購入にも補助した（＝仮設住宅地スポーツ遊具等設置事業費補助）。

　第4回提案は「年末，新年を迎えるにあたって（1995年12月11日）」である。震災から10か月が経過し，住宅確保の見通しを示す必要がある旨行政に要請する一方，被災者に対しても，自分たちでまちづくりを話し合うよう呼びかけた。被

163

災者がまちの復興を考えるには，助言する専門家が必要であり，復興基金で，まちづくりにかかるアドバイザーやコンサルタントの派遣費用，協議にかかる会場使用料，資料作成，視察経費等に補助した（＝復興まちづくり支援事業補助）。

第5回提案は「閉塞状況の打開，県民意思の結集（1996年3月1日）」である。震災から1年が経過し被災者の生活再建に格差が目立ち始めたことから，前例や既存の枠組みを超え，新たな発想に基づく思い切った対策を求めた。担い手への支援，住民参加による復興の推進，県民意思の結集等を提言した。

これらを基に，県がボランティアやNPO/NGOによる共助の取り組みを推進すべく，1996年10月に「生活復興県民ネット」を設置した。県のほか，県域団体，広域・市町域の協議会，学識経験者，ボランティアグループ，企業，個人等で構成された。事務局には，県の出向職員のほか，25の民間団体の事務局次長クラスに参与を委嘱するなど，官民が協働する体制を敷いた。実質的な議論を行う場として「企画委員会」を設け，毎回自由参加でメンバーを募った。

ここから，引っ越しボランティア運動，県外被災者支援運動，復興住宅周辺マップづくり等が議論されていく。発案した企画は復興基金を用いて事業化された。支援を必要とする団体と提供したい団体とのマッチング事業（＝フェニックス出会いの広場事業），支援団体が交流や情報共有を行うプラザの設置（＝生活復興NPO情報プラザの設置）をはじめ，生活復興県民ネットで提唱されたものが，約10年間にわたって事業化された。

第6回提案は，「住まいの再建のための基本的な考え方，当面の課題について（1996年6月10日）」である。震災から1年5か月が経過しても，将来展望を見出せない被災者が多かった。ここでは，生活の根幹となる住まい再建のため，住宅再建への支援，被災者の自立と支援，自力再建の促進等を提示するとともに，当面の課題として，住まい復興に関する総合的なプログラムの提示や仮設住宅の統廃合の進め方等を提言した。

復興基金では，先述の被災者自立支援金のほか，融資を受けられない高齢者のため融資相当分を補助する支援（＝高齢者住宅再建支援事業補助），所有する不動産を活用した特別融資（＝高齢者特別融資（不動産活用型）利子補給）を設けた。土地が狭小で再建が難しい場合，住宅を共同化する場合の補助を

164

行った（＝隣地買増し宅地規模拡大利子補助，民間住宅共同化支援利子補給，小規模共同建替等事業補助）。

第11回提案は「産業の活力回復と働く場づくりに向けて（1997年12月19日）」である。被災者の収入の確保が再建につながるよう，産業の活力回復と働く場づくりに向け一定の方向性を提示した。商店，生業の復興にも言及した。復興基金により，商店街をまち再生の一環として捉え，商店街・小売市場を中心としたまちづくり組織が地域として一体的に取り組む，まちづくり構想策定事業等に対し補助した（＝被災商店街復興事業補助）。先述の被災商店街にぎわい支援事業のほか，小売店舗の衰退が加速する中で，空き店舗・空き地を活用し，ギャラリー，休憩所等コミュニティ形成に取り組む事業に補助した（＝被災商店街コミュニティ形成支援事業補助）。新規開業する事業者を誘致する取り組みも行った（＝被災商店街空き店舗等活用支援事業）。

一方，産業再生の切り札として，ポートアイランド二期をエンタープライズゾーン（産業特区）にしようと要望したが，国の賛同を得られなかった。そこで，兵庫県と神戸市が県税と市税を減免にしたのに加え，復興基金で補助金を交付した（＝新産業構造拠点地区進出企業賃料補助，新産業構造拠点地区形成促進助成金交付事業）。

② 支援会議Ⅱ（1999年4月〜2001年3月）

この時期は，災害復興公営住宅（以下「復興住宅」と称する）への入居がほぼ完了し，定着するための環境づくりに重点を置いた。周辺も含めたまちづくりが課題であった。

第2回提案が「災害復興公営住宅の住まいの復興と住環境整備に向けて（1999年12月15日）」である。復興住宅に入居する被災者にとっては，避難所，仮設住宅を経て3回目の移動となるが，恒久住宅で安定した生活が展開されることで再建が完了する。復興住宅の周辺地域も含めて1つのコミュニティと捉え，居住者・行政・専門家等が協働し，住環境の問題の解決を図るよう提言した。第3回提案は「恒常的な地域の見守りと心のケア体制を築くために（2000年1月17日）」である。被災者の恒常的な見守り体制づくりが必要で，生活援

助員（LSA）のバックアップ体制や心のケア体制の充実等を提言した。

　これらを受け，復興基金で以下の事業につなげた。生活援助員は国費でシルバーハウジングに配置したが，それ以外の復興住宅には生活復興相談員を設置した（＝生活復興相談員設置事業補助）。高齢者の孤独死等が増える中で，安否確認，電話訪問，コミュニティ支援等を行う高齢世帯生活援助員に発展させた（＝高齢世帯等生活援助員設置事業）。高齢者の元気アップや生きがいづくりを目指し，NPO・ボランティアグループが企画・実施する交流事業に対し補助した（＝災害公営住宅等高齢者元気アップ活動支援事業）。高齢世帯生活援助員をバックアップし，地域の見守りを強化するネットワーク会議を実施した（＝地域見守りネットワーク会議支援事業）。

　第5回の提案は「安心で快適な住まいの充実へ向けて（2000年12月11日）」である。復興住宅での新たな環境になじめない居住者のため，管理者，支援者等が協力し長期的に改善を図ること，中間支援組織や復興住宅の管理制度等が肝であり，自立的な住環境支援の仕組みを確立すること，震災で生まれた新しい住まいや住まい方を図ること等を提言した。復興基金では，先述の「被災地域コミュニティプラザ設置運営事業補助」により，復興住宅内や周辺住民も含めた交流事業，高齢者等への食事サービス，清掃等のボランティア活動，まちづくり勉強会等について補助した。NPO等が実施するふれあい交流事業にも補助した（＝災害復興公営住宅高齢者元気アップ活動支援事業補助）。

　地域の活性化に対する提言も行った。その一つに，第1回提案「地域に根差したコミュニティ経済（1999年7月30日）」がある。地域の課題に地域で取り組み，対価を得るコミュニティ・ビジネスが生まれ，高齢者支援，子育て支援，まちづくり支援等を行った。地域の埋もれた資源や人材を活用し，第3セクターのビジネス領域を拡大させる，まちづくりと一体となった振興が必要との考え方を提示した。復興基金で，コミュニティ・ビジネスの当初の立ち上がり経費を助成したり，勉強会やコンサルティング事業を実施した（＝被災地コミュニティ・ビジネス等支援補助）。支援が長期化し，NPOやボランティア活動の継続が厳しくなったことから，先述の「災害復興ボランティア活動補助」を延長し補助金を拡充した。被災高齢者の社会参加を促進するため，生きがい

166

しごとサポートセンターを設置し，NPOに委託した。仕事をしたい人と企業とのマッチング等を行った（＝生きがいしごとサポートセンターの設置事業補助）。

第6回提案は「地域ぐるみで子どもたちとともに暮らす仕組みをつくろう（2001年2月19日）」である。子育て家庭への迅速な支援，子育てを社会全体で支える基盤づくり，地域ぐるみの連携等を提示した。復興基金で，子どものケアと就業機会の双方を支援すべく，育児援助（有償）を受けたい人と援助したい人とをマッチングするグループに補助した（＝被災地育児支援グループ助成事業補助）。被災地の子どもの活躍の場を見出せるよう，子ども連合会やNPO等が実施する体験活動やボランティア養成講座に対して補助した（＝こどもの心の広場づくり事業）。

③ 支援会議Ⅲ（2001年4月～2005年3月）

恒久住宅での生活が定着する中で，高齢者を含めた暮らしやすいまちづくり，10年後を見越した復興まちづくり等について提言した。第1回提案は「（緊急提言）高齢者が安心して暮らせる災害復興公営住宅を目指して（2001年9月21日）」である。復興住宅の高齢化率が高く，見守り体制の充実を図ること，コミュニティの活動を活性化し自治能力を高めることを提言した。復興基金で，先述の「高齢者世帯生活援助員」のほか，閉じこもりがちな高齢者等を対象に，ラジオ放送でコミュニティへの参加を呼びかけた（＝ラジオによる被災高齢者等への語りかけ事業）。

第2回提案は，まちづくりの担い手支援を通して，復興まちづくりの一層の推進を図る（2002年1月28日）」である。多彩なまちづくりの担い手を育む，空き地・空き家の利活用によりまちづくりを推進する等を提言した。復興基金で，被災地の空き地を地域のイベントや憩いの場にし，まちのにぎわいを創出する活動に対して支援した（＝被災地空き地活用パイロット事業）。空き地に花を植え，緑化を行う事業に対し支援した（＝被災地"花・緑いっぱい"推進事業）。被災住民が地域固有の自然や歴史等を再発見することで，住み続けたいまちづくりに向けた活動にも支援した（＝まちの再発見運動）。

第3回提案は，「復興10年に向けて今後取り組むべき課題（2002年9月26

日）」である。未達成の課題に取り組むとともに，取り組みの中で生まれた成果を恒常的なシステムとして定着させること，福祉・生活関連，住まい・まちづくり関連，経済・雇用を中心に，復興後の高齢者の活躍の場づくり，自律的なまちづくり，新しい地域経済システム形成等について提案した。復興基金で，高齢者の自立を支え閉じこもりを予防するため，地域見守り支援者への研修会やフォーラム等を開催し体制の強化を図った（＝地域見守りネットワーク会議支援事業）。自立したまちづくりにするため，道路や沿道住宅の美化に取り組む住民団体等の活動を支援した（＝被災地修景緑化支援事業）。経済・雇用関連では，自立支援推進員による中高年被災者への個別面談やカウンセリング等を支援した（＝被災者就業支援事業）。商店街の活性化を図るため，継続して実施する事業に対して補助した（＝被災商店街にぎわい支援事業）。

4　阪神・淡路大震災と復興ガバナンス

（1）外部の提言と使い勝手の良い財源との組み合わせ

　本章では，阪神・淡路大震災からの復興過程において，被災者支援方策を提言するために設立した「被災者復興支援会議」と，その提言を実現するための「復興基金」の組み合わせに着目し，自助・共助・公助が連携・協働する復興ガバナンスを考察した。

　阪神・淡路大震災はそれまで経験したことのない災害で，被災者支援に対処する制度や仕組みが不十分であった。個人資産の回復，営利行為の再開，家族の営み等プライベートな問題は，行政だけでは有効な支援策を打ち出しにくい。復興まちづくりはこれらが絡み合うため，限界が感じられるところであった。ここに支援会議が関与した意義がある。

　第3セクターと言われる支援者や専門家は，災害直後から行政とは異なるアプローチで被災者に寄り添い，専門性を駆使し支援した。これらの人材は，自前でフォーラムを開催したり，図書を出版したりするなど，アドヴォカシー能力にも長けていた。第3セクターである市民層の厚みが，支援会議による提言力につながったと考えられる。

支援会議では，行政プロジェクトチームも設置され，政策に精通した管理職クラスを配置したが，実践につなげる上で効果的であった。支援会議のスタイルは，通常の行政の意思決定スタイルと大きく異なる。行政が事前に進め方や落としどころを調整した上で会議を進めるのに対し，支援会議は被災者に合わせて柔軟性や機動力を持たせるため，事前にシナリオを用意しなかった。行政プロジェクトチームが文化の違いに戸惑いながらも協働できたのは，部下の報告を待つのではなく，自分の眼で現場を確認できたからではないだろうか。

そこには，支援会議の声を重視する知事や副知事といったトップの姿勢も大きく影響した。小西（2005），清原（2015）によれば，貝原知事は常に「被災者復興支援会議の意見を聞きなさい」と指示していたし，井戸敏三副知事（当時，後の知事）も自ら支援会議に出席し，提言を行政施策に反映できるよう尽力した。これらが組み合わされることで，既存の制度にとらわれない柔軟な政策提言ができたと考えられる。

それを事業化につないだのが，復興基金であった。財団法人を作り民間資金として執行することから，毎年の予算編成や議会審議にとらわれず，迅速かつ柔軟に対応できた。支援会議の提案を事業化する上で，被災者のプライベートな問題にまで踏み込むものや，自助・共助の活動を後押しするものは，復興基金の方が使いやすかったし，事業の長期化や拡充等にも対応しやすかった。そこには行政自らの限界を認識し，従来とは異なるアプローチを採用することで，第3セクターの長所を取り込み，被災者支援につなげる姿勢があった。勿論，第1セクターと第3セクターが完全に一致することはありえず，スタンスの違いや意見の衝突もあったと聴く。しかし，違いを認識し，尊重したからこそ10年間継続できた。そこから成果と残された課題を峻別し，その後の復興につなげることができたと考えられる。

（2）民間の人材を活用した提言を行政施策につなげる

復興段階において，第3セクターからの提言を実践につなげるポイントを図8-3に示す。災害時には前例のない取り組みや被災者固有の事情等，平時に想定していなかった課題が噴出する。そこでは，能力ある外部の知見を如何に

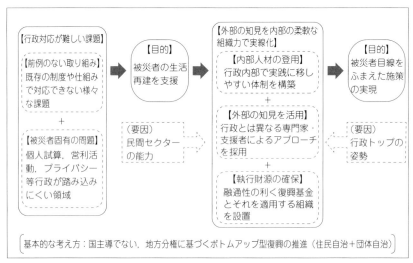

図 8-3 外部者の提言を行政施策につなげるポイント
出典：著者作成。

取り入れるかが重要である（第一の要素）。次に，行政組織内部から人材を登用し，提言を実践に移しやすい体制を構築する必要がある（第二の要素）。不可欠なのが財源である。時期や年度に関係なく，特定事項にもアクセントをおけるものが望ましい（第三の要素）。トップの姿勢も重要である（第四の要素）。これらが組み合わさることで，被災者目線での施策を実現できたのではないだろうか。兵庫県では当初から国に後方支援を求めず，地方主導による復興を推進したことも大きかった。

　被災者支援の仕組みは今日でも完成したわけではない。同じ災害は二度と起こらないし，地域によって様相も異なる。時代が変われば，課題そのものが変わっていく。仕組みがないとの悩みが尽きることはない。あるべき資源を活用し，どのように創造するか——既存の枠組みにとらわれない熱意と発想を持って，団体自治と住民自治を伸長することであろう。それを探る上でも，阪神・淡路大震災における復興過程を振り返るのは意義がある。「被災者復興支援会議」と「復興基金」の組み合わせは，被災自治体が復興ガバナンスを考える上で，有用な参考事例になると考える。

第8章 被災自治体による復興ガバナンス

注

⑴ 住宅再建をどう支援するかは大きな課題の一つであり，兵庫県は住宅地震災害共済制度（フェニックス共済）の提案を行った。市民レベルでも，「生活再建援助法案」「市民＝議員立法実現推進本部」等を通して，公的支援の充実を訴えた。

⑵ 憲法の「地方自治の本旨」は，住民自治と団体自治の二つの要素からなる。住民自治とは，地方自治が住民の意思に基づいて行われるという民主主義的要素であり，団体自治とは，地方自治が国から独立した団体にゆだねられ，団体自らの意思と責任の下でなされるという自由主義的・地方分権的要素であると言われている（参議院憲法審査会「地方自治の本旨，国と地方の役割」
https://www.kenpoushinsa.sangiin.go.jp/kenpou/houkokusyo/houkoku/03_45_01.
html#:~:text=%E6%86%B2%E6%B3%95%E3%81%AE%E3%80%8C%E5%9C%B0%
E6%96%B9%E8%87%AA%E6%B2%BB%E3%81%AE,%E3%81%A8%E8%A8%80%
E3%82%8F%E3%82%8C%E3%81%A6%E3%81%84%E3%82%8B%E3%80%82（2024
年4月29日）

⑶ フェニックス共済ではこのほか，年額500円の負担金で一部損壊の住宅補修に対し最大25万円，年額1,500円の掛け金で半壊以上または床上浸水の家財再建に対し最大50万円，年額2,400円の負担金で半壊以上のマンション再建に対し最大300万円を支給する。

⑷ 復興基金の設立準備については，五百蔵他（2005）「翔べフェニックス 創造的復興」「第三章 阪神・淡路大震災復興基金」（80-96頁）に詳しい。本章ではこれをもとに著者が独自の見解を加え記述した。

⑸ 第5節は，青田（2021：26-36）を参考に新たに見解を加えた。

引用・参考文献

青田良介（2021）「専門家・支援者の提言を実践につなげる方策に関する研究――被災者復興支援会議等と阪神・淡路大震災復興基金の役割を例に」『災害復興研究』12：19-45.

五百蔵俊彦・高井芳朗（2005）「第三 阪神・淡路大震災復興基金」『翔べフェニックス――創造的復興への群像』㈱兵庫ジャーナル社，77-98.

貝原俊民（1996）『大震災100日の記録』ぎょうせい，144-148.

清原圭子（2015）「第九章 被災者の生活復興」『翔べフェニックスⅡ――防災・減災社会の構築』㈱兵庫ジャーナル社，257-282.

小西康生（2005）「第四章 被災者と行政の架け橋 被災者復興支援会議」『翔べフェニックス――創造的復興への群像』㈱兵庫ジャーナル社，99-116.

曽我謙吾（2013）『行政学』有斐閣，311-340.

第134回国会参議院会議議事録第3号（1995年10月4日），12-13.　　（青田良介）

第9章

被災地での犯罪とその予防

1 災害と犯罪

　アジアに位置する日本は，少なくとも過去数年間，世界で最も災害の多い国のトップテンに入っており，また，先進国の中でも最も災害の多い国であるである。地理的な位置と地形的特徴から，日本は台風，火山噴火，地震などの影響を頻繁に受けている。特に地震は壊滅的な被害をもたらし，1990年代以降，1995年の阪神淡路大震災，2011年の東日本大震災，2016年の熊本地震など，100人以上の死亡者または行方不明者が発生した。日本はもともと犯罪率が常に低いとされており，大規模な災害の後には犯罪が発生しないと考えられていた。しかし警察庁の報告によれば，これらの災害の後，総犯罪数は減少したが，一部の犯罪の種類が増加したことが示されている。

　東日本大震災など，日本で甚大な災害が発生したときに，海外のメディアでよく報道されるのが，パニックを起こさずモラルを守っている被災者の姿である。犯罪社会学の観点から考えれば，災害には，平常時の社会機能を崩壊させ，犯罪のような逸脱行為の発生を抑制する社会の力を弱める効果があるといえる (Shaw and Mckay, 1969)。実際に，東日本大震災の約1年前に起きたハイチ地震では，被災地での暴動や強盗，殺傷事件，人身売買など様々な犯罪が起こり，治安が悪化している様子が報道された。しかし，日本ではそのようなことがほとんど起こらないと言われているし，信じられている。一方で，実は大災害のあとに犯罪が増えるということこそが神話であり，実際は犯罪が減少するのが一般的だという説もある (Wenger et al., 1975; Solnit, 2009)。被災地では，生活の立て直しや，被災したまちの復興が優先され，犯罪や逸脱行為については二の

第9章 被災地での犯罪とその予防

次に扱われる傾向がある。事実，避難所で揉め事が起こった際に，避難所内の人間関係や雰囲気を損ねないために，嫌な思いをしても言い出せないことがあるといった話も聞く。より多くの被災者が自分の力で生活を再建していくためには，犯罪や逸脱行為の発生を抑える努力をし，復興に全力を注げるような環境を整えることは大事なことである。

　事実，被害の回復や復興の取り組みの遅さが，被災地での犯罪を増加させるが，逆に適切な支援を行うことで犯罪発生率を下げることも可能である。阪神・淡路大震災の際，乗り物盗や被災店舗からの盗みなど，震災後の混乱に乗じた犯罪の発生が報告されている。こういった犯罪行為は，より多くの人が亡くなった地域や，停電が長く続いた地域，つまり復旧が遅れた地域ほど多かった。復旧・復興の遅れは，被災地で犯罪を発生しやすくさせる影響を持っている（岡本，2013；斉藤，1997；岡本ら，2014）。一方で，1998年に起きたカナダのケベック州で発生した氷嵐とそれに伴う停電の間の犯罪の日次変動に関する研究では，経済的に困窮している被災者に小切手を配布したところ，窃盗犯罪の発生率が大幅に減少したことが明らかになっている。また，寄付金は遠く離れた地域よりも隣接した地域のほうが多く，犯罪率と反比例していることがわかった。公的支援という制度的な利他主義と，相互扶助や連帯などの社会的な利他主義が，危機の際の団結を促進し，これによって犯罪率が低下したのである（Lemieux, 2014）。

　災害と犯罪の関係についての研究は，犯罪学の他の分野と比較して積極的に追求されておらず，限られた研究しか蓄積されていない（Frailing and Harper, 2010）。さらに，これまでの災害と犯罪に関する研究の多くは，アメリカで発生した災害に焦点を当ててきた（Wohlenberg, 1982; Genevie et al., 1987; Cromwell et al., 1995; Zahran et al., 2009; Frailing and Harper, 2010; Frailing and Harper, 2015）が，世界で最も災害が多発する地域はアジア，オセアニア，アフリカ，ラテンアメリカ，カリブ海に位置している（Kirch et al., 2017; Heintze et al., 2018; Day et al., 2019）。災害と犯罪の関係を探るためには，様々な国や地域で発生する災害に焦点を当てた実証的な研究を蓄積する必要がある。そんな中，前述のような災害大国日本においては，その災害の発生頻度にかかわらず研究があまり行われ

173

ていないのが実情である。災害と犯罪の関係を探るためには，様々な国や地域で発生する災害に焦点を当てた実証的な研究を蓄積する必要がある。

本章では，まず犯罪データを取り扱う上での基礎知識である刑事司法手続および犯罪の取り扱いについての概要と，被災地での犯罪発生を説明する犯罪学理論を説明し，これまでの日本での研究によって得られた被災地での犯罪類型を説明し，その上で，被災地で発生する犯罪を予防するために役立つ環境犯罪学の理論とその活用方法を述べる。

2　刑事司法手続と犯罪データ

刑事司法手続とは，犯罪が発生してから，どのように警察で捜査され，犯人逮捕後に裁判が行われ刑が確定し執行されるかまでの，一連の手続である。刑事司法手続の始まりは，発生した犯罪を警察が認知するところから始まるが，認知に至る方法は4種類ある。① 被害者自身が警察に被害届の提出や告発・告訴を行う被害者による「届け出」，② 第三者が目撃した犯罪を警察に報せる「通報」，③ 犯行を行った本人が警察に出頭する「自首」，④ 警察官がパトロールなどの警察活動中に犯罪を発見して「直接認知」する方法の4種類である。警察に認知されて初めて犯罪行為は犯罪として数えられ，警察の公式統計に計上されることになる。この認知件数の内，約9割は①の被害者による届け出によるものである。また，起こった犯罪行為すべてがこれら4つの方法で必ず警察に認知されるとは限らない。警察に認知されていない犯罪のことを暗数（あんすう）と呼ぶ。そして，被害者による届け出が9割を占める公式犯罪統計において，犯罪の種類によって警察への届け出への様々なハードルの高さが違うことから，犯罪の種類によって暗数となる犯罪の割合に差がある（表9-1）。

被害者の認知が非常に明瞭であり，被害者側の過失割合が小さく，被害者による通報の心理的ハードルが低い犯罪，例えば自動車盗や交通事故等は通報率が高い。一方で，被害者や第三者による通報の心理的ハードルが高いものとしては，児童虐待や家庭内暴力，性犯罪などが挙げられる。

暗数を完全に取り除くことは不可能である。しかし，その努力は必要である。

174

第9章　被災地での犯罪とその予防

表9-1　各種犯罪の通報率

通報率（第三者による通報を含む）

自動車盗・バイク盗	ほぼ100%
交通事故	91.1%
窃盗犯罪での平均（車上盗，自転車盗，窃盗，不法侵入，不法侵入未遂）	54.0%
殺人・傷害	48.8%
ストーカー	32.5%
性的な被害	20.1%
配偶者からの暴力	9.6%
児童虐待	5.0%

出典：警察庁（2017）『平成29年度 犯罪被害類型別調査 調査結果報告書』。

　そのため，警察による公式犯罪統計以外に，犯罪被害を経験したかを問う「犯罪被害者による犯罪被害調査」や犯罪や非行行為の経験を問う「自己申告式犯罪・非行調査」も行われている。こういったデータを組み合わせることで，より犯罪発生の実態について精緻に分析することが可能となる。

　こういった犯罪データの分析には，様々な注意すべき点や分析方法で気をつけなくてはならない点がある。例えば，犯罪は，その発生時間や場所，季節にパターンが存在するため，その点を検討できるような分析方法が求められる。季節性でいえば，数十年分のデータを蓄積し，月単位等で分析することで，その季節性を考慮した上での犯罪発生の変動が確認できるからである。特定の災害の発生や，近年世界中を襲った新型コロナウイルス感染症蔓延による大きな社会変化が，犯罪発生にどのような影響を及ぼしたのかを精緻に分析しようとするなら，そういった社会変化のかなり前からの長期的な犯罪データを用いて，人口変動や法制度改革など，他の影響による犯罪の変化を統制した上で，当該社会変化による影響を見る必要がある。

　日本における被災地での犯罪に関する研究がなかなか進まなかった理由の一つに，被災地での分析に耐えうるレベルの細かさの公式犯罪統計データへのアクセスの難しさがある。警察庁から刊行されている犯罪白書などの，一般的に

175

入手可能な公式犯罪統計は，主に都道府県単位レベルのデータ精度である。近年，特定の警察本部において，小学校区レベル程度での犯罪認知件数を公表するように変化し始めた。そして2018（平成30）年より，試験的に各都道府県警察によって，街頭犯罪についてオープンデータ化されるようになった。このデータは，各犯罪について，起こった場所や日時，どのような状況下で発生したのかなど，かなり詳細なデータとなっている。こういったデータが公開されるまで，被災地での犯罪発生について分析しようとすると，被災地の警察本部に依頼してデータを提供してもらうか（警察本部との信頼関係を構築する必要があるため，提供してもらえない場合もある），被災者自身から調査などを通して情報を収集するしかなかった。各警察本部によるオープンデータは，まだ経年的な分析に耐えうるだけの時間的蓄積には足りていないが，これが継続されることで，より一層犯罪についての研究が進むことが期待されるものである。

3　被災地での犯罪発生を説明する犯罪学理論

　被災地での犯罪発生を説明する際に用いられる犯罪学の理論は，主に2つの理論が用いられている。一つ目が社会解体理論，二つ目が日常活動理論である。社会解体とは，社会構造的な問題がコミュニティメンバー間の関係を崩し，それらを規制する規範またはその結果生じる条件を崩壊させるプロセスのことである。この理論は，被災地の犯罪において，特に貧困などの社会問題と犯罪の発生の可能性との関係を説明するためによく使用される。Wohlenberg（1982）やGenevie et al.（1987）は，1977年のニューヨークブラックアウト中に，災害による社会的な統制の喪失が，貧しい人々，失業者，暴力犯罪の多い地域で大規模な略奪を引き起こしたことを発見した。さらに，Frailing and Harper（2010）は，ハリケーン・カトリーナの後の犯罪増加は，事前に存在していた経済的問題が説明できると結論づけている。

　一方，日常の活動理論は，犯罪を行おうと考える犯人の存在（犯行企図者），適当な標的の存在，有能な監視者の不在という3つの要素が同じ場所と時間に重なるときに起こる事象と定義している。大規模な災害後の影響地域の状況を

第 9 章　被災地での犯罪とその予防

考えると，災害により一部の人々が財産を喪失し，過度のストレスに苦しむ可能性がある（適格な犯人の存在）。また，一部の建物が損傷し，外部から侵入しやすくなる（適格な標的の存在）。さらに，人々が避難し，多くの住宅や店舗が空になる（能力ある監視者の不在）ことがある。したがって，災害の被害の大きさが大きいほど，これらの3つの要素が重なり合う可能性が高くなるため，犯罪が発生しやすくなることは驚くことではない。日常の活動理論を用いて災害後の犯罪を説明した研究には，ハリケーンアンドリューの余波を扱ったCromwell et al.（1995）や，熊本地震の後の犯罪増加を説明した岡本ら（2023）がある。

4　日本における被災地での犯罪研究と類型モデル

　数少ないとはいえ，日本の被災地でいくつかの犯罪発生についての研究が行われてきた。その中でも研究の本数が多いものが，1923年の関東大震災，1995年の阪神・淡路大震災，2013年の東日本大震災である。以下では，各被災地での犯罪発生の傾向と特徴を示し，これらの研究から得られた，被災地での犯罪を分析するための類型モデルを説明する。

（1）日本における被災地での犯罪研究

　本書執筆中の2023年は，関東大震災からちょうど100年であり，当時行われた残虐な虐殺についての書籍や映画が多数発表された。関東大震災での犯罪の特徴は，このような朝鮮人や被差別部落出身者，政府から目を付けられていた人などを対象に行われた，虐殺やリンチである。特に，朝鮮人に対しては，「井戸に毒を撒いた」といったデマが広まり，それを受けて多くの朝鮮人が犠牲となった。結果，殺人45件（起訴161名），傷害16件（起訴85名），強盗1件（起訴1名）と多くの事件が発生し，11月15日の政府調査では総計367件が起訴（警察・軍隊による虐殺も含む）された。しかし，これらはあくまでも公的記録に残っている範囲であり，実際はもっと大規模な虐殺が行われていたが，これらについては後に詳しく記述する（斉藤ほか，2013）。こういった事象は，ま

177

さしく社会解体によって起こったことであると考えられる。日常活動理論で考えるのであれば，有能な監視者たるべき軍，警官，自警団が，デマや当時の権力・差別構造の中，犯行企図者となり実行されたものであるといえる。

　阪神・淡路大震災では，多くの犯罪が低下したが，オートバイ盗だけは突出して増加した（44％増）。オートバイの盗難増加は，主要道路の被害に起因し，残りの道路で交通渋滞が激化したため，交通渋滞中でも高速で移動できるオートバイの需要が増加したことから発生したと考えられている（斉藤ほか，2013）。災害後の交通渋滞によるオートバイの魅力の増加は，オートバイを適当な標的とする条件を整えたのである。

　また，阪神・淡路大震災では，警察の公式統計には含まれていないが，性犯罪や家庭内暴力が多数発生したことがわかっている。ウィメンズネット・こうべ（1996）によると，性犯罪の公式の認知件数は4件だが，女性団体や婦人科医等への相談件数は40件以上だった。そもそも性犯罪は，暗数の多い犯罪と言われている。平時でも，暗数は公式統計の約10倍と言われている。公式の認知件数4件に対して，相談件数が40件以上というのは，平時の暗数の割合から見ても妥当な数値である。

　東日本大震災は，津波による被害が大きかった岩手・宮城と，津波の被害は少なかったが福島第一原子力発電所の影響によって広域かつ長期的に被害を受けた福島で，大きく犯罪の様相に差があった。東日本大震災で影響を受けた地域では，総犯罪数は減少したが，沿岸地域での住宅や店舗を対象とする不法侵入（強盗を含む）の件数が増加傾向にあった。一方，福島では空き巣被害が急増した（斉藤ほか，2013）。これは，津波によって住宅そのものが流出するような被害にあった地域は，たとえ流された先で家財が盗難にあったとしても，それを認識して被害届を出すことは難しかったことと，福島では広域避難の裏をかく形で空き巣が横行し，一時帰宅の際にその被害を確認し，被害届を出すことが可能だったという，被災地の状態の差が大きいと考えられる。両方の地域にとって，災害による社会の解体が根底にあることは明らかであり，福島の場合はさらに有能な監視者が明らかに欠如した状態を長期間，広範囲にわたって作り出したことによる結果であるといえる。

第9章　被災地での犯罪とその予防

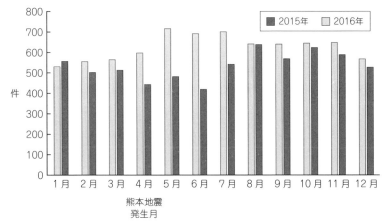

図9-1　2015年と2016年の認知件数（窃盗）の比較（熊本県）

（2）熊 本 地 震

　筆者らの研究グループは，熊本地震による被災地で，これまでの被災地での研究と同様に，被災後の犯罪についての研究調査を行った（岡本ほか，2023）。熊本県警察本部に協力いただいて，窃盗犯罪のデータや，過去8年分の空き巣のデータを得た。熊本地震のあった2016年を震災の前年である2015年の窃盗犯罪の発生状況を比較検討したところ，震災後があった4月から7月にかけて前年より大幅な減少が見られた（図9-1）。次に，窃盗犯罪について手口別で同様な検討を行ったところ，空き巣のみが震災後に顕著な増加を示していた（図9-2）。熊本地震後の多数の空き巣の発生は，熊本県内で最大約10分の1に相当する約18万人が避難所に避難し，他の多くの人々も避難所に避難せずに車で過ごした状況に帰せられる。利用可能なデータがある避難所への避難者数を見ると，2016年4月17日の熊本地震の2回目の余震の翌日に最大で避難者が18万3,882人であったが，4月24日には6万7,788人，5月1日には2万3,246人，5月8日には1万4,770人，5月15日には1万434人，5月22日には9,100人，5月31日には8,178人に減少したことがわかる。したがって，有能な監視者の不在は，最大で翌月まで，空き巣を一時的に増加させる影響を持っていたと推測される。この空き巣の認知件数の増加が偶然によるものではないことを確認するためには，時系列分析により震災前までの空き巣の月別認知件数の推移を

179

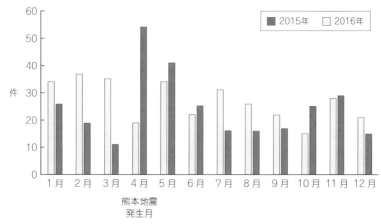

図 9 - 2　2015年と2016年の認知件数（空き巣）の比較（熊本県）

説明するモデルを作り，このモデルに基づいた震災後の予測値を求めて，震災後の実際の空き巣認知件数がその予測値を上回っているかどうかを見る必要がある。

　震災前までの空き巣の月別認知件数（2009年1月～2016年3月の間）の推移を説明するモデルを，ボックス－ジェンキンス法により求めたところ，最終的にARIMA（2，1，1）モデル（自己回帰和分移動平均モデル）が適切ということになった。このモデルに基づき，震災のあった2016年4月以降の予測値を95％信頼区間により求めた（図9 - 3）。この結果から，震災後の空き巣認知件数の増加は，少なくとも4月と5月については偶然によるものではない（つまり，震災によるもの）といえる。

　さらに，熊本地震で被災した地域内において，災害後の犯罪被害にあったかどうかを問い合わせるネットモニター調査を実施し，その中で被害にあったと回答した人のうち，インタビュー調査に協力しても良いと意思表示された方々に対してインタビュー調査を実施した。これは前述で言うところの，犯罪被害者に対する犯罪被害調査である。被災地住民に対して実施した質問紙調査の結果では，空き巣被害について震災前1年間の被害報告は0人であったが，震災後1年間では3人が被害にあったと回答していた。インタビュー調査によると，被害の内容は，空き巣被害2件（盗まれたものはブランドものの貴金属や家財

第9章 被災地での犯罪とその予防

図9-3　空き巣の月別認知件数の推移と予測値（熊本県）
出典：岡本英生・斉藤豊治・宇都宮敦浩・岡田行雄・松川杏寧（2018）『災害後の効果的な防犯対策について——熊本地震の被災地調査に基づく検討』，2018年度一般研究助成研究報告書，公益財団法人 日工組社会安全研究財団。

など），その他の窃盗1件であった。被害にあったのは3人とも震災から2か月以内であり，避難をしていて家を空けている間に被害にあっていた。さらに3人全員が空き巣被害を警察に届けていなかった。被害届を出さなかった理由については，仕事や家のことで忙しかったから，盗まれたのかどうか確かではないと思ったからなどの回答が得られた。つまり，公式統計の認知件数の分析でも，すでに空き巣の発生率が上昇していたことが確認されたが，暗数も含むとその上昇率はさらに大きい可能性がある。

　これらの様々な被災地での研究結果から，被災地における社会解体の影響やそれによる犯罪発生機会の増加は，被災地の状態に合わせて特定の種類の犯罪を増加させることが明らかとなった。

（3）被災地での犯罪の4類型
　こういった被災地での犯罪に関する研究から，斉藤ほか（2013）は，被災地での犯罪を次の4類型に分類している。

① 困窮型犯罪
　困窮型犯罪とは，災害後に被災者が生き延びるために行われる犯罪のことで

ある。被災地外にいる被災者の関係者によって，やむを得ないという判断のもと行われるものもある。例を挙げるなら，阪神・淡路大震災では食料や水が不足する中，多くの被災者がコンビニなどの小売店に殺到し，どさくさに紛れてお金を払わずに出て行ってしまったという報道がある。東日本大震災では，避難所の自動車からガソリンが抜き取られることがあったが，これは東北地方の重要な移動手段である自動車を使うための，切迫した事態によって生じたものと考えられる。また，寒さをしのぐためか，灯油が盗まれるというケースも見られた。また，災害ガレキの不法投棄なども困窮型犯罪に分類される。通常の方法でのがれき処理では時間がかかり，家の片づけや修繕が遅れ，家に帰るのがさらに遅れてしまうことになる。これを避けるため，やむを得ず不法投棄や，住民による焼却といった違法行為による処理が行われてしまう場合がある。

　日本は災害大国であるが故に，国全体での災害対応の体制や制度，各種資源の準備やそれらを届けるためのロジスティックスが比較的整っている国である。そのため，前述のハイチの事例のように，治安悪化が国際的に報道されるほどの略奪などは報告されていない。被災によって困窮したが故の，生き延びるためのやむを得ない状況での困窮型犯罪は，国民全体がある程度の備蓄を持っておくことが徹底されていたり，災害対応が機能し備蓄がつきるまでに必要な支援を届けることができるようにしておけば，大きく発生を低減させることができる種類の犯罪である。

② 便乗型犯罪

　便乗型犯罪とは，災害後の混乱に便乗して生じる様々な犯罪である。空き家への侵入盗，義援金の詐欺・横領・窃盗，援助金・公的資金・保険金の詐欺，リフォーム詐欺，物価のつり上げなどの暴利行為，人身売買などである。侵入盗は，前述の通り，被災者が避難所に避難したことによって空き家になった家に対して行われる。被災地の多くは停電であるため，暗く犯行が目立たない。被災地にいる空き巣犯だけでなく，被災地外のプロの窃盗犯が乗り込んで行うものも多い。各種支援金等の詐欺・横領・窃盗については，なりすましや過大申告，重複しての受け取りといったケースが存在する。大規模なものであれば，

第9章 被災地での犯罪とその予防

9.11テロやハリケーン・カトリーナといった甚大な被害の後のアメリカでは，社会問題になるほどであった。リフォーム詐欺や物価のつり上げは，大きなものから小さいものまで，多くの被災地で起こっている。さらに，復旧工事などをめぐる談合や違法な手続き，暴力団のフロント企業の入札や工事への参加も起こっている。人身売買は，日本のような戸籍が存在する国ではあまり見られないが，スマトラ島沖地震やハイチ地震の被災地では，戦災孤児をターゲットにした組織的な人身売買が行われていた。中には養子縁組を偽装したものもあった。

③ ストレス型犯罪

避難所でのなれない集団生活や，先の見えない生活再建など，被災者は被災後の生活の中で様々なストレスを抱えることになる。直後には顕在化していなくても，被災生活の中で増大していくストレスは，様々な形でストレス反応として現れ，自分や他人を傷つけるような行為に発展する場合もある。感情的になったり，絶望感を募らせたり，孤独感を感じたりするなかで，障害や持病が悪化したり，家族内で不和が生じたり，暴力事件やDV，性犯罪につながったり，自殺やアルコール・薬物・ギャンブルなどへの依存といったことが生じてくる。事前に，心理的なレジリエンスを高めておくのも重要であるが，災害発生後速やかに心理的ケアを提供できる対応が求められる。

④ 権力犯罪など

上記3つに分類されないものや，複数に関連する混合型犯罪なども含む，4つ目の分類である。関東大震災では，在日朝鮮人に対する数千人規模の大規模な虐殺事件が生じていた。また中国人や日本の社会主義者，労働運動の指導者といった，当時の日本政府とって好ましくない人々の殺害が実行されていた。これらの背景には，朝鮮半島における植民地化に対する独立運動と，それに対する強い弾圧という政治的背景があった。地震発生当時，政府は東京に戒厳令を布告したが，この布告を推進したのが朝鮮総督府で独立運動の軍事弾圧を行っていた幹部であった。朝鮮人たちによる略奪や毒の散布といったデマが流

183

れ，それを理由に虐殺が繰り広げられたのである。デマの出所については諸説あるが，軍や警察の関与の疑いもある。報道も，これらのデマを事実のごとく報道した。その後，国際社会からの批判により，政府は虐殺を批判し，その責任を自警団に押し付けたのである。こういった政治的背景はもちろんながら，当時の，植民地化によって日本の都市に流入した朝鮮人たちと日本人の間にある違和感や差別意識の醸成といった社会的・文化的背景も，このような虐殺を後押ししたと考えられる。

　こういった，権力構造による暴力や搾取は，何も人種間の違いだけで起こるものではない。男性対女性，夫対妻，親対子どもなど，社会には多くの対立構造，葛藤状態，権力格差があり，時にはそれらを用いた搾取が行われる。避難所で入浴ができない状況にある人に対して，風呂を提供すると持ち掛けて行われた性犯罪や，家庭内での暴力や性暴力の発生・再発・悪化なども，ある種被災者やその中でも一層弱い立場にある人を対象とした搾取である。

　そもそも被災地では，限られた資源をうまく調整しつつ分配することによって，より多くの人が生き延びられるよう協力し合わなければならない。こういった状況下において，犯罪の発生は，被災者にさらなる被害をもたらすものであり，被災者および被災地の復旧・復興の妨げとなるものである。これまで述べたように，一定の条件があれば，犯罪の発生は抑制できる。災害を発災前から続く一連のプロセスと考える災害マネジメントサイクルの考えに則るのであれば，被災地で起こる犯罪についてより研究を深め，事前そして発災時に適切に対処できるよう，犯罪予防の知見を深める必要がある。そして，犯罪予防に寄与するべく研究が進められてきた犯罪学分野の一つが，環境犯罪学である。

5　被災地での犯罪予防を考えるための環境犯罪学理論とその活用

　〈環境犯罪学〉は，1人の研究者によって生み出された分野ではない。とはいえ，その考え方の始点として主に取り上げられるのは，都市計画家であり社

会活動家でもあるジェーン・ジェイコブスであろう。ジェイコブズは彼女の著書『アメリカ大都市の死と生』（1961＝2010）において，都市の治安を維持するには街路が安全であることが重要であると述べている。さらに，その街路の安全は，街路の使用者である近隣住民やよそからきた通行者によって織りなされる「複雑でほとんど無意識のネットワーク」によって維持されていると述べている。ジェイコブズは都市のデザインが専門であり，この著書によって，当時のアメリカで行われている都市計画ではこのネットワークを破壊するような計画や設計ばかり行われていると批判した。つまり，建造物や街の構造によって，地域の社会的ネットワークが破壊，阻害され，治安が悪化してしまうのである。「こうしたネットワークは都市の交換不能な社会資本」（Jacobs, 1961＝2010: 162）であり，「どんな理由からであれ，その資本が失われれば，そこから得られるものも消え，新しい資本がゆっくりと運よく蓄積するまでは決して復活」（Jacobs, 1961＝2010: 162）しないのである。ジェイコブズの述べている街路を安全に保つ社会的ネットワーク，〈ソーシャルキャピタル〉について着目し，世界に広く広めたのがロバート・D・パットナムである。

　ジェイコブズの発見は，〈ソーシャルキャピタル〉という社会的要因による都市の〈安全〉・〈安心〉という議論と，犯罪が起きる〈場〉に着目する〈環境的観点〉による〈安全〉・〈安心〉という議論の，2つの議論を社会に引き起こした。後者の〈環境的観点〉による〈安全〉・〈安心〉は，特に犯罪研究に対して大きな影響を与えた。例えばC・レイ・ジェフェリーの〈物理的環境デザイン設計による犯罪予防〉，別名CPTED（Crime Prevention Through Environmental Design，以降CPTEDと表記する）や，オスカー・ニューマンによる『守りやすい住空間』（1972＝1976）がその筆頭である。ジェフェリーもニューマンも，ジェイコブズの指摘したデザイン設計によって地域の〈安全〉・〈安心〉が変化することに着目し，より〈安全〉で〈安心〉な空間を造りだすことを目指していた。このようにジェイコブズの議論は，物理的・環境的観点による犯罪学理論の発達を経て，〈環境犯罪学〉という分野の誕生に寄与したのである。

　ジェフェリーやニューマンといった多様な研究者が，CPTEDなど〈環境的観点〉に基づいた新しい犯罪学の理論を打ち立て，研究分野を拡大させていっ

たのを受け，ポール・ブランティンガムとパトリシア・ブランティンガム夫妻は，〈環境犯罪学〉という分野名を提唱し，〈環境的観点〉からの犯罪学研究を新しい一つの分野としたのである。この〈環境犯罪学〉の観点の特徴は，犯罪を予防するための解決策を提唱する部分までを含んでいることである。犯罪を未然に防いだり予防したりする方法についての議論は〈犯罪予防論〉として一つの分野になっている。ブランティンガムとファウスト（Brantingham & Faust, 1976）は免疫学の観点から，犯罪予防を体系的に整理している。そもそも免疫学における公衆衛生では，病気に対して1次予防から3次予防までの3段階の予防があるが，その形態を踏襲し，犯罪予防に対して適応した。公衆衛生における1次予防は，病気になりにくい強い体を作ることである。犯罪予防に置き換えると，1次予防とは犯罪の起きにくい環境を作り出すことであり，環境犯罪学における犯罪予防とは，この1次予防に他ならない。

　以下では，環境犯罪学理論の中の，CPTEDと状況的犯罪予防を説明し，これらを被災地での犯罪予防に活用する際の一例を示すことで，実際の被災地や防災活動の中で実施可能な取り組みについて検討する。

（1）CPTED

　〈環境犯罪学〉や犯罪予防という分野において，広く知られている理論がCPTEDである。CPTEDは犯罪学者C・レイ・ジェフェリーが，ジェイコブズの議論を受けて提唱したものである（朴，2002a）。ジェフェリー曰く，CPTEDとは，犯罪発生前に物理的及び社会的環境全体を，犯罪機会が減少されるよう設計することである（Jeffery, 1971）。例えば空港のベンチを一人がけにしたり，女性専用区間を作りそこの照明をピンクや青にするなど，物理的設計により犯罪行動を起こしにくい環境を作る方法を，具体的に提示している理論である。犯罪予防における物理的側面による効果に重きを置いており，具体的なアプローチの実践例を多く取り上げている。その後理論を発展させるに当たりジェフェリーは，個人の行動や脳といった生物学的見解をも取り入れていったため，当初の物理的設計による犯罪予防から大きく道をそれることになり，CPTEDの名称とは別に，彼の業績は広く受け入れられることはなかった。

第9章　被災地での犯罪とその予防

　ジェイコブズの議論から見てみると，ジェフェリーによるCPTEDは方法論的側面，つまり物理的な環境を整備することにおいてはジェイコブズを踏襲しているが，その根幹にある地域住民の社会的ネットワーク，ソーシャルキャピタルを促進させることについては踏襲されていない。もちろんジェフェリー自身も，社会的要因の重要性については認識しており，言及している。しかしあくまでも重要性を言及するにとどめており，物理的デザインのように具体的な事例やアプローチについては，触れられていない。

　ジェフェリーがジェイコブズからの影響によるCPTEDを提唱していたちょうど同じころ，建築学の分野でもジェイコブズからの影響を受けた理論が提唱された（朴，2002b）。オスカー・ニューマンによる〈まもりやすい空間〉がそれである。ニューマンは著書『まもりやすい住空間』において，まもりやすい空間とは「自衛する社会的組織の物的な表現を作り出すことによって犯罪を阻止する居住環境のひとつのモデル」（Newman, 1972＝1976: 21）であり，安全性を維持するための自助を促進する触媒として働くべきとしている（Newman, 1972＝1976）。つまり地域の安全・安心に対する責任は住民にあり，住宅地には住民の犯罪に対する自助意識を高めるような環境設計が必要であると言及しているのである。そして住民の意識を高めるには　1）領域性，2）自然な監視，3）犯罪の標的を作らない，4）住宅地を安全な地域に隣接させる，の4つが重要であると述べている。

　ニューマンの〈まもりやすい空間〉の議論は，ジェフェリーのCPTEDに比べればジェイコブズをより踏襲しているといえる。それはその地域に住む住民の責任について言及したり，社会的要因について取り上げている点において，いえることである。しかし社会的要因として取り上げられているのは，住民の領域性に対する意識と自然な監視という2点のみであり，ジェイコブズが述べていたソーシャルキャピタルや地域住民の社会的ネットワークに匹敵するような社会的要因については触れられていない。さらに，ジェイコブズが強調していたのは，そうした社会的ネットワークやソーシャルキャピタルによる「意識されない」統制である。意識的に自分たちの領域を定め，意識的に監視を行うという点においても，ジェイコブズの議論とは違いが見受けられる。

187

ところで前述のとおり，犯罪予防の分野において最も広く知られ，実際に活用されている理論のひとつがCPTEDである。しかし，その用語の提唱者であるジェフェリーの議論それ自体は，生物学的見解を取り入れ焦点がずれたことにより，広く受け入れられなかった。では現在世界に広く受け入れられているCPTEDは何であるのかという疑問が出てくる。その答えが，ニューマンによる〈まもりやすい空間〉の議論である（朴，2002）。現在の一般的なCPTEDの中身すべてがニューマンの議論と同一であるというわけではない。しかしもともと同時期にジェイコブズによる議論という同じきっかけを得て発展したジェフェリーとニューマンの議論は，〈現在のCPTED〉というひとつの大きな理論を作り上げたのである。ジェフェリーの議論とニューマンの議論は，ジェイコブズが出発点であるという点だけではなく，CPTEDという大きな枠組みにおいても，切っても切り離せない議論なのである。

（2）状況的犯罪予防

　〈現在のCPTED〉に影響を与えた議論として，ニューマンのほかにロナルド・V・クラークによる状況的犯罪予防論があげられる（朴，2002a，2002b）。状況的犯罪予防とは，「広範囲にわたる犯罪者に対して，できうる限り体系的かつ永続的な方法で環境を直接的に管理，設計，操作することで，犯罪を行うためのリスクと難しさを増加，もしくは犯罪によって得られる利益や犯罪行為を行う口実を減少させることで，特定の犯罪を行う機会を減少させることを目的とした犯罪予防手段」（Clarke, 1995: 91, 1997: 4を拙訳）である。つまり，直接的に環境に介入し変化を与えることで，犯罪者が犯罪行為を行う機会を減らすことが状況的犯罪予防であり，クラークはその具体的なアプローチ方法を分類したのである。クラークはこの分類を計3回に渡って改定している。1983年当初は犯罪対象の強化，監視，環境管理といった環境的要因にのみ注目し，12個の具体的なアプローチを提唱していた。その後，1997年には，社会的・心理的側面も取り入れる必要があるとし，3つだったカテゴリを4つに増やし（Clarke, 1997），具体的なアプローチも12個から16個に増やした。そして2003年には最新の手法では，1）コストの増大，2）リスクの増大，3）報酬の減少，4）刺激

第9章　被災地での犯罪とその予防

の減少，5）弁解の除去，の5つのカテゴリ，計25の具体的な手法があげられている（Clarke, 2003）。これらの改定が行われる際，クラークは，ジェフェリーによるCPTEDやニューマンのまもりやすい空間に影響を受けている。

　ジェフェリーのCPTEDやニューマンのまもりやすい空間に比べ，社会的要因に関する具体的なアプローチについて触れられており，その点は評価できる理論である。しかし，ジェイコブズが述べたような無意識に自発的に住民の意識を安全・安へ方向づけるのではなく，互いに監視し，逸脱するものを排除することで安全を確保するという考え方となっている。そのため，市民の自由を損なう可能性があると，批判を受けている。よって，上記の2つの理論と比べて，よりジェイコブズを踏襲できているかというと，そうとはいえない。

（3）被災地での犯罪予防検討例──避難生活中の被災自宅での空き巣対策

　ここからは，これまで紹介した理論の内，日常活動理論，CPTED，状況的犯罪予防を用いて，被災した自宅への空き巣を防ぐための方法を検討してみる。これまで紹介した犯罪予防の方法論は，平時でも一般的に用いられているものである。それは警察活動だけではなく，住民自身の活動や都市設計，住宅設計にも，人知れず組み込まれていることもある。被災地では，平時と違う点が様々存在する。警察による公的な活動も，犯罪に関することだけでなく行方不明者の捜索といった災害対応も求められることから，平時の活動とは内容や人的配置が変わってくる。住民活動も，住宅地から避難所に移ったり，組織的な活動の内容が変わってくる。合わせて，先述の通り，被災地におけるロジックに基づいた犯罪発生を考えると，平時の方法論を用いるにしても，使える犯罪予防のための資源や具体的な手段は，災害時に実施可能かどうかも含めて検討する必要がある。以下では3つの理論を用いた被災地での犯罪予防の方法を具体的に検討していく。

　日常活動理論は前述の通り，3つの要素がそろうことで犯罪が発生する可能性が高まるとする理論である。逆にいえば，3つの要素がそろいさえしなければ，犯罪発生の確率は低くなる。つまり3つの要素がそろわないような環境を作れるよう，調整すればよい。例えば，避難の際に鍵をかける，風水害など発

189

災前に避難行動をとる場合は雨戸なども閉めておくと，空き巣に入りにくい家，つまり適当でない標的となる。もちろん平時からの防犯対策として，防犯シートを窓ガラスに貼ったりしておくことも，有効な手段であろう。

　CPTEDの要素の中でも，住民自身で意識して準備できる要素はある。領域性の確保は，何も植栽や塀といった物理的な領域性だけを示すものではない。ご近所同士であいさつを交わすなど，生活者がその場所を自分たちがケアすべき場所として認識しているか，それが態度で表れているかも重要である。例えば，住民の大半が避難所に行っている状況であっても，自警団や物を取りに帰った時など，様々な場面，時間帯で誰かがその場所をうろつき，なるべく早く電灯を回復させ，引き続きケアを続けているということを見せることは可能である。一方で，自衛隊によってがれきが片付いた直後，空き巣に入られたというケースは多い。がれきを片付け，家を片付け，まちを整えていくことは，その地域をケアすることで領域性を高める活動であると同時に，その地域に多くの人が足を踏み入れやすくなる接近の制御が難しくなることにもつながる。

　状況的犯罪予防は具体的な手法を考えるためのツールであり，そのため対象とする犯罪は特定のものとする必要がある。避難時の空き家への空き巣という取り組み対象は，状況的犯罪予防を使って考えるのに十分な，特定の犯罪の種類といえる。空き巣を行う上でのコストは，主に侵入行動でのコストである。日常活動理論を用いた，適当な標的にならないための対策は，状況的犯罪予防のコストの増大の中の，犯行対象の強化とほぼ同一である。CPTEDの領域性確保は，人目があることや電灯の回復によって，空き巣行為が発覚する確率を高めるため，状況的犯罪予防のリスクの増大になるといえる。他にも警察官のパトロール増強や自警団による見回りなども，このリスク増大につながる取り組みといえる。避難所に金品や通帳などの大事なものを持って避難することで報酬の減少が可能である。

　このように，犯罪を予防することを最終到達目標とする環境犯罪学の諸理論は，被災地における犯罪発生を抑制するための取り組みを検討することに大いに役に立つ。被災後の犯罪発生について，対策や検討の優先順位はまだまだ低い状況ではあるが，少しずつ実態の把握が進むにつれて，その重要性も認知さ

第9章　被災地での犯罪とその予防

れるようになってきていると感じている。これから地域や自宅で防災の取り組みを考える際には，発災後に起こりうる犯罪についても考慮し，自分や家族，身の回りの人が，2重，3重の被害にあうことが無いよう，平時から対策を考えて取り入れているようになってほしいと願うばかりである。

　最後に，本稿執筆中に発生した能登半島地震について言及する。これまでの被災地での報道より早く，能登半島地震被災地では犯罪発生に関する報道が多数行われたような印象を受けた。石川県警察本部による公式発表では，4月25日時点で，災害に便乗した犯罪として，空き巣や避難所などの置き引き等が69件認知されている。これらは，これまでの石川県での犯罪実績と比較して，犯罪認知件数が上昇していると推測される。実際の公式統計は，今年が終わるまで待つ必要があるが，平時の犯罪発生率の低い地域が被災すると，外部からの大規模な人の流入で，空き巣や置き引きが増える傾向になるということは，今回の事例から示唆されることである。犯罪予防の観点で考えるのであれば，何時ごろから増えたのか，結局被疑者は誰だったのか，より詳細な情報が必要となるが，能登半島地震の事例を研究することで，これから起こりうる南海トラフ地震で想定される多数の孤立集落や過疎地域での被災後の犯罪予防について，多くの知見が得られると考えている。

引用・参考文献

ウィメンズネット・こうべ編（1996）『女たちが語る阪神・淡路大震災』ウィメンズネット・こうべ.

岡本英生（2013）「阪神・淡路大震災後の犯罪現象」斉藤豊治編『大災害と犯罪』法律文化社，41-55.

岡本英生・森丈弓・阿部恒之・斉藤豊治・山本雅昭・松原英世・平山真理・小松美紀・松木太郎（2014）「東日本大震災による被害が被災地の犯罪発生に与えた影響」『犯罪社会学研究』39：84-93.　doi:10.20621/jjscrim.39.0_84.

斉藤豊治（1997）「地震と犯罪」潮海一雄編『阪神大震災の記録2　阪神・淡路大震災と法』甲南大学　阪神大震災調査委員会，262-276.

朴元奎（2002a）「CPTED理論の進展と変容——ジェフリーの研究活動25年」『西村春夫先生古稀祝賀記念論文集』敬文堂，171-196.

朴元奎（2002b）「なぜジェフリーのCPTED理論は無視されたのか？―統合システム

ズ・アプローチよりする『犯罪予防』論への進展と変容」『北九州市立大学法政論集』30（1・2）：184-137.

Brantingham, P. J., & Faust, F. L., 1976, "A conceptual model of crime prevention," *European Journal on Criminal Policy and Research*, 3(3): 56-69. https://doi.org/10.1007/BF02242928

Cromwell, P., Dunham, R., Akers, R., & Lanza-Kaduce, L., 1995, "Routine activities and social control in the aftermath of a natural catastrophe," *European Journal of Criminal Policy and Research*, 3(3): 56-69. https://doi.org/10.1007/BF02242928

Jeffery, C. R., 1971, *Crime Prevention Through Environmental Design*, Sage Publications.

Shaw, C. R. and Mckay D. D. (1969) *Juvenile Delinquency and Urban Areas Revised Ed*, Univ of Chicago Press.

Wenger, D. E., Dykes, J. D., Sebok, T. D. & Neff, J. L. (1975) "It's a matter of myths: An empirical examination of individual insight into disaster response," *Mass Emergencies*, 1: 33-46.

Solnit, R. (2009) *A Paradise, built in hell: The extraordinary communities that arise in disaster*, Penguin Books.（＝2010, 高月園子訳『災害ユートピア――なぜそのとき特別な共同体が立ち上がるのか』亜紀書房.）

Brantingham, P. J., & Brantingham, P. L. (1991) "Introduction to the 1991 Reissue: Notes on Environmental Criminology," P. J. Brantingham & P. L. Brantingham (Eds.), *Environmental Criminology* (2nd ed., pp. 16), Waveland Press.

Clarke, R. V. (1995) "Situational Crime Prevention," *Crime and Justice*, 19: 91-150.

Clarke, R. V. (1997) *Situational Crime Prevention: Successful Case Studies* (2nd ed.), Harrow and Heston.

Clarke, R. V., & Eck, J. E. (2003) *Become a Problem-solving Crime Analyst: in 55 small steps*, Jill Dando Institute of Crime Science.

Frailing, K., & Harper, D. W. (2010) "Crime and hurricanes in New Orleans," D. L. Brunsma, D. Overfelt, & J. S. Picou (Eds.), *The Sociology of Katrina: Perspectives on a Modern Catastrophe* (2nd ed., pp. 55-74), Rowman & Littlefield Publishers, Inc.

Frailing, K., & Harper, D. W. (2017) *Toward a Criminology of Disaster*, Palgrave Macmillan.

Genevie, L., Kaplan, S. R., Peck, H., Struening, E. L., Kallos, J. E., Muhlin, G. L., & Richardson, A. (1987) "Predictors of looting in selected neighborhoods of New York City during the blackout of 1977," *Sociological and Social Research*, 71(3):

第 9 章　被災地での犯罪とその予防

228-231.

Heintze, H., Kirch, L., Küppers, B., Mann, H., Mischo, F., Mucke, P., Pazdzierny, T., Prütz, R., Radtke, K., Strube, F., & Weller, D. (2018) *World Risk Report 2018*, Bündnis Entwicklung Hilft.

Jacobs, J. (1961) *The Death and Life of Great American Cities*, Vintage Books.

Kirch, L., Luther, S., Mucke, P., Prutz, R., Radtke, K., & Schrader, C. (2017) *World Risk Report 2017*, Bündnis Entwicklung Hilft.

Lemieux, F. (2014) "The impact of a natural disaster on altruistic behaviour and crime," *Disasters*, 38(3): 483-499. doi: https://doi.org/10.1111/disa.12057

Newman, O. (1972) *Defensible Space: Crime Prevention Through Urban Design.* Macmillan Publishing.

Okamoto, H., Saito, T., Utsunomiya, A., Okada, Y., & Matsukawa, A. (2023) "The Effect of the Kumamoto Earthquakes on the Increase of Burglaries," *Journal of Disaster Research*, 18(5): 524-530. doi:10.20965/jdr.2023.p0524

Putnam, R. D. (2000) *Bowling Alone: The Collapse and Revival of American Community*, Simon & Schuster.

Wohlenberg, E. H. (1982) "The geography of civility' revisited: New York blackout looting, 1977," *Economic Geography*, 58(1): 29-44. doi: https://doi.org/10.2307/143618I.

Zahran, A., Shelley, T. O., Peek, L., & Brody, S. D. (2009) "Natural disaster and social order: Modeling crime outcomes in Florida," *International Journal of Mass Emergencies and Disasters*, 27(1): 26-52.

（松川杏寧）

193

第10章

阪神・淡路大震災と学校の教育継続

1 地域の災害対応の拠点としての学校

　阪神・淡路大震災は，学校が教育の場としてだけでなく，地域の災害対応の拠点としても重要な役割を担うことを認識させた。地震による学校の被害は大きく，校舎が倒壊・損傷したことに加え，天井の落下や窓ガラスの破損，本棚や下駄箱の転倒，パソコンやテレビの落下等の設備や備品も被害を受けた。地震が起きたのが5時46分と早朝だったことから，校舎の倒壊や施設の損傷による人的被害は免れたものの，災害時に児童生徒の安全を確保するには耐震性や安全対策が十分ではないという課題が突きつけられた。

　そのような被害があったにもかかわらず，地震発生直後から被災した人々は学校に避難し，体育館や教室は突如として避難者の生活の場となった。さらに，地域住民に対する支援物資の受入や配布，被災者への配食，情報提供，自衛隊等の受け入れ等も学校を拠点に行われた。

　学校が地域の災害対応の拠点となったことにより，教育の場を確保することは難しくなった。災害発生直後から教職員は，学校の被害状況の確認，被災児童生徒への支援，避難所対応に追われた。教職員のなかには自身も被災し，住まいを失う，道路・鉄道などの交通網の寸断により通勤が困難な状況におかれたなかで対応しなければならない人もいた。

　地域の被害が大きく，多数の人が避難した学校ほど学業の再開は遅れた。災害対応の拠点としての学校の活用は長期化し，長いところでは8か月間続いた。地域によっては運動場に仮設住宅が建てられたため，仮設住宅が取り壊されるまでの間，児童生徒の体育活動や遊びの場が制限されたところもあった。

第10章　阪神・淡路大震災と学校の教育継続

　学校の多くは市町村の地域防災計画等において災害時の避難所として位置付けられており，地域の災害対応の拠点として活用される。災害対応が求められる状況でどのように教育を継続すれば良いのだろうか。本章では，阪神・淡路大震災発生後の学校の災害対応とその後の取り組みを概観することにより，災害時の学校の安全確保と学校教育の継続について考える。

2　兵庫県教育委員会による災害対応

　阪神・淡路大震災では，兵庫県の公立学校園の2009校のうち1096校（55％相当）が被害を受けた（表10-1）（兵庫県教育委員会，1996）。被害が大きかった8市2町では，幼稚園5園，小学校15校，中学校17校，高等学校17校，計54校園79棟が倒壊し，施設被害額は1846億円に上った。教職員・児童生徒の人的被害も大きく，地震により教職員22名，児童生徒296名が犠牲となった。

　兵庫県の教育行政を統括する兵庫県教育委員会の地震発生直後の対応をみてみよう（兵庫県教育委員会，1996）。教育委員会のあった建物（兵庫県庁3号館8階～12階）は地震による倒壊は免れたものの，ロッカー類は転倒し，膨大な書類や備品が積み重なり，足の踏み場がない状況であった。職員自らも被災したことや鉄道やバス等の公共交通が途絶したことにより，地震発生直後に出勤できた職員は限られていた。それらの職員が手分けして県内の学校の被害状況の把握や教職員の安否確認を行った。その間にも県の災害対策本部から災害対策本部会議に出席するようにとの要請があり，対応しなければならなかった。

　兵庫県の第一回災害対策本部会議では，教育委員会に対して学校の被害状況や教職員の安否確認を行うように，という方針が示された。しかしながら，被害が大きかったことから，被害の全体像を把握することは容易ではなかった。電話は地震の影響によりつながらず，職員は通話が可能であった公衆電話を使って安全確認や情報収集を行った。教育委員会には，教職員や児童生徒が被災しているという情報が相次いで届いた。また，多数の人が避難している県立学校を避難所として利用することや，警察・自衛隊の待機場所，物資保管場所として利用することに対する問い合わせもあった。

195

表10-1　阪神・淡路大震災により被災した公立学校

	幼稚園	小学校	中学校	高等学校	障害児学校	合計
設置校	581	849	361	178	40	2009
被災校	170	502	229	163	32	1096
被災校の割合	29%	59%	63%	92%	80%	55%

出典：兵庫県教育委員会（1996：224）データより筆者作成。

　教育委員会は，地震発生直後は，地震による学校の被害状況の把握，被災児童生徒の安否確認と支援，学校教育の早期再開のための取り組みを行っていた。ところが，地震により学校の多くが避難所となり，地域の人々が避難してきたことからその対応にも追われることになった。

3　学校による災害対応

（1）教職員の出勤状況

　地震による学校の被害が大きいことや，児童生徒の被害も深刻であったことから安否確認が急がれた。しかしながら，教職員のなかにも地震で自宅が倒壊した，家族が怪我をした，公共交通の途絶等の事情により出勤できない人が多数いた。地震発生時（1月17日）から1月26日までの兵庫県の教職員の出勤状況の推移を図10-1に示す（兵庫県教育委員会，1996）。教職員のうち，地震発生当日の1月17日に出勤できた人は39％のみであり，56％は交通途絶等により出勤できなかった。神戸市では教職員（9,847名）のうち，家屋被害を受けた教職員は4,862名（49％），バイク・自転車・徒歩で1月17日に出勤した教職員は4,425人（45％）だった（神戸市教育委員会，1996a）。なかには，勤務先の学校に通勤することが難しいため，居住する校区内の学校を自主的に支援したケースもあった。

（2）児童生徒の安否確認

　地震が発生した1月17日に神戸市は，① 学校園における児童生徒の安否を確認すること，② 学校施設の被害状況の把握，③ 安全点検をすること，④ 必

196

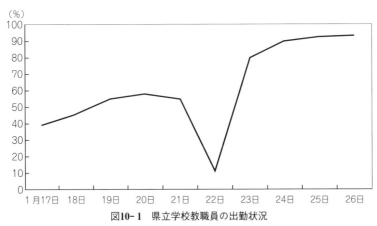

図10-1 県立学校教職員の出勤状況
出典：兵庫県教育委員会（1996：68）より筆者作成。

要に応じて避難住民に学校施設を開放すること、⑤学校園は休校として全職員24時間の職務体制とする、という方針を示した（神戸市教育委員会、1996a）。なかには、地震発生当日に登校した児童生徒もいたことから、それらの児童生徒には学校が臨時休校になることが伝えられた。

各学校では、出勤した教職員により児童生徒の安否確認が行われた。電話がつながらないため、徒歩、バイク・自転車等を利用して家庭や避難所を訪問して安否を確認した事例もあった。

地震による建物被害が大きかった地域では人的被害も大きかった。神戸市の幼児・児童生徒の死亡者数は179名、負傷者数は934名（重症38名、軽傷896名）、同居家族の死亡は403名であった（神戸市教育委員会、1996a）。震災により親を失った孤児も27名いた。自宅が被害を受けたことにより、避難所・テントで生活していた児童生徒の数は1万7,000人以上であり、そのうち2000人以上は1か月以上の避難生活を余儀なくされた。地震により地域から転出した児童生徒もおり、神戸市において全員の安否確認を行うことができたのは地震から1か月が経過した2月23日のことであった。

4 避難所対応と学校再開

（1）学校による避難所対応

　阪神・淡路大震災において学校に求められた役割としては，避難所に加えて，物資拠点，情報拠点，医療拠点，後方支援拠点等が挙げられる。なかでも，避難所としての役割は大きく，地震が発生した1月17日に神戸市内で避難所となった学校園は218校（63％）であった。被害が大きかった地域ではほぼ全ての小中学校にあたる108校（93％）が避難所となった。神戸市内の避難者数はピーク時（1月23日時点）で23万7千人であった。そのうち学校園の避難所は191か所であり，13万6千人が避難生活を送った。なかには，避難者数が2千人を越える大規模な避難所もあり，教職員は対応に追われた。

　これら避難所となった学校園については，事前に地域防災計画において災害時の避難所として指定されていたところもあったが，体育館を利用するという程度の想定しかなかった。たくさんの人が避難し，体育館だけでは滞在スペースの確保が難しく，教室なども避難所として利用された。学校施設のどこまでを避難所として開放するのか，食料・物資の提供，水の確保，トイレの確保や清掃，情報伝達等を誰がどのように行うのかについては明確な計画があったわけではなく，学校管理者の多くはその場で判断を迫られた。また，小中学校は，災害時の避難所として指定されていたものの，高等学校については，避難所に指定されていない学校が多く，地元からの要請により急遽避難所として利用されることになった。

　避難所になった学校では，学校園長の指揮のもとでそれぞれの状況に応じて運営支援が行われた。神戸市の調査によると，避難所の運営リーダーとして校長・教頭・その他教職員のいずれかが活動した学校は178校（全体の82％）に上った。教職員が対応した事項は多岐にわたり，外部からの問い合わせ，生活上の苦情の対応調整，避難所の見回り，トイレ等の清掃，水調達搬送，食料調達搬送に対応していた（神戸市教育委員会，1996b）。避難所対応は長期化し，避難所が閉鎖される8月20日まで継続して対応した学校もあった。

198

第10章　阪神・淡路大震災と学校の教育継続

（2）学校再開に向けた取り組み

　地震後，神戸市内の学校は1月18日～21日の4日間臨時休校となった。学校の再開時期は教職員の出勤状況，施設・設備の被害状況や，ライフラインの復旧状況等を考慮して，学校園長が判断した。1月23日までに再開した学校園数は134校（38.8％）であった（神戸市教育委員会，1996a）。その後，徐々に再開校は増えていき，2月24日に全校が再開した。

　学校再開が遅れた要因としては以下の点が挙げられる。第一に，教職員の確保である。公共交通の途絶等により通勤手段が確保できないこと，避難所運営に伴う業務負担が増えたこと，教職員自身も自宅を失う・家族を失った人もおり，災害対応に追われ教育に専念することが難しかった。

　第二に，学校の教育環境を整えるのに時間を要した点である。地震により建物・設備の被害を受けたこと，避難所として利用可能な教室や会議室が使われ教室の確保が難しいこと，断水によりトイレ・水道，電気が利用できない等の課題がみられた。

　そのため，各学校は工夫を凝らして再開していった。2月24日に全ての学校園が再開したが，自校での単独再開が難しい学校については，複式授業，2部制授業，他校の施設利用等様々な工夫により授業が再開された（表10-2）。なかには，仮設校舎が建設されるまでの期間，借上バスを利用して他校で2部制授業により再開した事例や，3校が同時に被害の少ない小学校校舎を利用した事例もあった。平成7年4月には避難者数が減少したことや，仮設校舎の整備が進んだことにより2部授業は解消した。

　学校は再開したものの，自宅が被害を受けたことにより，教科書・学用品を失った児童生徒も多数いた。災害救助法では被災者の救助の一つに「学用品の給与」が定められていることから，これに基づき小中学校への教科書や学用品の調達・配布が行われた。また，被災した児童生徒のために全国から学用品の提供の申し入れもあった。そのため，神戸市では「学用品受け入れセンター」を設置し，ボランティアの支援を得て，ランドセルやノート等の学用品の配分が行われた。

199

表10-2　神戸市の学校再開後の授業形態（校園数）（2月24日時点）

	幼稚園	小学校	中学校 （分校含む）	高等学校・ 高等専門学校	盲学校・ 養護学校	合計
自校での単独再開	67	142	69	9	6	293
自校での複式授業		2				2
自校での2部授業		13	8			21
自校＋他校・他施設		4	4	4		12
自校での2部＋他校・他施設		3	1			4
他校での複式授業		1				1
他校・他施設のみ	4	8	2			14
	71	173	84	13	6	347

出典：神戸市（1995：416）より筆者作成。

（3）児童生徒の転出

　地震発生後，避難のために市外・県外に多数の児童生徒が転出した。転出の
ピークは地震からほぼ1か月が経過した2月14日であり，他の都道府県公立学
校への転入学者は26,341名，兵庫県内の他都市の公立学校への転入学は9,314
名に上った（兵庫県教育委員会，1996）。転出した児童の多くは，交通機関やラ
イフラインの復旧，自宅の復旧，学校の再開により徐々に復帰し，4月復帰率
は4月1日時点で小学生が65.6％，中学生が41.7％，9月1日時点では72.2％，
47.7％であった（兵庫県教育委員会，1996）。

　なお，被災した児童生徒については，できる限り保護者の意向をふまえて就
学支援が行われた。震災後，住民票を移さずに一時的に他校に転出する児童生
徒に対しては，簡便な手続きで修学できるよう体制が整えられた。

（4）災害による欠時

　地震により学校再開が遅れたことや，学校再開後も休校措置，2部授業，短
縮授業というように，通常の授業体制に戻れない学校も多く，当初予定してい
た授業時間を確保することは難しかった。神戸市内の学校の地震による3学期
の欠時時間は，小学校低学年では50時間以内の学校64校（37％），51時間～100
時間60校（34.7％），101時間～150時間が45校（26％）となっており，4分の

第10章　阪神・淡路大震災と学校の教育継続

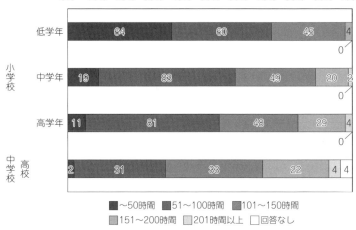

図10-2　地震による欠時時間数
出典：神戸市教育委員会（1996a：105）より筆者作成。

1の学校は欠時時間が151時間を超えていた（神戸市教育委員会，1996）。避難所となった学校／なっていない学校を比べると，避難所となった学校の大半で欠時時間が深刻な状況であった。指導できなかった学習内容については，長期的な見通しを持って指導計画を検討する必要があり，夏季休業前後の短縮授業の廃止，始業式・終業式の学習，家庭訪問実施期間の短縮，学校行事の変更等，学校裁量の時間を利用することにより時間が確保された。

神戸市は，このような授業時間の不足が児童生徒の学力にどのような影響を及ぼしたのかアンケート調査を実施した（平成7年6月実施）（神戸市教育委員会，1996b）。結果を見ると，7割以上の校長は，震災前後で「子どもの学力に変化はない」と回答したものの，避難所となった学校では，避難所となっていない学校の3倍近くが「劣っている」との回答だった。また，学力以外にも仮設校舎・住宅が運動場に設置されたことによる運動量不足や，休憩時間の遊び場所の確保が難しいという課題もみられた。

地震が起きたのは，大学や高等学校の進学のための受験の時期であった。地震の翌18日に県立高等学校については大学入学出願書類の提出が遅れることにより不利にならないよう配慮するよう要請が出された。地震により郵便も機能

していない状況であったことから，教員のなかには，バイク・自転車で進学先の高等学校に願書を持参した事例や，学校にたどり着いたところ校舎が焼失・移転していた事例もあった。

5　被災した児童生徒への支援

　突然の地震により，大切な家族や友人の命を奪われる，住まいを失うことは児童生徒の心や身体に大きな打撃をもたらす。地震が起きたときだけでなく，その後の避難所や仮設住宅という避難生活によるストレスもある。被災した児童生徒をどのように支えるのかは，教員にとっても悩ましい課題であった。

　被害が大きかった北淡東中学校のB教員の事例を以下に示す。B教員は地震発生直後に学校に駆けつけ対応していた。そのなかで心に残っている生徒について以下のように語った。[1]

> 男の子ですが，その子はおじいさんを亡くしました。非常に優秀な子でした。学校に来ている時は比較的，元気で明るくて，笑顔も見せていました。その子も家が全壊したので，地元の小学校の体育館にある避難所で暮らしていたのですが，学校から戻ってきたら，ぼーっと体育館の天井を眺めて，ひたすら涙を流していたそうです。

> 最も記憶に残っているのは男の子です。普段はおとなしい男の子で，その子の家に家庭訪問に行きました。お母さんと話をしたのですが，「うちの子は，家では大変です」と言っていました。「死んだ子はいいな」と言うそうです。その子の弟が亡くなったのですが，お母さんが，なぜそのようなことを言うのかと聞くと，死んだ弟は，お父さんとお母さんの思い出の中でいつまでもきれいな姿でいられる。けれども，生き残った自分は本当に地獄だ，と言ったそうです。お母さんの話では，息子が亡くなった悲しみでお父さんが荒れていたそうです。その子も家の中で，そのようなお父さんやお母さんの姿を見て，心もすさんで，生き地獄だという言葉を残したそうです。その子の言葉が忘れられません。

第10章　阪神・淡路大震災と学校の教育継続

表10-3　教育復興担当教員の配置状況（人）

	1995年	1996年	1997年	1998年	1999年	2000年	2001年	2002年
小学校	92	145	133	130	136	136	121	78
中学校	36	62	74	77	71	71	59	52
合計	128	207	207	207	207	207	180	130

	2003年	2004年	2005年	2006年	2007年	2008年	2009年
小学校	29	19	11	3	0	0	0
中学校	36	36	36	25	13	9	4
合計	65	55	47	28	13	9	4

出典：上羽（2013：241）より。

　被災した児童生徒に向き合いサポートするという経験や知識は教職員にもなかった。災害発生直後から，教職員や児童生徒をサポートするための心のケアの支援が行われた。教職員，保護者や子どもが，相談することができる「心のケア相談窓口」が設置され，精神科医や心理カウンセラーが学校を巡回する相談会も行われた。しかしながら，これら専門家による心理的なサポートの機会は限られており，支援には限界があった。

　そこで，平常時から被災児童生徒に対する心のケアや防災教育を拡充するために，兵庫県は教育復興を推進する教職員（教育復興担当職員）の配置を国に働きかけ，平成7年度は128名の教員が復興担当として配置された（表10-3）。教育復興担当教員は子どもの様子に気を配りつつ，スクールカウンセラーや保護者と調整を行い，一人一人に寄り添いサポートを行なった。前述のB教員も教育復興担当として，生徒をサポートしていた。なお，教育復興担当職員は2009年に終了した。

6　被災経験をふまえた学校安全のための取り組み

　兵庫県教育委員会は，阪神・淡路大震災の経験をふまえて今後の防災教育のあり方を検討するために防災教育検討会を設置した。そこでは，災害時に学校

図10-3 学校防災マニュアル
出典：兵庫県教育委員会（2019）。

が果たす機能と役割を強化することが提言された。学校が災害時にも安全な場となり，かつ災害拠点としての役割を果たすには，建物の耐震補強等による安全性の確保や防災機能を強化する必要がある。また，学校の教育機能を早期に回復するには，教育実施のための措置，教職員の人的支援体制の確立，教職員の勤務条件の整備，避難所における住民自治体制の整備等が求められる。

このうち学校安全については，各学校が独自に防災マニュアルを整備できるように1998年に兵庫県教育委員会は「学校防災マニュアル」を発行した。マニュアルには，災害時に学校が果たす役割が具体的に示されている。また，災害時に適切に対応できるようにするには，事前の備えが重要であることが強調されている。学校防災マニュアルはその後発生した災害の経験をふまえて内容が見直され，これまで2006年，2013年，2019年に改定されている。

最新のマニュアル（図10-3）には，災害に備えて学校が担う役割を「学校防災対策計画」に定めるとともに，緊急時の対応を「災害対応マニュアル」に定めて児童生徒と共有しておくことが示されている。「学校防災対策計画」と「災害対応マニュアル」の内容の違いは図10-4の通りであり，学校防災対策計画は教職員の人材育成や防災教育，避難所対応のための自治体や地域との連携を含むより広範な内容となっている。また，各学校の防災体制の整備状況については「学校防災体制診断リスト」というチェックリストを活用することにより改善点を確認できるようになっている。

阪神・淡路大震災では，学校が地域の災害対応の拠点として大きな役割を果

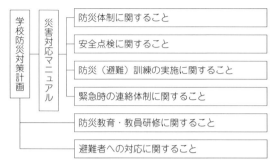

図10-4　学校防災対策計画と災害対応マニュアルの位置付け
出典：兵庫県教育委員会（2019：1）より一部抜粋。

たすことが示されたことからも，災害時に学校が地域においてどのような役割を担うのか，教職員がどのような役割を担うのかをあらかじめ検討しておくことは，災害発生後の教育の継続と教職員の業務負担の軽減につながる。

また，災害対応は被災した学校の教職員だけでは困難である。兵庫県では被災した学校支援のための組織として2000年に「震災・学校支援チーム（EARTH）」が設置された。EARTH設立当初は，阪神・淡路大震災時に学校の避難所運営に携わった教職員や，教育復興担当教員に加えて防災教育推進教員養成講座を受講した教職員がメンバーであった。現在では，防災教育推進教員養成講座（上級）を修了した教諭，主幹教諭，養護教諭，栄養教諭，事務職員230名とスクールカウンセラー 3名がメンバーとして登録されており，被災地を迅速に支援することができる体制が構築されている。

7　被災経験をふまえた防災教育の展開

（1）防災教育拡充の重要性

阪神・淡路大震災の経験は学校教育における防災教育の重要性を認識させた。神戸市では，これから先どのように教育に取り組むのかという方針を検討するために「神戸市教育懇話会」が1995年6月に発足した（神戸市教育委員会，1996a）。懇話会では，学校における防災教育の実施方針についての検討が重ねられた。

そこでは防災とは，災害による被害を最小化するための試みであり，日常的な予防措置，災害時の応急的な対応，さらには災害後の復興過程を含むものである。防災教育は，地震が起こった際の応急対応だけでなく，災害に対する予防的な知識，復旧過程における相互支援など，防災について幅広く総合的な教育が必要となる。その一方で，これらの観点からこれまで行われてきた防災教育をふりかえると，第一に，避難訓練に偏重している，第二に指導内容が断片的である，という課題が示された。

第一の，避難訓練の偏重であるが，これまで学校教育課程で行われていた避難訓練は災害発生時に「逃げる・避ける」行動をとることに偏っていた。避難行動をとることは重要であるものの，それのみが防災教育として取り上げられるのでは十分ではない。

第二の，指導内容が断片的であるというのは，教育課程に含まれている災害や防災に関する知識は社会や理科など特定の教科にあり，それぞれが相互に関連しておらず，統合された学習として成立しにくいという課題である。各教科の知識を訓練などと結びつけ，防災に関する地域・技能・態度の総合的な学習を推進していく必要がある。

第三に，阪神・淡路大震災から得た教訓を風化させないための教育の推進とそのための教材開発の必要性である。

以上に述べた観点から，新しい防災教育プログラムの検討が行われた。そして阪神・淡路大震災から10か月後に，学校教育において防災教育を展開するための副読本「幸せ運ぼう」が作成された。1997年には新しい防災教育カリキュラムとして「『生きる力を育む』防災教育」が策定され，各教科に位置付けられている防災教育が，全体として体系化された。さらに，1997年に新たに「総合学習」の時間が導入されたことが防災教育の推進を後押し，神戸市は，この時間枠を活用して，防災教育の実践的な取り組みが始められた。

兵庫県においても，県内の学校教育において活用できるよう防災教育副読本「明日に生きる」（小学生用，中学生用，高校生用）が策定されている。防災教育副読本はこれまで学習指導要領の改定に合わせて改定されてきたものの，災害発生頻度が高まっていることや，学校教育におけるデジタル化の推進にあわ

せて，最新の副読本（小学校低学年用）はデジタル版となっており，社会の状況に合わせて随時更新できる構成となっている。

（2）防災教育の柱と実践に向けての取り組み

現在の神戸市の防災教育は，以下の柱から構成されている。第一に，人間としてのあり方・生き方を考える（心），第二に，災害が起こった時に命を守るために必要な知識を身につける（知識），第三に，災害が起こった時に命を守るための技能を身につける（技能），である。

第一の，人間としてのあり方・生き方を考える，ということは，命の大切さを認識するとともに，災害時に自分・家族・友人の大切な命を守るためにはどうすれば良いのかを考えるということである。私たちが住む社会は，様々な人との関係のなかでなりたっている。地震により倒壊した家屋に閉じ込められると，自分一人の力だけでは逃げ出せず，近所の人に助けを求めなければならない。また，自宅を失うと，避難所で生活しなければならない。避難所での生活は，様々な人との共同生活となるために助け合いが大切になる。災害とその後の生活では，自分一人の努力（自助）だけで解決することは難しいことも多くあり，人と人とのつながり（共助）が必要になる。

第二の，命を守るために必要な知識とは，災害から命を守るには，自然災害がどのように発生するのか，そのメカニズムを知ることにある。自然災害のメカニズムに対して正しい知識を持つことにより，災害に対する過度の不安を取り除くことができる。また，災害は繰り返し同じ地域を襲う可能性があることから，地域が過去にどのような災害による被害を受けてきたのか，どのような災害リスクがあるのかを知っておく必要がある。

第三の，命を守るための技能とは，地震に強い住まいを建てる，家具を固定する，災害発生時の避難場所・そこへの避難方法を知るなど，命を守るための具体的な方法を身につけるということである。

このように，災害発生時だけでなく，災害発生後の被災生活においても，その場の状況に応じて生きる能力を培うことを目標とする内容となっている。

8　災害対応のための学校組織マネジメント

　以上に述べたように，阪神・淡路大震災は地震時の学校の教育継続をめぐる課題を様々な側面から提示した。学校は災害時には教育の場にとどまらず，地域の災害対応の拠点としての機能を有している。そのため，阪神・淡路大震災以降，被災した神戸市の小中学校では，断水に備えて地下に貯水槽を設ける，防災備蓄倉庫を整備する，地域コミュニティ（防災福祉コミュニティ）との連携により避難所対応を行うというように，災害対応の拠点としての機能がさらに強化されている。したがって，災害時に学校がどのような状況におかれるのかを知識として把握しておき，その場の状況に応じた判断を行うことができるよう，学校の組織マネジメント力を向上させるための取り組みが求められる。その際に留意する点として，以下の点を述べておく。

　第一に，災害時の教育継続は学校教育において何よりも優先されるという点である。子どもの日常において，学校で過ごす時間が占める割合は大きい。学校に行くことは，被災した児童生徒が生活の日常感を取り戻すことにつながる。また，学校教育を通して災害の概要について客観的な視点から伝えるとともに，身を守るために必要な対策を伝えることは児童生徒に安心感を与える。さらに，自分のおかれている状況を，周囲の子どもとのコミュニケーションから客観的に見つめることができるようになる。そのため，学校全体の学習環境を整えることが困難であったとしても，施設の一部を利用する，遠隔教育やオンデマンド教育という形でもよいので，できる限り早い段階で教育を再開させることは重要である。

　第二に，学校が早期に再開できるように，学校施設が避難所として利用された場合でも，教育や学習を継続できる空間を確保する必要がある。教職員が休校中の児童生徒の安全確保と学力維持，学校再開に向けた準備に優先的に取り組むことができるよう労務管理に配慮することも大切である。

　第三に，大規模災害においては，限られた教職員数だけで状況に対応することは難しい。そのため，外部からの支援を受け入れることや，地域の人との連

携するための窓口や体制を構築することである。そのためにも，被災した学校の災害対応をサポートするEARTHのような学校支援のエキスパート養成や，各学校において防災の知見を持ち災害対応マネジメントができる教員の育成は欠かせない。

注
(1) 2020年2月25日ヒアリング実施。

引用・参考文献
江澤和雄（2009）「学校安全の課題と展望」『レファランス』11：2-53.
神戸市教育委員会（1996a）『阪神・淡路大震災　神戸の教育再生と創造への歩み』
神戸市教育委員会（1996b）『阪神・淡路大震災　神戸市立学校震災実態調査報告書』
神戸市（1995）『阪神・淡路大震災——神戸市の記録1995年』
兵庫県教育委員会（1996）『震災を生きて　記録　大震災から立ち上がる兵庫の教育』
兵庫県教育委員会（2019）『学校防災マニュアル　令和元年度改訂版』
　　https://www.hyogo-c.ed.jp/~kikaku-bo/bosaimanual/bosaimanual.htm
兵庫県教育委員会，防災教育副読本「明日に生きる」
　　https://www.hyogo-c.ed.jp/~kikaku-bo/EARTHHP/privacy.html
上羽慶市（2013）「5教育の復興　5.2教育復興計画の策定——策定の手順と留意点」
　　ひょうご震災記念21世紀研究機構編『災害対策災害対策全書3　復旧・復興』
　　ぎょうせい，236-241.
　　　　　　　　　　　　　　　　　　　　　　　　　　　　（阪本真由美）

第11章

早期復興へ向けた被災者支援のための
被災者台帳構築

1 被災者支援の礎と阪神・淡路大震災

　災害が発生すると，被害を受けた地域の住民は，人的な被害や物理的な被害，日々の生活への影響・支障，被災体験による心の影響を受ける等，それぞれで状況は異なるものの被災者となってしまう。被災の状況は様々であるが，被災した住民は，自らが立ち上がり，地域住民と共に助け合い，長い歳月を要する復興に向けた歩みを始めることになる。個人や地域の努力だけでは困難な復興プロセスにおいて，被災地の住民は様々な支援を受け，一歩ずつ前に進んでいく。特に，深刻な被害を受けた住民は，行政機関からの支援を受けることができる。災害発生後，国の制度である「被災者生活再建支援法」に基づき，被災した住民は，被災程度に応じた支援を受けることができる。

　災害発生後の主要な法律に災害救助法や被災者生活再建支援法がある。災害救助法は，応急対応期のための法律であり，避難所，応急仮設住宅の供与や炊き出し，その他による食品及び飲料水の供給等被災者への現物支給の支援制度といえる。それに対して復興期の法律である被災者生活再建支援法では，被災者の被災程度に応じて被災者生活再建支援金が支給される，言わば現金支給の支援制度といえる。被災者生活再建支援法第一章第一条によると，「この法律は，自然災害によりその生活基盤に著しい被害を受けた者に対し，都道府県が相互扶助の観点から拠出した基金を活用して被災者生活再建支援金を支給するための措置を定めることにより，その生活の再建を支援し，もって住民の生活の安定と被災地の速やかな復興に資することを目的とする」とされている。また，公的に被災者と認定された住民は，被災者生活再建支援金支給だけでなく，

被災自治体が実施する復興に向けた様々な公的支援を受けることができる。

　本章では，被災自治体が中長期にわたる被災者支援を実施する上で必要不可欠な「被災者支援の礎」ともいえる「被災者台帳」について説明する。

　本章で説明する被災者支援の「被災者支援の礎」とは，「被災者台帳」のことである。「被災者台帳」とは，被災者支援について「支援漏れ」や「手続の重複」をなくし，中長期にわたる被災者支援を総合的かつ効率的に実施するため，個々の被災者の被害状況や支援状況，配慮事項等を一元的に集約するものとされている。つまり，被災者台帳は，災害発生後，中長期にわたる被災者支援のための一元的な被災者データベースと言うことができる。被災者台帳構築のための情報システム及び情報処理については後述することとする。

　国は，被災者台帳を作成する効果を以下としている。

- ●適確な援護実施
  - ➤援護の必要がある被災者の状況を的確に把握することにより，援護の漏れの防止が可能
  - ➤被災者台帳の記載・記録事項を確認することにより，二重支給の防止が可能
  - ➤例えば，「他の援護策の対象者は対象外」とする要件がある援護策の場合などにおいて，当該被災者に係る援護状況に係る事実確認が容易
- ●迅速な援護実施
  - ➤被災者に係る情報を被災者台帳に集約して記載記録することにより，迅速な被災者の援護が可能
- ●被災者の負担軽減
  - ➤被災者が市町村の担当部署ごとに同様の申請等を行わずに済ませる運用が可能
- ●関係部署の負担軽減（関係情報共有による重複の排除）
  - ➤被災者に係る情報を収集した部署が，その情報を被災者台帳に記載・記録し，関係部署間で共有することにより，情報収集等事務の重複を防止することが可能

被災者台帳には，公的に認定された被災者が登録されることとなる。「公的に認定された被災者」とは，どのような被災者を呼ぶのであろうか。結論からいえば，世帯主とみなされる住民の被災程度を居住する家屋の被害程度に置き換えて，被災者の被災程度を認定することである。支援対象は人（被災者）であるが，被災者の被災程度を明示的に把握するのは困難であるため，住家の被害程度をもって支援金支給の対象であるか否かを判断することとなる。以下が制度の対象となる自然災害及び制度の対象となる被災世帯である。

●制度の対象となる自然災害

暴風，豪雨，豪雪，洪水，高潮，地震，津波，噴火などの自然現象によって住宅に被害があった場合

●制度の対象となる被災世帯

上記の災害により

① 住宅が全壊した世帯（全壊世帯）

② 住宅が半壊または住宅の敷地に被害が生じ，その住宅をやむを得ず解体した世帯（解体世帯）

③ 災害による危険な状態が継続し，住宅に居住不能な状態が長期間継続している世帯（長期避難世帯）

④ 住宅が半壊し，大規模な補修を行わなければ居住することが困難な世帯（大規模半壊世帯）

⑤ 住宅が半壊し，大規模半壊世帯に至らないが相当規模の補修を要する世帯（中規模半壊世帯）

上記の被災世帯に対して，表11-1のように支援金は，「基礎支援金」として全壊世帯に100万円，大規模半壊世帯に50万円が支給され，この額に「加算支援金」として住宅を建設・購入する場合は200万円，補修する場合は100万円，賃借する場合は50万円がそれぞれ加算される仕組みとなっている。さらに，令和2年12月の支援法の一部改正により，支援金の支給対象が中規模半壊世帯まで拡大された。中規模半壊世帯への支援金は「加算支援金」のみとし，住宅を建設・購入する場合は100万円，補修する場合は50万円，賃貸する場合は25万

第11章　早期復興へ向けた被災者支援のための被災者台帳構築

表11-1　被災者世帯の区分，損害割合と支援金の支給額

被災者世帯の区分	※損害割合	支援金の支給額		
		基礎支援金	加算支援金	
			住宅の再建手段	支給額
全壊	50％以上	100万円	建築・購入	200万円
			補修	100万円
			賃貸	50万円
大規模半壊	40％以上50％未満	50万円	建築・購入	200万円
			補修	100万円
			賃貸	50万円
中規模半壊	30％以上40％未満	－	建築・購入	100万円
			補修	50万円
			賃貸	25万円

※住家の主要な構成要素の経済的被害の住家全体の価値に占める割合
　であり，市町村による被害認定調査により判定され，罹災証明書に
　おける「全壊」「大規模半壊」等の記載に反映されるもの。
出典：内閣府HPをもとに筆者作成。

円がそれぞれ支給される仕組みとなっている。

　上記のように，公的に認定された被災者が被災者台帳に登録され，被災程度に応じて支援金の支給だけではなく，経済・生活面の支援，住まいの確保・再建のための支援等国や自治体からの様々な支援を受けることができる。

　次に，被災者世帯の区分である住家の「全壊」「大規模半壊」「中規模半壊」等の被害程度はどのようにして決まるのであろうか。住民が居住する家屋の被害程度の認定には，災害に係る住家の被害認定調査（以下，「住家被害認定調査」）後，罹災証明書が発行される。住家被害認定調査後に発行される罹災証明書の詳細については後述することとする。罹災証明書に記載された被災程度の判定結果が被災者生活再建支援法において定める支援対象の判断基準となり，国や自治体が提供する様々な支援サービスを受けることができるが，1995年に発生した阪神・淡路大震災当時は，被災者生活再建支援法は存在しなかった。しかし，住家被害認定調査は実施され，罹災証明書は発行されている。減災復興学の視座から阪神・淡路大震災での被害，応急対応から復興に至る教訓，

213

様々な人たちの努力が現在の防災・減災対策に影響を及ぼしていることは言うまでもない。ここでは，阪神・淡路大震災における被災者台帳作成に係る現場の実態とそこから得られた学びについて説明する。

　先述のように，被災者台帳作成のためには，その前工程として住家被害認定調査，罹災証明書発行が実施される。牧（2020）は，「すなわち，1993年の北海道南西沖地震までは，生活再建支援の基準ということではなく，建物被害認定調査は災害救助法を適用するために不可欠な調査であるという認識であったことが分かる」「いずれにしても阪神・淡路大震災以前の災害では，建物被害調査の結果はあくまでの災害救助法の適用基準であり，現在のように，罹災証明は生活再建支援の基準である，ということではなかったと考える」と述べている。つまり，阪神・淡路大震災以前，住家被害認定調査結果は，おもに災害救助法の適用基準として用いられたが，阪神・淡路大震災では，被災者生活再建支援法は存在しなかったものの，罹災証明書が被災者支援のための様々な根拠として利用されたことになる。

2　阪神・淡路大震災における住家被害認定調査及び罹災証明書の発行

（1）家屋被害調査実施にいたる経緯

　阪神・淡路大震災の住家被害は，全壊（10万4,906棟），半壊（14万4,274棟），一部破壊（39万506棟）と報告されており，神戸市を中心として住家が甚大な被害を受けた。写真11-1は，学術機関，学会を中心に実施された兵庫県南部地震による建物被害調査の状況をまとめた大判の地図である。筆者らは，図11-1のように，兵庫県南部地震建物被害状況図に位置情報を付与し，クラウドGISアプリケーションを作成した。現在，神戸市のホームページにおいて公開されている。上記，学術機関，学会を中心に実施された建物被害調査とは別に，神戸市では住家被害認定調査を実施し，罹災証明書を発行した。大量の調査件数になったことが想定されるが，一体どのようにして大規模な調査を実施したのか等を知るために，筆者らは，当時，神戸市において住家被害認定調査，

第11章　早期復興へ向けた被災者支援のための被災者台帳構築

写真11-1　兵庫県南部地震建物被害状況図

出典：筆者撮影。

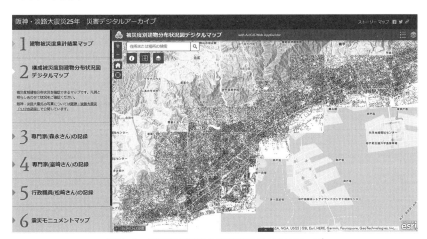

図11-1　被災度別建物分布状況図デジタルマップ

出典：阪神・淡路大震災「神戸GIS震災アーカイブ」（神戸市）。

215

罹災証明書発行に携わった複数の職員に協力してもらい，その実態を当時の資料をもとにヒアリングした。

　当時，地震発生直後から区役所への市民の問い合わせが集中していた。災害による被害に関する証明は，被災者からの申し出があった内容を「り災届出証明書」として区長が証明していたが，これは単に届け出があったことを証明するもので，被災の事実をもとに行われる各種の救済措置に利用できるものではなかった。市の災害対策本部では，税・国民健康保険料の減免や義援金の配布等各種の被災者救援施策の適用にあたり「被災した事実の証明書」（り災証明書）の発行が検討され，加えて「避難所生活を強いられている数多くの市民の状況から，できるだけ早く義援金を配布せよ」との市長の意向もあり，災害対策本部では以下のことが決定された。

- り災調査の実施：平成7年1月30日（月）～2月3日（金）
- り災調査の担当：被害判定基準を理財局（主税部）で作成し，消防局，区役所が他の政令指定都市の税務職員の応援を得て調査を実施
- り災台帳の作成：平成7年2月4日（土）・5日（日）
- り災証明書の発行開始・義援金の支給：平成7年2月6日（月）から
- り災証明書の様式：焼失分は消防署長が，損壊分は区長が証明する二種類の統一証明様式を作成
- 証明書の発行枚数：一世帯あたり一枚（複数枚数必要なときは各自が複写）
- 証明書発行の根拠：証明書の発行にあたって法律・条例に規定はないが，「防災に関する事務が市町村の事務」（地方自治法第二条）とされていることから，災害対策の一環と位置づけて事実行為として発行

　上記の災害対策本部の決定事項を受け，理財局は，1月30日から2月3日までの5日間でり災調査を終えなければならなかった。表11-2に2月6日（月）にり災証明書発行を開始するまでの時系列の流れをしめす。表中の「り災台帳」は住宅地図に全壊●，半壊○，一部損壊△と表示したものとされている。また，被害状況の記録のため「家屋損害割合判定表」を作成している。調査結

216

表11-2 第一次調査，り災証明書発行開始までの時系列

日 程	内 容
1月27日（金）	各政令指定都市に応援要員の派遣を要請（主に，家屋調査の経験者）
1月28日（土）	しあわせの村・婦人交流会館を拠点とする。資材搬入他災害広報第3号「り災証明書発行に向けて調査中」
1月29日（日）	調査員集合（主税部門・灘区中央区須磨区市税課50人，他都市から応援130人）調査方法と判定基準の説明
1月30日（日）～2月3日（金）	調査実施（バスで8時に出発し，各調査区域で調査員を降ろし，17時に迎える。）帰庁後，り災台帳整理
2月3日（金）	災害広報第6号で「義援金交付」と「り災証明書の発行」開始を周知
2月4日（土）～2月5日（日）	り災台帳作成・コピーし，各区にて納入
2月6日（月）	「義援金交付」と「り災証明書の発行」を開始

出典：ヒアリングにおいて提供された資料をもとに筆者作成。

果の整理は，各調査員の判定結果を個別に件数集計するとともに，住宅地図に清書し，り災台帳とした。2月4日，5日でり災台帳を完成させ，これをもとに翌日6日から，被害家屋の所有者及び使用者に対してり災証明書発行を開始した。

（2）阪神・淡路大震災における被災者台帳

前述の「り災台帳」とは，第一次調査結果を住宅地図にまとめたものであり，現在，国が定義している「被災者台帳」とは異なる。しかし，被災者支援の一つである税の減免業務のため以下の処理を実施している。

●本庁職員（税制課，保険年金課，情報システム室）が中心となり他都市職員の応援（アルバイトを含む）を得て，家屋被害調査の判定に基づき，住宅被害の状況をデータ入力した。

●入力方法は，住民登録情報及び外国人登録情報を基礎データとして住所別・世帯主名の五十音順に入力帳票を電算出力し，これと家屋被害調査の結果を突き合わせ被害状況を入力するというターンアラウンド方式によってり災者データを作成した。

●これらの全ての作業に要した労力は，2月15日から3月1日までの間に延べ600人にも及んだが，並行して減免処理用のプログラムを作成した結果3月3日には全市で約11万人の納税者に対し減免を行うことができた。その後，減免申請受理分を含めた減免総数が15万であることからすればかなりの事務量軽減が図られたといえる。

●しかし，り災者データの入力段階において詳密な照会作業が時間的に困難であったため，入力ミス等により減免処理を誤ったものもあり，それらに係る税額の増減処理等手戻りの事務が発生したことは大きな反省材料である。

　上記，税の減免処理のために作成された「り災者データ」が「被災者台帳」に近いものである（現在は，被災者台帳は，住家被害認定調査結果〜罹災証明書発行〜被災者台帳作成の流れで作成されるものとしているが，上記は住家被害認定調査結果と住民基本台帳等を突合させて作成されている）。第一次家屋被害調査が5日間で実施されたことを考えれば，「り災者データ」作成に多くの時間（約半月）と人的資源を費やしていることになり，住民基本台帳との突合等の情報処理面の課題は，阪神・淡路大震災以降の災害現場においても発生していた。後述する被災者台帳構築のための情報システム及び情報処理は現場において必要不可欠であることがわかる。

（3）住家被害認定調査手法

　外観目視による第一次調査では全市約39万8千棟，延べ3,660人の調査員を動員したことになる。5日間で約39万8千棟を調査したことになるが，現在の外観目視調査の常識では不可能と思える数字である。

　筆者らは，神戸市を対象フィールドとし，「南海トラフ巨大地震・震度等分布図」の被害想定結果を利用したケーススタディーを行っていた。例えば，図11-2のように，神戸市内全ての家屋を調査する場合（S-1），想定震度階において，震度6弱以上の区域を調査する場合（S-2），震度6強以上の区域を調査する場合（S-3）を設定した。表11-3のようにS-1は悉皆調査，S-2におい

図11-2 調査区分

出典：筆者作成。

表11-3 家屋被害認定調査（外観目視調査）のシナリオ

区分	調査方法	申請	対象定義
S-1	悉皆調査		市内の全戸住宅
S-2	区分調査 （震度6弱）	○ （震度6弱未満）	・申請調査（震度等分布図で6弱（5.5）未満の小地域） ・調査（震度等分布図で6弱（5.5）以上が存在する小地域）
S-3	区分調査 （震度6強）	○ （震度6強未満）	・申請調査（震度等分布図で6強（6.0）未満の小地域） ・調査（震度等分布図で6強（6.0）以上が存在する小地域）

出典：筆者作成。

表11-4 調査区分別の調査件数と比率

区分	調査方法	申請件数（棟）	調査件数（棟）	建築被害想定数との比率（％）
S-1	悉皆調査	−	363,666	100
S-2	区分調査 （震度6弱）	153,784	209,882	57.7
S-3	区分調査 （震度6強）	342,397	21,269	5.8

出典：筆者作成。

ては震度6弱未満，S-3においては震度6強未満の区域は申請を受けてからの調査等調査の簡易化を試みるシナリオである。表11-4のように，調査件数からすると阪神・淡路大震災後の外観目視による第一次調査は，ほぼS-1を実施したことになる。調査件数を算出するための住家データは，国土地理院基盤地図の建築物（ポリゴン）データを利用した。4区分の建物種別（堅ろう建物，堅ろう無壁舎，普通建物，普通無壁舎）のうち普通建物と堅ろう建物（50m^2

表11-5　シミュレーション結果

区分		S-1 悉皆調査	S-2 震度6弱以上	S-3 震度6強以上
件数（棟）		363,666	209,882	21,269
班／日（班）		18,178	10,494	1,064
人／日（人）		54,534	31,482	3,192
1日あたり必要調査班数（人数）	調査工期 30日間	606 （1,818）	350 （1,050）	35 （105）
	調査工期 60日間	303 （909）	175 （525）	18 （54）
	調査工期 90日間	202 （606）	117 （351）	12 （36）

出典：筆者作成。

未満）を戸別住家と定義した。建築物（ポリゴン）データにおいて，普通建物は35万7754棟，堅ろう建物（50m²未満）は5912棟となっており，合計約36万棟を神戸市の戸別住家数とした。阪神・淡路大震災後に実施された外観目視による第一次調査とほぼ同等の件数である。

　表11-5は，資源配置（人的資源配置）に関するシミュレーション結果である。1棟あたりの平均調査時間は，8〜30分，移動時間等も考慮することとされている。本シミュレーションでは，班あたりの一日の調査件数を20棟とし，1班を3人で構成するとしている。土地に不慣れな応援職員が多く動員されるため，通常，被災地の職員と複数人で調査を実施する場合が多い。本シミュレーション結果（S-1）においては，30日の期間を設定した場合でも一日606班，約1800人の調査員を動員することが必要となり，悉皆調査は困難であり，何らかの思い切った簡易化手法を実施しなければならないと考察していた。

　しかし，阪神・淡路大震災後，5日間で1日あたり平均732人を動員し，約39万8千棟の外観目視による第一次調査を完了した。なぜ一見不可能と思われる本調査が可能となったのであろうか。担当部局の職員の努力は言うまでもないが，今後の大規模地震災害後の住家被害認定調査手法，罹災証明発行について大きなヒントがそこにはあると考えた。本調査のり災に係る判定基準は，

220

「災害の被害認定基準の統一について」（昭和43年6月14日，内閣官房）に基づき，全壊（被害額が建物の時価の50％以上のもの），半壊（被害額が建物の時価の20％以上50％未満のもの），一部損壊（被害額が建物の時価の20％未満のもの）と定義している。しかし，決まっていたのはり災の3区分のみ，具体的な調査方法や判定基準は存在しなかった。短期間で多くの調査員が大量の家屋を調査することから，できるだけ簡単で数値をもって説明可能な被害判定基準とその手法を作成することとした。そこで，すでに社会的な認知を受けている「被災建築物等の被災区分判定基準」「損害保険の判定基準」を参考に判定基準を作成した。具体的には，家屋の部分別構成比率に各被害を乗じ，その合計率で全壊・半壊等の判定を行った。家屋の部分別構成比率は，家屋（標準家屋）の評価実績から，木造（屋根：20％，壁60％，構造体20％），非木造（構造体40％，仕上げ24％，設備36％）とした。例えば，木造家屋の被害率が屋根20％，壁25％，構造体（基礎等）20％の場合，損害割合の合計は23％となり「半壊」と判定される。また，傾斜は木造家屋では3度以下は考慮せず3度（20分の1）超を全壊とし，非木造では1度（60分の1）超2度（30分の1）以下を半壊，2度超を全壊としている。次に，通常，調査班は外部からの応援職員を含む複数人で構成すると説明したが，本調査では，個人単位で（班単位ではなく1人で）調査を実施した。上記のように，数値でしめすことができかつ，定量的な根拠をしめすことができる簡易化した被害判定基準と最小単位の人的資源配置により短期間で外観目視による第一次調査を完了したことになる。上記の実態から，悉皆調査には様々な創意工夫は必要であるが，頑張れば何とかなると考えるかもしれない。ヒアリングに参加してくれた実務者に現行の制度等に基づき同等の調査を実施できるか否かを質問した。答えは，「不可能であろう」であった。その理由は，判定基準にある。前述のように当時は，全壊，半壊，一部損壊の3区分としたが，現在は表11-6にしめす6区分となっている。また，内閣府により，非専門家でも調査可能である災害に係る住家の被害認定調査票が標準化されている。被災者支援という観点において，これまでの災害を教訓として認定基準が拡充され，判定基準が細分化されている。つまり，「不可能であろう」の大きな理由は，当時，外観目視による一次調査において，

表11-6 災害の被害認定基準

被害の程度	全壊	大規模半壊	中規模半壊	半壊	準半壊	準半壊に至らない（一部損壊）
損害基準判定 （住家の主要な構成要素の経済的被害の住家全体に占める損害割合）	50%以上	40%以上 50%未満	30%以上 40%未満	20%以上 30%未満	10%以上 20%未満	10%未満

出典：内閣府HP災害に係る住家の被害認定より作成。
（令和3年6月24日付府政防670号内閣府政策統括官（防災担当））

屋根，壁，構造体（基礎等）の被害率等を目視で算定し，3区分の被害程度に判定するという単純化したやり方だったが，現在は被害の程度が6区分に細分化されたことによって調査時間を要するとともに，判定結果の曖昧さが指摘され，その後の対応に時間を要することになるということであろう。また，一次調査の判定に不服のあるものについては再調査を実施している。当時，外観目視による調査精度や判定結果に対する不満，マスメディアによる報道の影響等により再調査の申し出が増加したと記録されている。再調査件数は，調査件数約6万1千棟，調査員延べ約1万4千人，約10か月の期間を要した。

（4）「効率化」と「公平性」を考慮した簡易化手法の検討

　阪神・淡路大震災後の神戸市における被災者台帳，住家被害認定調査，罹災証明書発行に係る資料及びヒアリングから，その実態を知ることができた。被災者生活再建支援法，被害判定基準や区分もない中，短期間で大量の住家被害認定調査を完了後，罹災証明書を発行し，様々な被災者支援のための礎を作った実態から学ぶことは何であろうか。そこでの大きな学びは，「できるだけ簡単で数値をもって説明可能な手法」ということではなないだろうか。つまり，その当時も現在も災害による被害規模，状況を考慮し，「公平性」と「迅速性」を考慮した柔軟な手法適用が現場で求められるということである。全ての被害家屋を内観調査できれば，「公平性」は高くなるが膨大な時間と専門的な知識を有する人的資源が必要となり，被災者の早期復興を遅らせてしまうことになる。「迅速性」を追求しすぎれば，住民への説明根拠を失ってしまい，混

乱を引き起こしてしまう。現場におけるその判断は難しい。災害が発生しなければ，被害の規模やその様相はわからないが，事前にハザードや被害規模を考慮した住家被害認定調査，罹災証明書発行方法の選択肢は検討することができる。

　近年，風水害による災害が多発し，日本の各地で災害が発生している。被災地の様々な状況を考慮し，内閣府では，平成30年3月に「住家被害認定基準運用指針」・「実施体制の手引き」を改訂した。その主旨は，住家被害認定調査の効率化・迅速化による罹災証明書交付の迅速化である。その内容には，「航空写真等を活用した全壊の認定」「被災者が撮影した写真の活用」等が記述された。更に，令和3年3月には，水害によるサンプル調査における手順の明確化がしめされ，「区域内にある【木造・プレハブ】戸建ての1～2階建ての住家のすべてにおいて，津波，越流，堤防決壊等水流や泥流，瓦礫等の衝突等の外力が作用することによる一定以上の損傷が発生し，床上1.8m以上浸水したことが一見して明らかな場合，サンプル調査（当該区域の四隅に立地する住家の調査）により，当該区域内の当該住家すべてを全壊と判定する」と記述されている。住家被害認定基準運用に際して，様々な簡易化手法が推奨されているが，1つの簡易化の手法だけでは全体の調査計画を作成することはできない。例えば，上記の床上1.8m以上浸水したことが一見して明らかな場合の一括認定（全壊）の場合も，その他のエリアを調査するのか，住民の申請後に調査するのか等被災現場で「効率化」と「公平性」を考慮した全体の調査計画を作成しなければならない。表11-7は，筆者が主に風水害を対象とした簡易化手法を組み込んだ住家被害認定調査手法を整理したものである。

　浸水被害が発生した風水害や地震動による直接的な建物被害が少なく津波による被害が大きい災害においては，浸水エリアの一括認定（全壊判定）により，調査件数を減らし住家被害認定調査を効率化することができる。想定されている最大クラスの南海トラフ地震が発生した場合，上記の簡易化手法は適応できるであろうか。津波による大規模な被害が発生した地域においては適応可能であろう。表11-8は，近年発生した地震災害における被害区分別の被害件数と構成比をしめす。前述のように，阪神・淡路大震災後は悉皆調査が実施された

表11-7　簡易調査を組み込んだ調査手法

	公平性	迅速性	備考
① 悉皆調査	対象となる全ての建物を調査するため公平性が高い	大量の業務量と時間を要する	調査者の確保，大量な情報処理
② 一括認定と調査	一括認定（全壊判定）の認定方法（サンプル調査等による根拠）が必要	一括認定により調査件数を大幅に削減できる	浸水被害や津波による被害エリアを一括認定（全壊判定）し，その他は全て調査
③ 申請による調査	申請漏れによる取りのこしが生じる可能性が高い	調査件数が多い場合，窓口業務が混乱する	調査計画が立てにくい（非効率的調査の実施）
④ 申請による調査（一括認定と併用）	一括認定（全壊判定）の認定方法（サンプル調査等による根拠）が必要	一括認定により調査件数を大幅に削減できる	地震・津波の場合，津波被害エリアを一括認定（全壊判定）し，その他は住民の申請後に調査
⑤ 申請による調査（ゾーニング調査と併用）	申請漏れによる取りのこしが生じる可能性が高い	多くの申請が予測される場合，①と同等の業務量	床上浸水が著しいエリアを調査し，その他は住民の申請後に調査
④，⑤は写真判定を組み込むことも検討（例えば，半壊に至らない住家は写真判定，それ以外は調査）			
⑥ 内観調査	対象となる全ての建物を詳細調査するため公平性は非常に高い	1件あたり多くの調査時間を要する	調査件数が非常に少ない場合に有効（稀）

出典：筆者作成。

表11-8　近年発生した地震災害における被害区分別の被害件数

主な地震災害		住家被害数				
		全壊	大規模半壊	半壊	一部損壊	合計
平成28年熊本地震	件数	12,524	12,348	54,684	124,326	203,882
	構成比	6%	6%	27%	61%	100%
平成30年北海道胆振東部地震	件数	479	0	1,736	22,741	24,956
	構成比	2%	0%	7%	91%	100%

出典：「平成30年北海道胆振東部地震による被害の状況について」北海道総務部危機対策課令和元年9月，「大規模災害時における罹災証明書の交付等に関する実態調査―平成28年熊本地震を中心として―　結果報告書」総務省九州管区行政評価局平成30年1月より筆者作成。

が，調査件数が膨大となる被災地域においては悉皆調査は現実的ではない。また，地震による建物被害が発生した場合，全壊や全焼が集中しているエリアを一括認定したとしても全体の件数に対する割合は非常に低く，調査を効率化できるとは言い難い。半壊に至らない建物被害の割合が非常に大きくなるため，半壊に至らない建物の調査の簡易化を検討すべきであろう。半壊に至らないには，令和元年台風第15号による被害の状況を受け，災害救助法による住宅の応急修理制度の拡充として「準半壊」が新たに設定された。南海トラフ地震等大規模な建物被害が発生した場合，半壊に至らない建物被害が多くを占めているエリアは住民の申請に基づく写真判定（調査せず）と準半壊判定のための調査等これまでにない簡易化手法を適用することが求められるであろう。

　令和6年能登半島地震発生後，輪島市では，住家被害認定調査に係る簡易化手法の新たな試みが実施された。住家被害認定調査とは別に，地震発生後，応急危険度判定士による被災建築物応急危険度判定調査が実施される。被災建築物応急危険度判定調査は，「大地震により被災した建築物を調査し，その後に発生する余震などによる倒壊の危険性や外壁・窓ガラスの落下，付属設備の転

図11-3　モバイル調査用GISアプリケーションの一部
出典：輪島市提供。

写真11-2　モバイル端末による調査
出典：輪島市提供。

倒などの危険性を判定することにより，人命にかかわる二次的災害を防止することを目的としています」とされている。これら2つの調査は，被災建物を調査することでは同じであるが，その目的は異なる。地震発生後，輪島市では表11-8の事例と異なり，甚大な被害を受けた建物が多数存在すること，輪島市が実施する住家被害認定調査に先立って応急危険度判定調査が開始されることから，2つの調査の連携を検討した。具体的には，応急危険度判定調査により「危険（赤紙）」と判定された住家の一部を住家被害認定調査を実施せず「全壊」と一括認定し，住家被害認定調査の簡易化を試みるものである。前述のように風水害では，住家被害認定調査の簡易化手法が複数の被災地で実施されたが，大規模な地震災害において初めての試みであると記憶している。内閣府によると「住家の被害認定調査を実施するに当たり，傾斜度など応急危険度判定に係る調査の内容と共通する部分もあることから，本運用指針による被害認定調査に先立ち，応急危険度判定が実施されている場合には，調査の目的等が異なることを踏まえた上でその内容を活用することも考えられる」とされている（災害に係る住家の被害認定基準運用指針，11-12頁）。その中で，応急危険度判定において「建築物全体又は一部の崩壊・落階」や「建築物全体又は一部の著しい傾斜」に該当することにより「一見して危険」と判定された住家，「建築物の1階の傾斜が1/20超」と判定された住家（木造）等，この判定結果を参考にして「全壊」の被害認定を行うことも可能であるとしていることから輪島市は石川県と調整し，2つの調査の連携を試みた。輪島市では，災害発生前より作成していた応急危険度判定調査のモバイル調査用アプリケーションを

第11章　早期復興へ向けた被災者支援のための被災者台帳構築

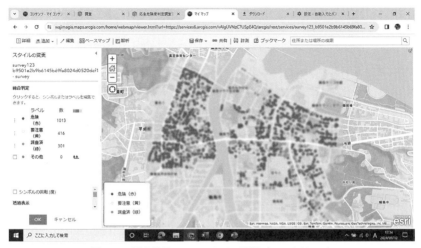

図11-4　調査結果のリアルタイム登録（クラウドGIS）
出典：輪島市提供。

改良し，「一見して危険」の調査項目を追加した（図11-3）。

そして，モバイル端末を準備し，応急危険度判定士は住宅地図を背景としたモバイルGIS調査を実施した（写真11-2）。応急危険度判定士による調査結果はリアルタイムでクラウドGIS（図11-4）に登録され，ダッシュボード形式のGISアプリケーション（写真11-3）で実務者に共有された。その結果，「全壊」と一括認定できる可能性のある約2000棟の被害住家を抽出することができた。今後，全壊家屋が多数発生した地震災害における調査の簡易化手法として，その有用性，課題が議論されるべきであろう。

最後に，阪神・淡路大震災後の住家被害認定調査，罹災証明書発行の現場，被災現場において一括認定（全壊判定）等簡易化手法を実施した現場では，重要な判断を行った担当部局の責任者，設定期間と対象件数を考慮した見積もりを行っていた実務者が共通して存在していた。調査計画，調査準備，調査，調査結果の集約といった災害発生現場において，限られた時間と人的資源で実施しなければならない被災者台帳作成の前工程となる住家被害認定調査，罹災証明書発行業務は，今後も被災者の早期復興に向けた重要な災害対応業務となる。平常時から当該地域が直面しているハザードを理解し，発生するであろう被害

227

写真11-3　ダッシュボード形式のGISアプリケーション
出典：輪島市提供。

を想定すること，そして当該業務の内容を理解し，調査手法の選択肢を把握し，業務量を見積もることができ，はじめて現場の被害状況に応じた調査手法に係る柔軟かつ適切な判断ができる。

3　被災者台帳構築・運用のための情報システム及び情報処理

（1）被災者台帳構築・運用に係る現場の課題

　ここでは，被災者台帳構築・運用のための情報システム及び情報処理について説明する。前述のように，国は，被災者台帳を作成する効果を「適確な援護実施」「迅速な援護実施」「被災者の負担軽減」「関係部署の負担軽減（関係情報共有による重複の排除）」としている。その効果を上げるための被災者台帳の運用において最も必要な要件は，「被災者支援に係る最新の情報が随時更新，共有され一覧性を確保していること」である。また，被災者台帳構築の前工程として住家被害認定調査結果，罹災証明書発行結果が引き継がれなければならない。筆者は，被災者台帳に係る情報システム開発チームの一員として複数の被災現場で活動した経緯を持つが，近年の災害現場においても被災者台帳構

第11章　早期復興へ向けた被災者支援のための被災者台帳構築

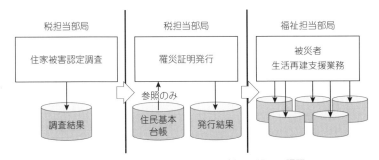

図11-5　被災者台帳構築・運用に係る現場での課題
出典：筆者作成。

築・運用に係る当時の課題が未だ解決されていない現場も見受けられる。図11-5は，そのわかりやすい例である。近年，住家被害認定調査，罹災証明書発行は税担当部局，被災者生活再建支援業務は福祉担当部局が実施する場合が多い。まず，住家被害認定調査は災害発生から概ね数日後に開始される。最もアナログでの処理は，調査員が紙の調査票に調査結果を記入し，当日の調査終了後に紙の住宅地図に被害程度をしめす色及び調査票IDを記録する。調査結果集約担当は，表形式ソフトで必要な情報を入力し，建物の被害写真を保存する。そして，この処理が繰り返される。罹災証明書の発行は概ね災害発生後1か月を目安に実施される。対面による証明書の集中発行，証明書発行後に郵送等複数の方法はあるが，罹災証明書発行のための簡易アプリケーションを開発し，必要な情報を入力し，証明書を紙出力する。その際，住民基本台帳（以下，「住基」）の世帯情報等が必要となるため，専用端末を参照することとなる。住基の専用端末に格納されている情報は，検索後，参照されるが，罹災証明書発行のために必要な情報は手動で入力される。税担当部局は，その後，税の減免業務等を実施することとなり，罹災証明書発行結果は，課税台帳が管理されている専用端末にインポートされ個別利用される。約1か月後になり，福祉担当部局は，相談窓口を開設し，罹災証明書発行結果に基づき被災者の生活再建支援業務を開始する。被災者への生活再建支援業務も多岐にわたることから，担当別に個別の台帳が作成される。この時点で，福祉担当部局は被災者の支援の状況（最新の状況や履歴）を一覧できない非効率的な情報管理に気が付くが，

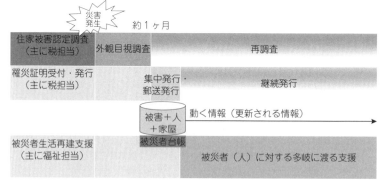

図11-6 被災者台帳構築・運用に係る各業務との関連性
出典:筆者作成。

手遅れである。前述した要件を満たす被災者台帳は構築できていないことになる。ここでの大きな課題は,業務終了後に,表形式で作成されたデータは引き継いでいるが(渡しているが),データそのものが引き継がれ(データが連携され)活用されていないことである。また,上記において手動での入力が多く行われるため入力エラーが発生する。被災者の生活再建支援業務においては支援金や義援金の振り込み等が含まれるため大きな問題に発展することもある。

(2) 被災者台帳構築・運用のための情報処理

図11-6に,被災者台帳構築・運用に係る各業務との関連性をしめす。被災者台帳構築のための情報処理は住家被害認定調査結果のデータベース作成の時点から始まっている。被災者台帳は,住家被害認定調査結果,罹災証明書発行結果が引き継がれ罹災証明書発行後に基礎的な被災者台帳が作成される。その後,様々な被災者支援の情報が紐づく形で情報登録され被災者台帳が運用されることになる。ここで理解しておかなければならないのは,「全て確定していない情報(動く情報)」を管理しながら被災者支援業務を実施しなければならないことである。一度目の罹災証明発行業務により全ての被災者の判定結果が確定しない。被災者が,判定結果に不服の場合,再調査,再々調査が実施されることになる。罹災証明発行業務が大幅に遅れることもある。全ての判定結果

が確定しない状況で，福祉担当部局を中心に被災者の生活再建支援業務を実施しなければならない。余震や大雨等で判定結果が変わる場合もある。近年，短期間で複数の災害に見舞われた地域もある。また，これまで，災害対応を実施している中，国による制度の変更に対応しなければならないこともあった。更新をともなう最新の情報を共有することができなければ，効率的な被災者支援業務の実施は難しい。対象となる件数が多ければ多いほど，アナログ（紙媒体）での情報処理及び個別業務単位での台帳管理には限界があるといえる。

（3）基幹系データベースとの連携

　被災者台帳構築のためには，「人（主に世帯主）」「場所」「被害程度（判定結果）」を結び付けることが必要不可欠となる。特に，「人」と「被害程度」を結び付けるということは，「人（住基）」と「被害程度（住家被害認定調査結果）」を結び付けるということである。

　災害対策基本法等の一部を改正する法律案が平成25年4月12日閣議決定された。その中で，「市町村長は，被災者に対する支援状況等の情報を一元的に集約した被災者台帳を作成することができるものとするほか，台帳の作成に際し必要な個人情報を利用できることとすること」としている。筆者が読み替えるとすれば，「各市町村が被災者台帳を構築することを推奨する。その際，平常時に機密性を高く管理している，住民基本台帳や家屋及び土地課税台帳を利用することを認める」となる。先に説明した阪神・淡路大震災における現場においても，この情報処理に約半月を要している。阪神・淡路大震災当時は，PCを使ってこれらの情報処理を効率的に実行できる情報システムは存在しなかったこともあるが，結び付けるべきデータベースに共通のキーが存在しない，そもそも住基や課税台帳に代表される基幹系のデータベースは，他のデータベースと連携して利用することを想定していないことが情報処理面の課題となった。それでは，どうしたらよいのか。

　筆者ら産学からなる研究チームは，2004年新潟県中越地震，2007年新潟県中越沖地震において被災自治体と連携し上記の課題を解決する情報処理を組み込んだGISアプリケーションを開発した。前述したデータベースを結合する共通

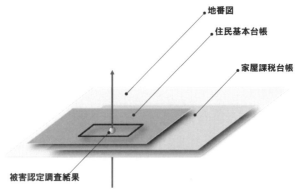

図11-7　GISを利用した空間的結合
出典：筆者作成。

キー（共通ID）は存在せず，個々のデータベースは住所情報が登録されていたが，異なる表記形式（住所表記による表示，地番表記）であったり記述形式が統一されていなかったり（例えば同じ住所であっても〇〇１丁目１番１号，〇〇１－１－１と異なる記述）と完全一致させることは困難であった。次に考えたのが図11-7でしめすGIS（地理情報システム）を利用したデータベースの空間的結合であった。

　GISの得意技は異なるデータ（レイヤ）を重ね合わせた可視化や空間的な情報処理を実行することである。しかし，空間結合するレイヤが異なる位置精度で作成されているため位置のズレが生じていた。例えば，家屋が密に立地しているエリアでは，住家被害認定調査結果が隣の家屋に結合される等情報処理面ではエラーとならないエラーが発生し，特定するのに多くの時間を有することになった。

　現場での様々な試行錯誤はあったが，最終的にたどり着いた手法は，もう一つGISの得意技である空間が持つ位相関係を上手く利用することであった。位相関係とは，含む／含まれるの包含関係，交差するや隣接する等地物どうしの持つ関係性のことである。

　図11-8に被災者台帳構築のためのGISアプリケーションをしめす。住家被害認定結果の情報，家屋課税台帳の情報，住基の情報は結びついていない。そ

第11章　早期復興へ向けた被災者支援のための被災者台帳構築

図11-8　被災者台帳構築のためのGISアプリケーション
出典：筆者作成。

れぞれのデータが所持している住所情報を利用し，ジオコーディング（アドレスマッチング）により位置情報を付与している。罹災証明書を発行する場合，住民からの申請書が提出される。申請書に基づき，住所検索を行い，空間（場所）を絞り込むと自宅を含む数件の候補が住家被害認定結果，家屋課税台帳，住基の3つのデータベースから絞り込まれる。つまり，「この辺り」という空間的な曖昧検索を行い，それぞれのデータベースから候補を絞り込んだことになる。申請書を手掛かりに（対面の場合，本人に確認し），それぞれの候補から該当するレコードを選択し，罹災証明書発行ボタンをクリックすることで罹災証明書が発行される。罹災証明書発行ボタンをクリックした際，罹災証明書が発行されると同時に，それぞれのデータベースから選択された3つのレコードが結合され対象となる世帯主，建物所有者，家屋被害の判定結果等が結合した被災者台帳が構築される仕組みとなっている。罹災証明書発行（アウトプッ

233

ト）処理がデータ結合のインプットともなっている。この地理空間情報を上手く利用した情報処理を確立することによって，効率的な罹災証明書の発行と被災者台帳構築を同時に実行している。

また，罹災証明書は世帯主を対象に発行するが，厳密には「世帯主とみなされる被災者」に発行することになる。例えば，住基には１世帯で登録されている世帯について，１つの敷地内の２つの建物に分かれて２世帯が居住している実態があった場合，災害発生の日にさかのぼって切り出した住基情報の世帯を分離（みなし世帯分離）し２世帯に罹災証明書を発行することになる。件数はさほど多くないが，被災者の生活実態に即して罹災証明書を発行することが必要となり，これまでの多くの被災現場で実施されている。これら実態が既存のデータと異なる場合，被災者台帳には実態に即した情報が登録されるが，変更したデータを元の住基や課税台帳にどのように反映させるかは各自治体が決めることになる。

現在，国や民間企業では様々な被災者支援に係る情報システムが開発され，各自治体に導入されているが，住家被害認定調査〜罹災証明書発行〜被災者台帳構築〜被災者生活再建支援の流れを理解し，一貫したデータの連携が可能な情報システムを導入することが望まれる。

最後に，DX（デジタルトランスフォーメーション）が様々な分野で実施されている。デジタルデータで被災者台帳が構築・運用されない限り，個別業務の改善，他業務とのデータ連携は進まない。被災者の早期復興を支援するためには効率的に被災者台帳が構築・運用されることが必要不可欠である。しかし，本章で説明した被災者台帳構築のために必要な業務について「何を（業務内容）」「どのようにして（業務のやり方）」実施するのかも未だ理解されていない自治体もあるのではないだろうか。本章で述べたことを参考に，災害発生前から関係各課で業務内容，業務のやり方，連携の必要性を議論し，上手にデジタルデータ及び情報システムを活用することが望まれる。

引用・参考文献
被災者台帳の概要（内閣府）

https://www.bousai.go.jp/taisaku/hisaisyagyousei/daichou.html（2024年 4 月22日）

被災者生活再建支援法（内閣府）

https://www.bousai.go.jp/taisaku/seikatsusaiken/shiensya.html（2024年 4 月22日）

被災者に対する支援制度（内閣府）

https://www.bousai.go.jp/taisaku/hisaisyagyousei/seido.html（2024年 4 月22日）

牧紀男（2020）「災害後の生活再建支援基準をどう考えるのか？——建物の「全壊」・「半壊」調査の変遷」『日本建築学会計画系論文集』85(768)：351-359.

阪神・淡路大震災教訓情報資料集　阪神・淡路大震災の概要（内閣府）

https://www.bousai.go.jp/kyoiku/kyokun/hanshin_awaji/earthquake/index.html（2024年 4 月22日）

阪神・淡路大震災「神戸GIS震災アーカイブ」（神戸市）

https://www.city.kobe.lg.jp/a52374/shise/opendata/shinsai.html　2024年 4 月22日アクセス

浦川豪他（2021）「住家被害認定調査業務を対象とした災害対応実行計画策定支援ツールの開発」『大阪市立大学都市防災研究論文集』 8 ：37-42.

災害に係る住家の被害認定（内閣府）

https://www.bousai.go.jp/taisaku/unyou.html（2024年 4 月22日）

災害救助法による住宅の応急修理制度の拡充（内閣府）

https://www.bousai.go.jp/kohou/kouhoubousai/r01/97/news_04.html（2024年 4 月22日）

全国被災建築物応急危険度判定協議会

https://www.kenchiku-bosai.or.jp/assoc/oq-index/（2024年 4 月22日）

災害に係る住家の被害認定基準運用指針（内閣府）

https://www.bousai.go.jp/taisaku/pdf/r303shishin_all.pdf　（2024年 4 月22日）

吉富望他（2005）「災害対応業務の効率化を目指したり災証明書発行支援システムの開発−新潟県中越地震災害を事例とした新しい被災者台帳データベース構築の提案」『地域安全学会論文集』 7 ：141-150.

Go Urakawa et al. (2001) "Building Comprehensive Disaster Victim Support System," Journal of Disaster Research, 5(6): 687-696.

（浦川　豪）

あとがき

　兵庫県立大学大学院減災復興政策研究科は，2017年の開設から約8年が経過，これまで多くの修了生が巣立ち，自治体や企業，教育・研究機関等で活躍しています。減災復興分野において貢献できる人材を育てるという本研究科の目的が目に見える形で実を結び始めていることを実感しています。

　本研究科において教育・研究に携わる教員の専門分野は，自然科学分野から社会科学分野まで多岐にわたり，それが当研究科の強みとなっています。また，学生が理工学や社会科学の枠を超えて，学際的に減災復興学を学ぶことができる環境が整えられていることは，当研究科の特徴と言えます。加えて，フィールドワークを重視しており，学生が地域や被災地で起こっていることを自らの目で見て，研究に取り組むことができることも，学生から高い評価を得ています。

　本書については，阪神・淡路大震災から30年を迎えるにあたり，被災経験や復興プロセスを通して得られた震災の教訓を継承するとともに，その後に発生した災害での新たな知見も加えて執筆しました。減災復興学を学ぶ学生だけでなく，行政職員，企業や組織の危機管理担当者，学校教員，地域の防災リーダー，災害ボランティアの方々にも読んでいただき，それぞれの立場で参考となるよう編纂いたしましたので，ご活用いただければ幸いです。

　本書の執筆にあたり，多くの情報をご提供いただいたり，調査等にご協力いただいたりしたみなさま，そして様々な活動に関わっていただいたみなさまに，心より感謝申し上げます。また，ミネルヴァ書房の浅井様には，本書の出版をお引き受けいただき，阪神・淡路大震災から30年の節目に合わせて発行できるようご尽力いただきましたことを心より感謝申し上げます。

　最後に，阪神・淡路大震災及びすべての災害で亡くなられた方々に心より哀悼を表します。また，ご家族や親しい方を失くされた方々の悲しみ，苦しみや

復興過程におけるご苦労は計り知れないものであったと察します。兵庫県立大学大学院減災復興政策研究科は，このような悲しみ，苦しみを抱える人を1人でも減らすことができるよう，減災復興学に関わる教育・研究を通した専門人材の育成に邁進していきます。

2024年12月
兵庫県立大学大学院減災復興政策研究科
馬場美智子

索引（＊は人名）

A-Z

CFT柱　38
DMAT（災害派遣医療チーム）　81
E-ディフェンス　29,43
F-net　29
Hi-net　29
IES　44
ISO/TS31050　82
ISO22301　87
ISO31000（リスクマネジメント原則及び指針）　85
JISQ2001（リスクマネジメントシステム構築のための指針）　85
JR鷹取駅　27
KiK-net　24,29
K-NET　29
N値　23
P波　21
S波　21

ア行

アウトリーチ　160
アセノスフェア　11
アドヴォカシー　160
有馬－高槻断層帯　16
安否確認　108
「生きる力を育む」防災教育　206
＊井戸敏三　169
引火点　64
インフォーマルな主体と場　140
液状化　100
エッジ効果　27
エレベータの停止　105
延焼　58
延焼拡大要因　58
延焼速度　69
応急危険度判定士　225,227
応答スペクトル　26
応力降下量　19

大阪北部地震　104
オープンエンドな議論　122
オールハザード型　91,92
＊岡本英生　177

カ行

外核　11
＊貝原俊民　151,169
家具の転倒防止　107
火災発生と延焼に必要な条件　63
火災発生の時系列　55
仮設住宅　163
加速度　25
学校　194
学校再開　199
学校防災マニュアル　204
活断層　13
ガバナンス　151
下部マントル　11
環境犯罪学　174,184,186
含水率　66
含水量　65
関東地震　8
関東大震災　8,177
管理組合　99
義援金　153
危機管理監　77
気象庁震度階級　26
気象庁マグニチュード　18
基礎支援金　212
帰宅困難　110
逆断層　16
教育・文化再建　157
教育復興担当職員　203
教訓の継承　157
共振現象　33
強振動　19
強振動生成域　19
行政プロジェクトチーム　160,168

239

業務継続計画（自治体BCP） 79
緊急地震速報 30
緊急消防援助隊 80
空気調和・衛生工学会 120
熊本地震 179
＊クラーク，R. V. 188
警察災害派遣隊 80
刑事司法手続 174
継続時間 25
計測震度 26
慶長伏見自身 17
減災 149
現地対策本部 80
権力犯罪 183
広域火災 49,50
広域緊急援助隊 80
広域防災拠点 76
公益 151
工学的基礎 23,24
鋼管コンクリート柱 37
剛性率 18
洪積層 23
高層集合住宅 98
公平性 223
神戸海洋気象台 27
神戸市教育懇話会 205
神戸市港島区 100
効率化 223
個人の尊厳 151
コミュニティ・ビジネス 166
コミュニティ再建 156
固有地震 16
固有周期 23
孤立状態 113
困窮型犯罪 181

サ行
災害救助法 210
災害対応（Response） 74
災害対策基本法 78
災害対策本部 76
災害と犯罪の関係 173
災害に係る住家の被害認定調査 213

災害復興公営住宅 124,155,165
災害マネジメント総括支援員 82
財団法人阪神・淡路大震災復興基金 154
相模トラフ 12
サードプレイス 142
サプライチェーン 93
サンアンドレアス断層 12
産業再建 156
「幸せ運ぼう」 206
死因 54,55
＊ジェイコブズ，J. 185
＊ジェフェリー，C. R. 185
支援会議Ⅰ 161,163
支援会議Ⅱ 161,165
支援会議Ⅲ 161,167
支援者や専門家 160
事業継続ガイドライン 86
事業継続計画 86,88
事業継続マネジメント 87
事業継続力強化計画 89,90
指向性パルス 27
自主防災推進事業 102
自主防災組織 97
自助・共助・公助 152,168
自助・共助・公助の役割分担 159
自助努力 150
地震 8,33
地震火災 50
地震基盤 23
地震調査研究推進本部 16,29
地震動 10,21,25,33
地震動予測地図 29
地震波 10,21
地震波トモグラフィー 11
地震防災対策特別措置法 29
地震モーメント 18
自宅避難 97
自治連合協議会 101
実効湿度 68
実態波 21
指定避難所 116
地盤の軟弱さ 45
シミュレーション 43

240

索　引

社会解体理論　176
車両火災　53
周期　25
私有財産制　152
住宅再建　152, 155, 170
住民自治　152, 170, 171
住民との協働　117
受援計画　82
出火点　49, 50
出火要因 / 出火原因　53
主要動　21
消化までの延べ時間　57
状況的犯罪予防論　188
焼損面積　50
上部マントル　11
初期消火　57, 58
初期消火活動　108
初期微動　21
初期微動継続時間　21
食料の備蓄　107
自力再建　152
震央　19
新型コロナウイルス感染　117, 175
新型コロナウイルス感染症（COVID-19）
　91
震源　19
震源過程　17
震災　8
震災・学校支援チーム（EARTH）　205
震災の帯　27
震度　10
振幅　25
垂直避難　98
水平避難　104
スーパーコンピューター富岳　44
ストレス型犯罪　183
すべり分布　19
住まいの再建　164
スラブ内地震　13
生活再建　155
生活復興県民ネット　164
脆弱性　9
制震構造　35

政府部門　150
接点を作る地域コミュニティ組織や仕組み
　145
剪断応力　12
剪断弾性係数　18
総合防災訓練　102
相互扶助の仕組み　114
創造的復興　149, 151
速度　25
ソーシャルキャピタル　185

タ行
大火　50
大火危険地帯の分布　69
耐火建築物　50
対口支援　82
第 3 セクター　150, 168, 169
耐震改修　30
耐震改修促進法　30
耐震構造　35
耐震診断　30
大西洋中央海嶺　12
堆積平野　22
堆積盆地　22
台風 21 号　104
太平洋プレート　12
大容量貯水槽　102
卓越周期　23
縦波　21
建物火災　53
断層運動　10
断層モデル　17
弾塑性地震応答解析　40
団体自治　151, 170, 171
地域おたすけガイド　114
地域継続計画（District Continuity Plan: DCP）
　93
地域コミュニティ　124
地域内残留地区　99
地域防災計画　79
地殻　11
地下構造　22
築年数　111

241

地区防災計画　97
千島海溝　12
地方分権　150
中央構造線断層帯　14，16
中間支援組織　159
中小企業強靭化法　90
沖積層　23
長周期地震動階級　26
超大陸パンゲア　11
鎮火　57
賃貸住宅　104
通電火災　57
津波火災　51，52
ディレクティビティ効果　27
トイレの確保　106
東北地方太平洋沖地震　8，13

ナ行
内核　11
内陸地震　14
南海トラフ　12
南海トラフ地震　13，46，47
南西諸島海溝　12
新潟県中越地震　119
新潟－神戸ひずみ集中帯　14
日常活動理論　176
日本海溝　12
日本住宅公団　101
＊ニューマン，O.　187
燃焼の3要素　63
能登半島地震　191

ハ行
排水堅管　120
破壊開始点　19
破壊伝播速度　19
破壊フロント　20
暴露量　9
波形　25
ハザード　9
柱崩壊型　41
発火点　65
発災時刻　53

発災時の気象概況　60
＊パットナム，R.D.　185
波動インピーダンス比　23
ハリケーン・アンドリュー　177
ハリケーン・カトリーナ　176
半剛接構造　38
犯罪認知件数　176
犯罪予防論　186
阪神・淡路大震災　8，75，98，177
阪神・淡路大震災復興基金（復興基金）
　152，153，155，157，162，163，168
東太平洋海膨　12
東日本大震災　8，177
被災経験　109
被災市区町村応援職員確保システム　82
被災者生活再建支援法　153，210
被災者台帳　211
被災者復興支援会議　159，168
非常用電源　108
非常用トイレ　107
人と防災未来センター　77
避難計画　115
避難所運営　108
避難所の収容人員　99
兵庫県教育委員会　195
兵庫県南部地震　8，16，39，214
標準貫入試験　23
標準スマート防災シート　121
表層地震　34
表面波　22
便乗型犯罪　182
フィリピン海プレート　12
フーリエスペクトル　24，25
フェニックス共済　153，171
フェニックス防災システム　76
普段の構え　104
復旧設計　38
復興ガバナンス　149
復興まちづくり　167
物理的環境デザインによる犯罪予防（CPTED）
　185，186
＊ブラティンガム夫妻　186
プルーム　11

索　引

プルームテクトニクス　11
プレート　11
プレート境界　12
プレート境界地震　13
プレートテクトニクス　10, 11
平衡含水率　66
変位　25
防災科学技術研究所　24
防災監　77
防災教育副読本　206
防災士　118
防災ジュニアチーム　116
防災スペシャリスト養成研修　78
防災福祉コミュニティ　102
ポートアイランド　100
北米プレート　12
ボランティア　149

マ行
マグニチュード　10, 18
摩擦力　12

まねっこ防災　118
まもりやすい空間　187
マントル対流　11
右横ずれ　16
民間部門　150
メソスフェア　11
免震構造　36, 42
モーメントマグニチュード　18

ヤ・ラ行
ユーラシアプレート　12
横波　21
ラブ波　21, 22
陸域の浅い地震　14
罹災証明書　213
り災台帳　217
リソスフェア　11
レイリー波　21, 22
ローカル・ガバナンス　151
六甲・淡路島断層帯　14, 16

243

執筆者紹介 (執筆順，執筆担当)

永 野 康 行 (ながの・やすゆき，兵庫県立大学大学院減災復興政策研究科教授)
　　　　　　はしがき，第 3 章

平 井　　敬 (ひらい・たかし，兵庫県立大学大学院減災復興政策研究科准教授)
　　　　　　第 2 章

谷 口　　博 (たにぐち・ひろし，兵庫県立大学大学院減災復興政策研究科准教授)
　　　　　　第 4 章

紅 谷 昇 平 (べにや・しょうへい，兵庫県立大学大学院減災復興政策研究科准教授)
　　　　　　第 5 章

澤 田 雅 浩 (さわだ・まさひろ，兵庫県立大学大学院減災復興政策研究科准教授)
　　　　　　第 6 章

馬 場 美智子 (ばんば・みちこ，兵庫県立大学大学院減災復興政策研究科教授)
　　　　　　第 7 章，あとがき

青 田 良 介 (あおた・りょうすけ，兵庫県立大学大学院減災復興政策研究科教授)
　　　　　　第 8 章

松 川 杏 寧 (まつかわ・あんな，兵庫県立大学大学院減災復興政策研究科准教授)
　　　　　　第 9 章

阪 本 真由美 (さかもと・まゆみ，兵庫県立大学大学院減災復興政策研究科教授)
　　　　　　第10章

浦 川　　豪 (うらかわ・ごう，兵庫県立大学大学院減災復興政策研究科教授)
　　　　　　第11章

減災復興学

——阪神淡路大震災から30年を迎えて——

| 2025年2月10日　初版第1刷発行 | | 〈検印省略〉 |

定価はカバーに
表示しています

編　　者	兵庫県立大学大学院 減災復興政策研究科
発 行 者	杉　田　啓　三
印 刷 者	坂　本　喜　杏

発行所　株式会社　ミネルヴァ書房

607-8494　京都市山科区日ノ岡堤谷町1
電話代表 (075) 581 - 5191
振替口座 01020 - 0 - 8076

ⓒ 永野康行ほか，2024　冨山房インターナショナル・吉田三誠堂製本

ISBN 978-4-623-09811-8

Printed in Japan

東日本大震災の教訓
──復興におけるネットワークとガバナンスの意義

D・P・アルドリッチ　著，飯塚明子・石田　祐　訳

Ａ５判　296頁　本体3500円

なぜ災害からの生存率・被災地の復興過程が地域により異なるのか──。本書は，インタビューによる質的調査とデータを用いた量的分析を基に生存率と復興過程に関する地域格差に着目，その要因を分析する。地域コミュニティにおける今後の災害の備えを考える上で，多くの示唆が得られる一冊。

いわき発ボランティア・ネットワーク
──ソーシャル・キャピタルの視点から

子島　進　著，中村靖治　編集協力

四六判　256頁　本体2000円

福島県いわき市におけるボランティア活動の記録から，ボランティア，ボランティア・ネットワーク，リーダーの特徴について考察する。参集するいわき市内外のボランティアにおける信頼関係の深化や新たなつながりの生成といった観点から論じる。

震災復興が問いかける子どもたちのしあわせ
──地域の再生と学校ソーシャルワーク

鈴木庸裕　編著

四六判　216頁　本体2400円

震災による生活や暮らしの分断の局面から，「出会い」「ふれあい」「分かち合い」，そして，しあわせへの「つながり」の局面へ。本書では，被災地内外での，教育と福祉をつなぐ学校ソーシャルワークの取り組みから得られた実践や論理を，今一度問い直す。そして，学校教育をめぐる今日的課題や，子どものしあわせを再生する現代社会の諸問題に向けて発信する論考を世に送る。

──── ミネルヴァ書房 ────

https://www.minervashobo.co.jp/